高等职业教育旅游类专业系列教材

餐饮服务与管理

CANYIN FUWU YU GUANLI

◎主 编 田 哩 李晓来

◎副主编 徐乔梅 陈 涛

重庆大学出版社

内容简介

本书紧扣餐饮企业的发展现状和趋势,结合旅游类高等职业教育人才培养要求,以餐饮部的经营活动为主线对学习内容进行设计,全书包含认识餐饮企业、餐饮服务技能、餐饮经营管理和创业创新4个模块11个项目,让学生不仅可以系统地了解和学习餐饮工作的流程、技巧和管理方法,还增加了创业模块,以培养学生的创业创新意识。作为专业能力课程教材,本书针对高职学生特点,在各个项目中都设计了导读、核心概念、案例导入和复习思考题,并按项目教学的方式,对各个项目任务中包含的知识点进行了相关的实训设计,便于教师检测学生的学习效果,也使学习者可以对照进行自我练习。

本书可作为高职高专院校旅游、酒店专业学生的教材,也可供从业人员参考使用。

图书在版编目(CIP)数据

餐饮服务与管理/田哩,李晓来主编. —重庆:
重庆大学出版社,2017.1(2021.7重印)
ISBN 978-7-5624-9926-8

Ⅰ.①餐… Ⅱ.①田… ②李… Ⅲ.①饮食业—商业
服务②饮食业—商业管理 Ⅳ.①F719.3

中国版本图书馆CIP数据核字(2016)第169829号

餐饮服务与管理

主 编 田 哩 李晓来
副主编 徐乔梅 陈 涛
策划编辑:顾丽萍

责任编辑:文 鹏 刘 刚 版式设计:顾丽萍
责任校对:贾 梅   责任印制:张 策

*

重庆大学出版社出版发行
出版人:饶帮华
社址:重庆市沙坪坝区大学城西路21号
邮编:401331
电话:(023)88617190 88617185(中小学)
传真:(023)88617186 88617166
网址:http://www.cqup.com.cn
邮箱:fxk@cqup.com.cn(营销中心)
全国新华书店经销
重庆荟文印务有限公司印刷

*

开本:787mm×1092mm 1/16 印张:17.75 字数:410千
2017年1月第1版 2021年7月第4次印刷
印数:4 001—5 000
ISBN 978-7-5624-9926-8 定价:45.00元

前 言

作为一本高等职业教育应用型教材，《餐饮服务与管理》在编写上力求紧跟行业实际，将行业岗位需求和学校人才培养目标相结合，以餐饮部的经营活动为主线对学习内容进行设计。知识的选取注重学生职业意识、服务技能和管理能力的培养，并在此基础之上提供创业指导，培养学生进入市场的创新创业意识，为学生未来职业生涯发展打下良好基础。全书依据酒店餐饮服务与管理的规律和学生认知能力发展特点，安排了认识餐饮企业、餐饮服务技能、餐饮经营管理和创业创新4个模块11个项目，在各个项目中都设计了导读、核心概念、案例导入和复习思考题，具有较强的操作性。

教材涵盖了餐饮企业服务和管理岗位群的工作任务以及能力要求，并将职业资格证书的考核要求和餐饮服务的基本知识技能与餐饮管理的基本理论进行了有机融合，教材中包含的大量案例评析和知识链接，有利于学生思维的启发和知识的拓展。故本教材既可作为职业院校旅游、饭店服务与管理专业的教学用书，又可作为酒店行业人员培训和职业资格考试的辅助教材。

本教材由重庆城市管理职业学院田哩和李晓来任主编，重庆商务职业学院徐乔梅和重庆君豪大酒店餐饮部经理陈涛任副主编。参加本教材编写的人员都是来自各院校旅游与酒店管理专业的一线教师和酒店行业资深专家，他们具有深厚的理论基础和丰富的实践经验，保证了本教材理论与实践充分结合的特点。全书共分4个模块11个项目，具体编写分工为：

田哩（项目3、项目6、项目7）、李晓来（项目1、项目2、项目5）、徐乔梅（项目8）、重庆工商职业学院陈娟娟（项目9、项目10）、重庆工商职业学院谭艳（项目4）、重庆城市管理职业学院段娟（项目11）。田哩负责对教材整体框架的设计和构思，陈涛对稿件进行审定并提出宝贵意见，重庆城市管理职业学院的闻涛老师也参与了部分教材内容的资料收集和编写工作。

本教材在编写过程中，听取了有关专家、教师的意见，得到了相关酒店的支持，也参考和引用了其他同行的研究结果，在此一并表示感谢。

鉴于编者能力与水平有限，编写过程中难免出现缺点与疏漏，恳请读者提出批评意见，以便日后改进完善。

编 者

2016年10月

目　录

模块 ① 认识餐饮企业

项目 1

餐饮企业概述

【导读】

中国是一个美食王国，具有深厚的饮食文明积淀和广阔的消费市场基础，这也造就了中国餐饮业的蓬勃发展。进入21世纪以来，餐饮业的年营业额实现了几乎每年1 000亿元左右的增长。持续增长的同时，目前餐饮企业经营形势也不容乐观，我国餐饮业已经进入高淘汰率、高风险的洗牌时期。

【学习目标】

①通过学习，了解餐饮行业发展概况及未来发展趋势。
②了解餐饮部在饭店中的地位与作用。
③了解大中小型饭店餐饮部的组织机构、岗位职责和对服务人员的素质要求。
④掌握餐饮的种类、餐饮设施及餐饮产品的特点；掌握餐饮经营的特点。

【核心概念】

餐饮业

案例导入

丽丽是一个即将踏上实习岗位的酒店管理专业的学生，怀揣着要开一家高级餐厅的梦想，她选择了到酒店的餐饮部实习。经过几年的专业学习，对酒店及其餐饮部她已经有了自己的认识，内心充满了无限动力，她坚信这就是自己努力的方向。同学们，你们也像丽丽一样对《餐饮服务与管理》的学习作好准备了吗？

任务1.1 餐饮业发展概况及其趋势

1.1.1 中国餐饮业概况

改革开放以来，中国现代饭店行业取得了长足的发展。作为旅游业三大支柱之首，饭店已经成为集住宿、餐饮、文化、娱乐、休闲、商务、会议、购物等功能于一体的综合性公共场所，在人们的生活中也发挥着日益重要的作用。餐饮是饭店不可或缺的传统功能，餐饮收入在饭店的总收入中也占有相当大的比重，因此餐饮部是现代饭店一个非常重要的部门。

餐饮业是利用餐饮场所、设备，通过硬性的设施设备和软性的服务，满足宾客用膳、饮酒、品茗等需求，从而创造经济效益和社会效益的产业形态和文化形态。

餐饮业的经营类型是多种多样的，主要包括宾馆、酒店及各类社会餐馆、酒楼、饭庄和各种招待所以及企事业单位的食堂等。

餐饮部作为现代饭店的一个重要部门，不仅要满足宾客对餐饮产品和服务的要求，为饭店创造良好的经济效益，同时也是饭店对外形象的一个窗口和社交场所；餐饮产品作为饮食文化的载体之一，成为所在城市和区域旅游资源的重要组成部分。

1.1.2 餐饮部的重要地位和作用

1）餐饮部是饭店最重要的部门之一

（1）餐饮部解决了宾客最基本的需求——"饮食"问题

《黄帝内经》记载："民以食为天"。《管子》也记载："治大国若烹小鲜"，饮食一直以来都是一个人最基本的需求。对于饭店这种提供综合性服务的场所来说，没有饮食提供，就不能称其为真正意义上的饭店。无论是对什么类型的客人，提供一项体贴周到的餐饮服务是饭店经营的基本内容。

（2）从经济效益来看，餐饮收入是饭店收入的重要组成部分

客房收入、餐饮收入和商场收入被称为饭店收入的三大支柱，据不完全统计，餐饮收入占到了饭店总收入的1/3，有的地区甚至更高。而与客房收入相比，餐饮收入具有更大的波动性，客房收入相对来说更稳定。所以餐饮管理必须分析外部市场机会，掌握营销活动变化规律和波动程度，采用灵活的经营方式，充分运用市场调节手段，组织和吸引客源，同时要做好内部人力资源的调配和劳动组织，提高劳动服务质量和劳动效率。

（3）餐饮部是饭店用工最多的部门

饭店是劳动密集型产业，餐饮部的业务环节多而复杂，从原料的采购、验收、贮存、发放，到厨房的初加工、切配、烹调，再到餐厅的各项服务，需要多名员工的配合。因此，饭店给社会提供了众多的就业岗位，减轻了就业压力。

2）餐饮服务代表饭店的管理水平及声誉

①与前厅部的短暂服务和客房部的暗服务相比，餐饮部员工提供的服务更直接，与宾客的接触更深、时间更长、环节更复杂。

②从营销角度而言，餐饮部表现出较强的灵活性、多变性和可塑性，在激烈的市场竞争中，占有极其重要的地位。

3）餐饮产品是一项宝贵的旅游资源

中国的饮食文化源远流长，广大的旅游者在品尝各种菜肴的同时，领略中国和地方的食文化、酒文化、茶文化，所以说，餐饮产品是旅游得以顺利进行的必要手段，也是旅游的目的之一，具有旅游设施和旅游资源的双重性质。

1.1.3 中国餐饮业发展趋势

1）中国餐饮企业改变经营理念，就餐环境就有很大改变

目前餐饮的理论研究与专业指导工作，特别是在如何满足行业与企业实际操作中的应

用性理论指导方面，指导性和实用性不强，更多的企业主要依靠传统经验型的管理与服务手段，与餐饮发展的规律与特征存在差异。同时，企业的实际经验缺乏总结提炼和理论提升，对国际上先进的餐饮信息、专业成果的引进与借鉴也有待加强。

我国餐饮业目前就餐环境与服务方式差别较大。真正满足大众需求的干净优雅、实惠、服务规范的大众便民餐饮较少，而高档餐饮服务大多规范化，装修豪华，但由于价格偏高，普通民众消费有限；而低档餐饮中脏、乱、差的个体小吃店较多，服务不规范，难以满足消费者基本的就餐要求。

2）餐饮产品日趋标准化

西餐和洋快餐的连锁餐厅，各店质量基本一致，食品外观、品质都差不多，究其原因是制作的标准化、统一化。而中餐食品大多具有热敏性，且大多适合热食，这决定了其不可能像其他工业产品和工业化生产的罐头等食品那样集中生产、分散供应。所以目前餐饮行业内大多是现场进行初加工，客人点菜后现烹制、现出售，靠厨师掌握火候，控制原料配比。由于主观因素的影响，制作出的菜肴从原料规格到色、香、味都有差异，甚至同一师傅在不同时间制作出的菜肴也有质量差别。客观因素就是原材料的采购、产品的生产管理没有统一的标准，每一位顾客在任何营业时间都能享受到相同品质、相同口感的产品的要求不能确保，不利于企业达到标准化方面的要求。

3）我国餐饮企业发展将走特色化道路，餐饮发展模式和途径有待进一步突破

随着市场需求不断增强，发展领域进一步拓宽，一批品牌代表企业纷纷涌现与壮大，但是，在企业发展中，仍然存在着经营方式千篇一律、无特色，定位与模式、市场与目标、速度与效益、理想与现实之间的磨合，存在着模式雷同和创新不足的现象。如何更好地解决企业发展中的赢利模式和成功发展的有效途径，需要我们继续实践和深入探索，以更好地满足社会需求和实现企业稳步快速发展。

4）餐饮企业在未来发展中急缺高素质的管理人才

餐饮经营是一种技术含量高的流通经营方式，也是一种高度专业化、规范化的运转体系，中式餐饮业连锁更是一种新型的连锁形式。目前中餐从业人员素质参差不齐，从小学毕业到大学学历都有，年龄跨度大，总体素质较差。科学文化素质低制约了我国烹饪科学的发展，对传统的烹饪技艺难以进行科学的总结和提炼，创新开拓难度大。

【实训项目】

项目名称
餐饮实训室认知。

项目内容
熟悉餐饮实训室的各种设备和器具。

项目要求
了解餐饮实训管理制度，熟悉日后实训室教学的操作流程和规章制度。

任务1.2　餐厅类型及特点

1.2.1　餐饮的种类

总体来讲，餐饮业是一个发展潜力十分巨大的行业，而饭店餐饮也只是整个餐饮行业的一部分。因此，从饭店的角度来讲，我们必须很好地把握饭店的餐饮种类，更有利于饭店的对客服务。

1）按餐饮产品分

（1）正餐餐饮

一般能提供较为全面的菜肴，如中餐的八大菜系及各类海鲜、煲汤类等，可以给客人提供较大的选择性。

（2）快餐餐饮

主要由各类洋式快餐和中式快餐构成。

（3）茶点餐饮

主要是各种茶馆、茶餐厅经营的产品，除了饮茶外，通常还提供小吃及菜肴等。

（4）酒吧餐饮

此种餐饮更容易被年轻人所接受，主要提供各类酒水和小吃等。

2）按就餐方式分

（1）餐桌式餐饮

主要由服务人员为宾客提供从引座、上茶、点菜、上菜、斟酒直至结账、送客的全过程服务。

（2）自助式餐饮

主要是将各类菜肴、点心、酒水等事先摆好，客人可根据自己的口味进行自主选择，收费标准相对固定。目前自助式餐饮受到越来越多人的欢迎。

（3）外卖式餐饮

主要由饭店将宾客预订的菜肴送至宾客指定的地点，对客人来讲非常便利。

1.2.2　餐厅的种类

1）按市场目标分类

（1）高级餐厅

高级餐厅常常是提供特色菜肴、传统菜肴，出售美味精致的餐饮产品，具有雅致的空间、豪华的装饰、温柔的色调和照明、古典和传统音乐等宁静优美的用餐环境及提供周到和细致的餐饮服务的场所。高级餐厅讲究餐具，讲究摆台，通常使用银器和水晶杯。餐厅经常有高雅的现场音乐或文艺表演，用餐费用较高。例如，中餐与西餐风味餐厅、扒房等属于高级餐厅。

（2）大众餐厅

大众餐厅常常是向顾客提供大众化的菜肴的餐厅，具有实用的空间、典雅的装饰、明快的色调和照明、传统音乐或现代音乐等良好的用餐环境，提供比较周到的餐饮服务场所。大众餐厅也讲究餐具和摆台，但是，很少使用银器和水晶杯。有时，也有比较简单的现场音乐或文艺表演，例如，琵琶演奏、小提琴演奏、钢琴演奏等。用餐费用适合于大众。例如，大众化的中餐厅和西餐厅、咖啡厅等。

（3）多功能厅

多功能厅是饭店中最大的餐厅。它用于举行各种宴会、酒会、自助餐会、鸡尾酒会、报告会、展览会和其他各种会议的活动场所。多功能厅常常根据顾客的需求，分割成几个大小不同的餐厅。

2）按经营方法分类

（1）传统餐厅

传统餐厅也称为服务上桌的餐厅。通常，这种餐厅包括风味餐厅、海鲜餐厅等。传统餐厅还包括高级餐厅和大众餐厅，由于传统服务是将菜肴和酒水送上餐桌。因此，只要餐厅的服务是上桌服务，这个餐厅通常被认为是传统餐厅。

（2）自助餐厅

自助餐厅是顾客自己到餐台拿取适合自己需要的菜肴，然后通过收银台结账付款的餐厅。这种餐厅常常根据顾客的用餐习惯，将餐厅的菜肴和酒水分作几个餐台，每个餐台上陈列着各种菜肴。顾客走到餐台自己去取菜肴，最后的一个台子是收银台，收银员根据顾客餐盘上的菜肴和酒水进行结账。大多数自助餐厅的餐桌上不摆台，顾客自己在餐台上取餐具。

（3）快餐厅

快餐厅是销售有限品种菜肴的餐厅，菜肴可以快速制熟，并且快速服务的餐厅。餐厅的装饰常采用暖色调，也有的采用冷色调。餐厅的布局显得明亮和爽快，其菜肴的价格大众化。快餐厅包括中餐快餐厅、西餐快餐厅和美食街等。

3）以经营品种分类

（1）各种风味中餐厅

风味中餐厅包括高级中餐厅和大众化中餐厅。根据中餐厅的风味，有广东风味中餐厅、潮州风味中餐厅、北京风味中餐厅、上海风味中餐厅、四川风味中餐厅、山东风味中餐厅和淮扬风味中餐厅等。通常，风味中餐厅的特色通过菜单、服务、餐具、摆台及餐厅的装饰体现出来。

（2）各种风味西餐厅

风味西餐厅包括扒房（法国风味餐厅）、意大利风味餐厅、美国风味餐厅、俄罗斯风味餐厅等。风味西餐厅的风格必须通过菜单的特色、服务的特色、餐具的特包、摆台的特色、餐厅的装饰、餐厅的文化和语言体现出来。

（3）咖啡厅

咖啡厅是销售大众化的各国菜肴和小吃的餐厅。在非用餐时间，它还是销售咖啡、饮料，供人们聚会和聊天的场所。咖啡厅的营业时间和销售品种常根据顾客的需求而定。许多咖啡厅从早上6点开始营业，至午夜1点停止营业，也有的甚至24小时营业。咖啡厅有时称为咖啡花园，这是因为该咖啡厅内的设计和布局像个大花园，里面有鲜花、草地、人工假山、人工瀑布等。一些咖啡厅的规模较小，但是，装饰得很雅致，因此被称为咖啡室。

（4）自助餐厅

自助餐是一种由客人自行挑选，拿取或自烹自食的就餐形式。这种就餐形式灵活，客人的选择性强，不拘礼节，打破了传统的就餐形式，正被越来越多的人喜爱。

【实训项目】

项目名称

餐厅类型调研。

项目内容

熟悉和了解不同种类的餐厅的装饰装修和服务特点。

项目要求

掌握餐厅不同种类的特点。

项目流程

①学生分组，各自选定调研主题(选定一类主题即可)。

②对不同餐厅进行走访调研。

③完成调研报告。

④在班级中与其他小组进行分享。

任务1.3　餐饮企业经营特点

1.3.1　餐饮企业经营特点

现代饭店的餐饮部是一个非常重要的部门，而餐饮企业的产品除了餐饮实物之外，还包括餐饮服务和客人用餐的环境。因此，餐饮产品的生产、销售和服务都具有自己的特点。

1）餐饮生产的特点

首先是生产过程的环节很多，造成管理难度加大。客人最后享受到的餐饮产品经过了采购、加工、烹调，以及对客服务的预订、点菜、上菜、斟酒、服务等，生产的环节众多，而且一环扣一环，不管是哪个环节出了差错，都有可能影响到整个餐饮产品的质量和服务质量。

其次是产品的品种很多，而生产时间却相对较短。一家饭店的菜单上可能会有很多不同种类的菜品，而餐厅真正的产品少则几十种，多则上百种。而且餐饮产品一般属于个别定制，即客人进入餐厅之后，根据客人的要求进行菜品的制作，这给管理也增加了难度。

最后是餐饮产品的产量难以预测，原料容易变质。因为饭店餐厅的客人具有很大的流动性，客人何时来、何时走、如何消费都难以准确预测，而饭店的食品原料却容易腐坏变质，所以生产管理方面又增加了难度。

2）餐饮销售的特点

首先，餐饮销售的季节性十分明显。一方面，客人的饮食需求会随着季节变化而变化；另一方面，食物加工所需的原料也会随着季节的变化而变化。其次，餐饮销售受到进餐时间及餐位数量的限制。最后，餐饮经营固定成本大，变动费用高，资金周转较快。

3）餐饮服务的特点

（1）同步性

餐饮服务的同步性是指餐饮产品的生产、销售、消费是同步进行的，即生产的过程就是消费的过程。

（2）无形性

无形性是指餐饮的服务与其他产品相比看不见也摸不着，只能让客人去感知，而不能量化。

（3）差异性

由于客人的需求有很大的差异，不同的客人对餐饮服务也有不同的要求，特别是不同年龄阶层、教育程度、性格、地域的客人，哪怕是面对同一个服务员，也有不同的服务感知；另外，服务员之间也有很大的差异，这是受的教育、培训、工作经历的差异带来的，即使是同一名员工，在不同的时间、场合下，其服务态度及服务质量也会不一样。

（4）一次性

餐饮服务不能像普通产品一样，销售不完就贮存起来，这与饭店产品所普遍具有的特性是相似的。

1.3.2 未来餐饮企业的经营手段

酒店餐饮部门只有推出得到顾客认可的菜肴和服务，才能在市场上立足。目前，顾客对餐饮的消费已不仅仅是满足口腹的需要，而是想得到全身心的享受。所以，酒店餐饮部门的管理者一定要通过周密、科学的市场调查或顾客投诉分析，摸清顾客的各种需求，不仅要掌握顾客的现实要求，还应了解他们的潜在需求，同时要预测饮食消费的发展趋势，从而在经营中根据消费需求的变化，不断调整菜肴的花色品种和服务项目，改进服务形式，为顾客提供更满意的服务。研究顾客的需求应贯穿于酒店餐饮经营活动的始终，这是因为市场变化很快，顾客需求变化也很快，酒店只有跟上顾客的变化，才能取得长久的竞争优势，获得可持续发展。

（1）顾客的功能需求

这是最起码的要求，能够充分利用饭店的每一寸土地和空间来满足顾客的要求。目前饭店有多少间景致、典雅的客房，分别以何种主题布置，房内设施根据顾客的要求进行精心设计，充分融合古典美与现代舒适感，让宾客得到最大限度的享受。

（2）顾客的方式需求

饭店管理以质量需求为核心。服务也是产品，应在全体员工中树立全面质量管理的思想。要了解顾客的需求，酒店餐饮部门能够通过电脑建立顾客档案，这样，当顾客再次来店时，服务人员就能够通过检索材料了解他们的特殊要求和偏好，站在"家人"的角度，提供有针对性的服务，以便赢得顾客的心，使之成为酒店餐饮的忠实顾客。

（3）顾客的价格需求

努力寻求物有所值，让顾客感觉"物超所值"。酒店餐饮部门应重视研究顾客愿意付出的成本，并以此为依据，采取切实可行的措施，努力使购买成本降低至顾客愿意付出的成本价格。

【实训项目】

项目名称

餐饮业未来发展的趋势调研。

项目内容

以问卷或其他形式了解餐饮业未来的发展趋势。

项目要求

①学生分组设计调查问卷，对相关企业进行走访调研并查找相关资料。

②整理调查结果和查找的资料。

③撰写调研结果。

④各小组进行交流分享。

【复习与思考】

简答题

1.餐饮部在饭店中的地位和作用包括哪些？

2.餐饮产品可以分为哪些类型？

项目 ② 餐饮部的组织机构

【导读】

餐饮部是饭店重要的营业部门，餐饮收入也占到了饭店总收入的相当大部分。而由于业务的特殊性，餐饮部往往也是用工数量很大的一个部门。不管是什么样的组织机构，都必须要跟饭店的规模、星级高低等相匹配，根据饭店的规模、业务等具体状况精心设计，目的是让企业处于最佳营运状态。

【学习目标】

①了解大中小型饭店餐饮部的组织机构。
②掌握餐饮部各岗位职责和对服务人员的素质要求。

【核心概念】

组织结构、岗位职责、对客服务。

案例导入

餐饮组织机构是为完成经营管理任务而结成集体力量，在人群分工和职能分化的基础上，运用不同职位的权力和职责来协调人们的行动，发挥集体优势的一种组织形式，是针对企业餐饮经营管理目标，为筹划和组织餐饮产品的供、产、销活动而设立的专业性业务管理机构，是有效开展业务经营活动的组织保证。

任务2.1　餐饮部组织机构设置

2.1.1　餐饮组织机构设置的原则

1）根据组织业务活动的需要设计组织机构

餐饮组织的业务活动是围绕其中心经营线展开的。餐厅的中心经营线，是指餐厅经营的流程。一般来说，餐厅的中心经营线为：采购—验收—贮藏—发货—生产—销售—服务。组织机构设计的任务，就是要把从采购到销售服务整个过程中所有的工作，都委派给具体的部门。

①效率原则：饭店或餐厅的组织机构应越简单越好。组织机构过于复杂会导致效率下降和官僚主义。所以，组织机构的规模、形式和内部结构必须在业务需要的前提下，将人员精减到最低限度，用最少的人力去完成任务。

②统一指挥原则：餐厅中每位员工只接受上级领导的指挥，各级的管理者也只能按管

理层次向自己管辖的下级人员发号施令。在制订岗位职责时，必须说明汇报上级是谁、直属下级是谁。饭店不应要求任何一个人同时受命于几个上级。

③授权明确原则：管理者在给下级授权时，必须明确规定下级的职责范围和权限，并将这些范围和权限具体地列在岗位描述中。这样，下级会清楚地知道哪些工作是自己负责的，哪些工作需要向上级报告。授权虽然体现了一种领导风格，但授权者必须考虑组织机构的规模和特点，进行适度的分权，不能事无巨细，也不能撒手不管。

④授权完整原则：授权完整原则是指为达到企业经营目标所必须具备的每一种功能必须委派一定的个人或部门。无论饭店规模大小，采购、仓库、加工、生产、服务、会计、工程、保安、人力资源等都是必不可少的功能。

⑤权责相等原则：餐饮管理是指运用不同的权力去完成管理任务，责任是权力的基础，权力是责任的保障。责任和权力不相适应，管理人员就无法正常的从事各项管理工作。责权相等原则要求各级管理人员的责任明确，权力大小能够保证所承担任务的顺利完成。

2）餐饮组织机构的设置依据

①餐厅类型的多少：餐厅类型越多，专业化分工越细，内部人员、部门越多，组织机构的规模越大。

②餐厅接待能力的大小：餐厅接待能力是由其座位多少决定的。餐厅座位越多，规模越大，用人越多；与此相适应，厨房规模也越大。

③企业餐饮经营的专业化程度：餐饮业主要有饭店和餐馆两种类型，二者的具体组织形式也各不相同。饭店是一种综合性服务行业，其中的餐饮部门不是一个独立的企业，而是其组织机构的一部分，餐饮管理中所需的工程、财务、安全、培训、人事劳动等管理工作由企业职能管理部门承担。因此，餐饮管理组织机构的规模可以相对较小。

④餐饮经营市场环境：不同地区、不同企业、不同时期的餐饮经营的市场环境不同。处于卖方市场条件下的企业市场环境好，用餐客人多，餐厅座位周转快，用人相对较多；而处于买方市场条件下的企业情况则相反。因此，餐饮管理组织机构的规模和形式会随着市场环境的变化而调整。

3）餐饮组织机构的设置方法

（1）根据企业性质和投资结构，选派产权代表，确定组织领导体制

我国餐饮业主要由饭店、宾馆的餐厅、相对独立的餐馆、酒楼组成。它们的企业性质和投资结构各不相同。从组织机构设置的角度来看，在市场经济条件下，任何企业的组织领导体制都是由投资结构决定的。因此，建立餐饮组织机构，首先要根据企业性质和投资结构选派产权代表，确定组织领导体制。

（2）根据规模档次和接待对象，确定餐饮管理组织机构的大小和形式

在餐饮管理组织领导体制确定的基础上，饭店、酒店、餐馆的餐饮管理组织机构的大小和形式都是由其规模、档次和接待对象决定的。

（3）根据专业分工确定部门划分和岗位设置，制订各岗位职责规范

在组织机构的规模和形式确定的基础上，必须做好内部的专业分工，根据各岗位的具体任务，确定内部的部门划分和岗位设置。在部门划分和岗位设置的基础上，还应根据不同岗位的任务、职责、权限不同，分别制订出各个岗位的职责规范，其内容应该包括不同岗位员工的学历、资历、能力、经验、仪表、语言等基本条件和具体职责规范，以保证组织机构中的各岗位人员的选择和任用。

（4）根据各岗位的工作任务和职责规范，选派人员，形成正式、有效的组织管理

现代企业组织机构的设置和建立，除组织形式、管理体制外，关键在于各岗位人员的选择和任用。餐饮管理的组织形式一经确定，就要按照不同岗位的工作任务、任职条件和职责规范去选派人员，特别是高中层管理人员的选择和任用，直接决定了企业组织管理水平的高低，是能否做好餐饮管理的关键。因此，根据岗位任务、职责规范、任职条件选派人员，做到能级相应，对号入座，是餐饮管理组织机构设置的重要原则之一。

2.1.2 餐饮部与其他部门的关系

1）餐饮部与采购部

①厨师长应提前根据菜单的内容向采购部开出货源申购单。
②申购单应写清申购货源的品种、数量、规格和到货时间。
③货到厨房，厨师长要检查数量和质量，对不合格食品应及时退货。
④工作中如发生矛盾，应请餐饮部经理出面协调。

2）餐饮部与总经理办公室

①有重大接待任务通知内容，应写清宴请时间、地点、人数、标准、菜单、宴请单位等。
②有重要领导人出席，应写清姓名，职务，到、离店的具体时间，提醒店领导做好迎送准备。
③写清宴请或重大活动所需的舞台布置、会标、标志牌等要求和具体完成时间，请相关领导审阅。
④由餐饮部经理撰拟的以酒店名义行文的文稿，应送总经理办公室审核后报酒店领导签发。
⑤部门与办公室秘书沟通做好内部文件与档案工作并接受指导性意见。

3）餐饮部与客房部

①沟通协作好宴请重要宾客的红地毯布置。
②沟通协作好客房部行政楼层的饮料供应和服务工作。
③沟通协作好客房送餐服务工作。

4）餐饮部与保卫部

①如有重要宴请或大型宴会和会议要事先用备忘录与保卫部沟通并申请协助维持治安秩序，做好重要客人的安全保卫工作，并安排好乘坐车辆的停靠泊位。

②部门前、后台如发现可疑的人和事或可疑物品及不明物品，在立即做好监控工作的同时，应及时报告保卫部。

③各营业点如发生酗酒闹事，影响治安秩序，要立即报告保卫部。

④使用各种设施设备过程中，如发生异味、异声、漏电、短路、裂管等不安全因素要立即报工程部检修，同时报保卫部。

⑤主动与保卫部联系，做好易燃易爆用品的管理和消防设备、消防器材的检查维护。

⑥餐饮部各部门应组织和教育员工自觉参加保卫部开展的"四防"宣传教育及保安业务知识。

⑦餐饮部各部门应主动接受保卫部对安全保卫工作的指导和检查，对保卫部提出的工作建议和意见及时进行整改，并将整改情况汇报保卫部。

5）餐饮部与工程部

①部门的设备管理和操作人员应自觉参加工程部进行的安全生产教育及专业技术和管理知识的培训，提高业务技能。

②接受工程部定期对本部门设备设施管理制度的检查。

③在本部门自查设备设施安全生产时，发现隐患立即通知工程部及时排除。

④主动配合工程部对本部门厨房设备、炊事机械、冷藏、水、煤气、空调、除油、除烟等设备定期进行检测和计划维修，确保运转正常。

⑤配合工程部做好餐厅、厨房等设施设备的更新改造，并与全能技工密切合作，搞好餐厅、咖啡厅设备的日常维护保养，确保各种设备完好。

⑥有大型和重大接待任务时，应提前通知工程部，便于工程部对宴请场地进行全面整修。

6）餐饮部与财务部

①请财务部协助并指导编制部门的经营预算，并落实以部门为成本中心的成本费用控制管理。

②加强与财务部计划分析员和成本核算员的联系，做好食品和酒水毛利的日清日结核算工作。

③做好财务二级账与财务部财务一级账的定期核对工作。

④与采购部密切联系，做好每日鲜活货的采购、验收和原料物资的申购工作。

⑤配合财务部认真做好食品、酒水小票的管理与汇总上交工作。

⑥在财务部的指导下按月做好餐饮经济活动分析、财务管理（含二、三级账表）和定额消耗管理。

7）餐饮部与人力资源部

①根据工作需要向人力资源部提出用工申请，参与录用员工面试，并负责做好新进员工的岗前技能培训以及现聘员工的岗位资格培训工作。

②根据本部门工作需要和人力资源部安排，做好部门之间员工岗位调整工作和转岗培训工作。

③及时做好本部门考勤统计、汇总，并积极配合做好工资奖金的审核，上报人力资源部。

④本部门员工因故离岗、离职，终止、解除合同，在职员工退休、死亡，按酒店有关政策和规定，积极配合人力资源部办理各种手续，处理相关的劳动争议。

⑤做好本部门员工餐券发放工作，以及新进、调岗、离岗人员的工作服和更衣箱钥匙的发放和收回工作。

⑥协同人力资源部做好本部门员工的职称和技术等级评定考核与审核申报工作。

8）餐饮部与销售部

①餐饮部应及时向销售部发送四季菜单和各种宴会菜单，以及年度、季度和月度的促销设想，以便销售部进行餐饮促销计划的制订工作。

②涉及餐饮场所进行的重大促销或经营活动时，餐饮部在接到销售部的任务通知书后，应及时与销售部协调沟通。

2.1.3 餐饮部下属机构及其职能

餐饮部是饭店重要的营业部门，餐饮收入也占到了饭店总收入的相当大部分。而由于业务的特殊性，餐饮部往往也是用工数量很大的一个部门。不管是什么样的组织机构，都必须要跟饭店的规模、星级高低等相匹配，根据饭店的规模、业务等具体状况精心设计，目的是让公司处于最佳营运状态。

1）小型饭店餐饮部的组织机构（见图2.1）

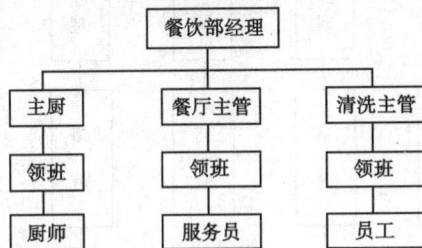

图2.1 小型饭店餐饮部组织机构图

2）中型饭店组织机构设置（见图 2.2）

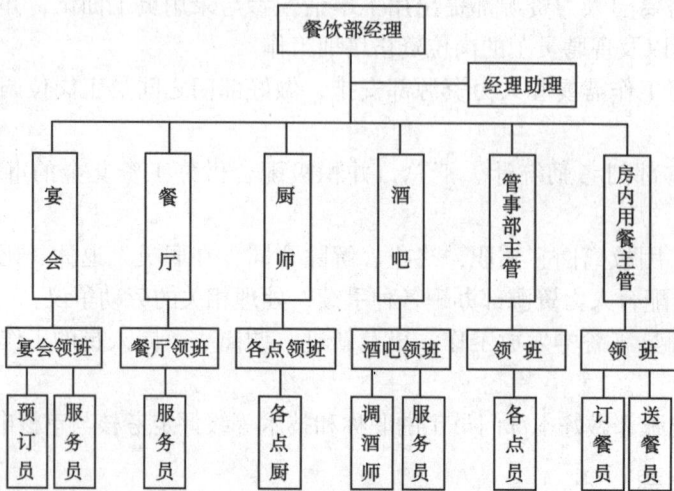

```
                            餐饮部经理
                                 │
                              经理助理
   ┌──────┬──────┬──────┬──────┬──────┬──────┐
  宴会   餐厅   厨师   酒吧  管事部   房内用餐
                                 主管    主管
   │      │      │      │      │        │
 宴会领班 餐厅领班 各点领班 酒吧领班  领班    领班
  ┌─┴─┐   │      │    ┌─┴─┐   │     ┌─┴─┐
 预 服    服     各   调 服   各    订 送
 订 务    务     点   酒 务   点    餐 餐
 员 员    员     厨   师 员   员    员 员
```

图2.2　中型饭店组织机构图

3）大型饭店组织机构（见图 2.3）

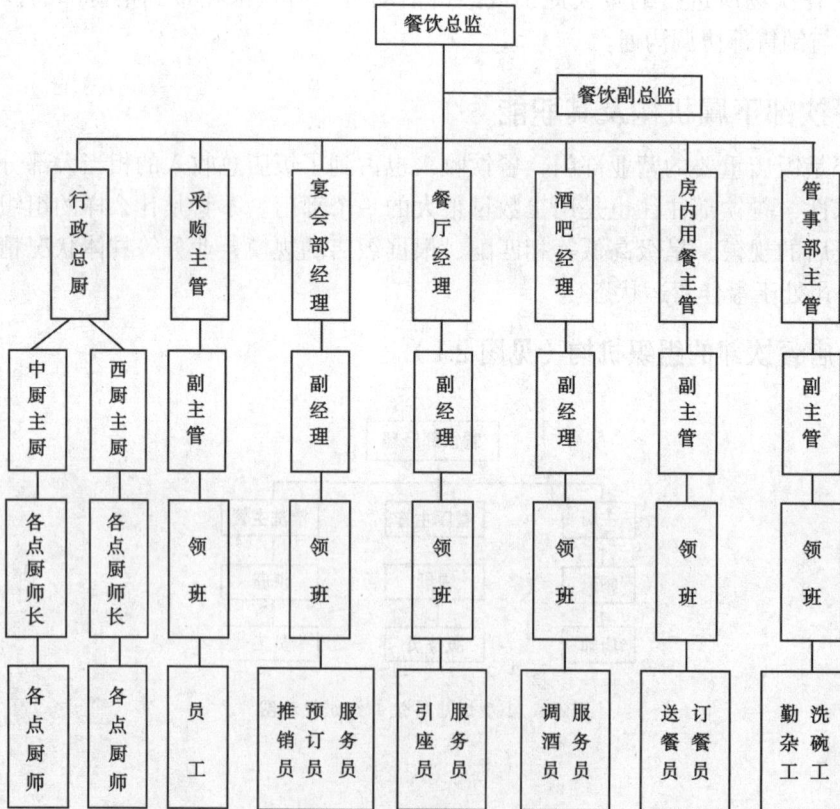

```
                            餐饮总监
                                │
                             餐饮副总监
   ┌──────┬──────┬──────┬──────┬──────┬──────┐
  行政   采购   宴会部  餐厅   酒吧  房内用餐  管事部
  总厨   主管   经理   经理   经理   主管    主管
 ┌─┴─┐    │      │      │      │      │      │
 中厨 西厨  副主管  副经理  副经理  副经理  副主管  副主管
 主厨 主厨   │      │      │      │      │      │
  │    │   领班   领班   领班   领班   领班   领班
各点 各点    │      │      │      │      │      │
厨师 厨师   员工  ┌─┴─┐  ┌─┴─┐ ┌─┴─┐  ┌─┴─┐  ┌─┴─┐
长   长          推 预 服  引 服  调 服  送 订  洗 勤
 │    │         销 订 务  座 务  酒 务  餐 餐  碗 杂
各点 各点        员 员 员  员 员  师 员  员 员  工 工
厨师 厨师
```

图2.3　大型饭店组织机构图

【实训项目】

项目名称

餐饮部组织机构模拟训练。

项目内容

让学生分组分工模拟餐饮各岗位。

项目要求

学生分组模拟餐饮各岗位，设计酒店餐饮部的岗位职责，餐饮部的特色产品。

任务2.2 餐饮部人员

2.2.1 从业人员的岗位职责

餐饮部岗位众多，层次不同，主要有餐饮部经理、主管、领班和服务员。

1）餐饮部经理的岗位职责

①负责酒店餐饮部的全面工作，对总经理负责。

②认真执行总经理下达的各种工作任务和指标，对饮食、娱乐部门的经营情况负有重要的责任。

③制定餐饮部的经营政策和营业计划。

④制订餐饮部每年的预算方案和营业指标，审阅餐饮部各部门每天的营业报表，进行营业分析，并作出经营决策。

⑤主持餐饮部的日常会议，协调部门内部各班组的工作，使工作能协调一致地顺利进行。

⑥审阅和批示部属各单位和个人呈交的报告及各项申请。

⑦与行政总厨、大厨、宴会部研究如何提高餐饮部食品的质量，创制新的菜色品种；制订或修订年、季、月、周、日的餐牌，制订食品及饮料的成本标准。

⑧参加总经理召开的各部经理例会及业务协调会议，与各界建立良好的公共关系。

⑨对部属管理人员的工作进行督导，帮助他们不断提高业务能力。

⑩负责督促部属员工的服务情况，使餐饮部的服务档次得以提高。

2）餐饮部主管的岗位职责

①协助餐饮部经理督促指导前厅各区、后台厨房及采购的日常工作。

②参与制订本部门年度、月度工作计划和经营预算，并协助组织落实。

③深入各岗位进行工作检查，控制日用品及餐具的使用，并监督盘点。

④负责督促指导、检查各岗位服务质量，广泛征集客人意见，对服务提出改进建议，

并组织落实。

　　⑤负责所辖岗位的员工进行培训。

　　⑥做好部门内部各岗位间的协调以及与其他部门的沟通合作。

　　⑦参加餐饮部例会，完成上传下达工作。

　　⑧定期对下属员工进行绩效评估，提出奖惩建议。

　　⑨完成餐饮部经理交给的其他工作。

3）餐饮部领班的岗位职责

　　①负责对下属员工进行考勤、考评，根据员工表现的情况作出适当的表扬或批评、奖励或处罚决定，对餐厅经理负责。

　　②根据每天的情况和接待任务安排部属的工作。

　　③登记好部属员工的出勤情况，检查员工的仪容仪表是否符合要求，对不符合要求的员工督促其改正。

　　④正确处理工作中发生的问题和客人的投诉；处理不了的问题要及时向经理报告。

　　⑤了解宾客当天的订餐情况、生活习惯和要求。

　　⑥开餐前集合全体部属，交代订餐情况和客人要求，以及特别注意事项。

　　⑦检查工作人员的餐前准备工作是否完善，餐厅的布局是否整齐划一，调味品和配料是否备好、备齐，备餐间、台椅、花架、酒吧、餐柜、门窗、灯光等是否整洁明亮，对不符合要求的地方要督促员工迅速进行整理。

4）餐饮部服务员的岗位职责

　　①服从领班的安排，做好开餐前的准备工作。

　　②开餐后，按照服务程序与标准为客人提供一流的服务，点菜、上菜、派菜、酒水服务、结账。准确了解每日供应的菜式，与传菜组密切配合。

　　③关心特殊客人与儿童，按其相应的标准提供服务。

　　④尽量帮助客人解决就餐过程中产生的各类问题，必要时要将客人的问题与投诉反映给领班，寻求解决办法。

　　⑤客人用餐完毕后，要征询客人意见，做好记录并向上级反映。

2.2.2　从业人员素质要求

　　作为服务行业从业人员，餐饮部服务人员首先要具备的是饭店行业的职业精神，除此之外，还必须具备以下素质：

1）礼貌、礼节、周到

　　餐饮部员工要养成运用礼貌用语的习惯，讲究语言艺术，掌握文明语言运用技巧，根据场合，多用敬语，做到"七要""七不要"。

　　七要：运用语言

①要简练明确；

②要亲切生动；

③要谦虚谨慎；

④要委婉灵活；

⑤要吐字清晰；

⑥要稳重大方；

⑦要音调柔和。

七不要：表情和行为

①不要啰唆絮叨，言不及义；

②不要含糊累赘，不知所云；

③不要过分拘谨，不善言谈；

④不要简单生硬，轻率粗鲁；

⑤不要羞涩死板，牵强附会；

⑥不要高低无度，拿腔拿调；

⑦不要自以为是，瞧不起人。

2）养成团结协作意识

餐饮部的任务繁重，从餐饮原料的验收、洗净、配菜到烹制；从迎接客人、给客人引座、等候客人点菜到将客人需求传递到厨房；从菜品的质量到厨师的烹饪技巧和餐饮员工对顾客热情周到的服务，都构成紧密联系的环节，其中任何一个环节出现差错，都会影响整体服务质量。这就要求员工在服务过程中要树立高度的大局意识、集体意识，把顾客满意摆在首位，团结协作、互帮互助，共同把服务工作做好。

3）积极主动的敬业精神

（1）具备灵活高效的工作能力

在餐厅经营高峰期，员工需面临大量客人，不能因为接待一位客人而冷落其他客人。员工一定要通过自己的灵活应变能力和较高的工作效率，兼顾所有的顾客进行交叉式服务，做到见缝插针，忙而不乱，有条不紊，使所有的顾客都能感受到热情的接待。

（2）积累丰富的专业知识和技能

服务人员在给就餐的客人提供服务的同时，必须营造出较好的饮食文化氛围，这种高附加值服务的提供，不仅要求厨师要烹饪出色、香、味俱全的菜品，还要求服务员掌握菜系、营养、烹饪等知识，向客人作出精彩的介绍，增加顾客的消费趣味，传递酒店餐厅的魅力。

（3）健康的体魄

餐饮服务是一项脑力体力都消耗较多的劳动，只有具备健康的体魄才能精神抖擞地服务客人，让客人满意。

2.2.3　工作任务与工作细则

工作任务是通过"工作任务单"来体现的,它向员工阐明其职位的所有工作,而每一项工作又分解成许多个步骤,每个步骤又会罗列详细的注意事项。

1)工作任务

（1）餐厅经理的工作任务

表2.1

任　务	频　率	重要程度	难　度
营业前准备	每天	一般	不难
接受预订	每天	一般	不难
迎候客人	每天	非常	不难
处理投诉	必要时	非常	较难
接听电话	必要时	一般	不难
书面工作	每天	一般	不难
检查出勤	每天	非常	不难
结束工作	每天	一般	不难
员工顾客关系	每天	非常	较难
部门例会	每周	非常	不难
培训	每周	非常	较难

（2）餐厅领班的工作任务

表2.2

任　务	频　率	重要程度	难　度
营业前准备	每天	一般	不难
迎候顾客	每天	一般	不难
拉椅让座	每天	一般	不难
开订单	每天	一般	较难
鸡尾酒服务	每天	一般	不难
呈递菜单	每天	一般	不难
接受点菜	每天	一般	不难
监督服务员	每天	非常	较难
处理客人投诉	必要时	非常	较难
协助培训	每周	非常	较难

（3）餐厅服务员的工作任务

表2.3

任　务	频　率	重要程度	难　度
营业前准备	每天	一般	不难
布置服务台	每天	一般	不难
摆台	每天	一般	不难
问候顾客	每天	一般	较难
拉椅让座	每天	一般	不难
接受点菜	每天	一般	不难
对客服务	每天	一般	不难
处理投诉	必要时	非常	较难
翻台	每天	一般	不难
整理服务台	每天	一般	不难
结束收尾工作	每天	一般	不难

2）工作细则

（1）营业前准备

①检查客人到店情况报告单：包括有何特别要求、亲自照顾重要客人等。

②检查台面布置及餐厅设施：包括音响、灯光、鲜花、装饰品。

③检查备用品：包括库存情况及签署领料单。

④确定当天的特色菜。

⑤上下沟通。

（2）接受预订

①接听电话：三声内接起，报出餐厅名称、使用规定的程序及用语。

②接受预订：时间、人数、姓名、特别要求、电话号码。

③重复预订。

④感谢客人预订。

⑤落实预订。

（3）迎候客人

①招呼客人：微笑并尽可能叫出客人姓名。

②帮助客人入座，征求客人意见，引领客人到餐桌，优先安排女士。

（4）处理客人投诉

①耐心聆听：不打断客人、作好记录。

②表示理解：礼貌、冷静、扼要地重复客人的投诉。

③致歉。

④提出解决问题的建议。

⑤处理问题要显示出效率。

⑥安慰客人。

⑦感谢客人提出意见。

⑧向上级汇报。

（5）书面工作

①工作日记。

②日程计划。

③月会记录。

④考勤记录。

⑤每日、每周预测。

（6）班前例会检查

①召集员工，在班前检查员工准时出勤情况。

②班前例会内容：当日特选、特别活动、重要宾客、特别要求。

③仪容仪表。

（7）顾客关系

①保持与顾客的良好关系。

②发展与员工的良好关系。

③自律。

④沟通。

⑤与员工进行个别交谈。

（8）部门会议

①作好会前准备。

②参加餐饮部会议。

③本周工作重点。

（9）培训

①使新员工熟悉经营体系。

②对员工进行新制度、新服务程序、新卫生设备的培训。

3）员工的配备

（1）影响员工配备的因素

①餐饮组织的类别和档次。

②菜单的品种。

③厨房的设备状况和生产能力。

④客流量和生产规模。

⑤烹调制作过程的复杂程度。

（2）员工配备程序

无论是饭店餐饮部系统还是独立经营的餐厅，其员工都可以分为两大类：一类是设计固定费用的员工，也就是说，这些岗位对员工的需要量与营业量的大小没有直接关系。另一类是设计可变成本的员工，他们的数量配备与营业量的大小有直接关系。当营业量达到一定限度时，就必须增加员工。由于设计变动成本职工的需要量与营业量相关，因而在配备这类员工时，有必要对每日和每时段的营业量进行具体分析。

①每日营业量分析。餐饮与客房和其他产品不同，在每个星期的不同日期中往往需求量不同，这种需求量的变化大体上有一定的模式，所以有必要对每日的营业量作具体分析。每日营业量的分析要以后面较少的客人统计数据为依据。做好每日客人数和菜品服务数的统计就能较精确地预测每日的营业量。这样，管理人员就能根据对各日营业量的预测来配备员工人数。

②各时段营业量分析。每日营业量分析能帮助管理人员安排职工的工作日和休息日，但仍不能解决由于需求量不同而使职工在生意清淡时无事可干，在高峰期时人手不够的问题。

各时段客人数分析的基础是各时段的销售记录，其统计通常有三种方法：一是由领座员记载每小时客人到达或离开数；二是将账单副联送到厨房，收银员在账单上记上时间，在每餐结束时统计客人数；三是在客人结账时，收银员统计客人数。

③确定劳动定额。设计变动成本的职工配备数量与营业额直接相关，职工数量的配备要根据营业量和劳动定额确定。

【实训项目】

项目名称

餐饮部各班次实训模拟。

项目内容

让学生分组分工模拟餐饮部各班次。

项目要求

①学生分组模拟餐饮各班次重要工作。

②进行现场展示。

③进行分析总结。

④完成总结报告。

【复习与思考】

简答题

1.餐饮部在进行组织机构设置时需要考虑哪些因素？

2.要从事餐饮行业，需具备什么样的精神？

模块 ② 餐饮企业服务

项目 ③

餐饮服务
基本技能

【导读】

餐饮服务技能是与餐饮业务相关的基本技能或技巧，它是一项技术性要求较强的工作。主要包括托盘、餐巾花折叠、菜肴和酒水服务等，以及对餐厅客人投诉和突发事件的处理。熟练掌握这些技能，遵守其工作程序和标准，才能为客人提供优质的服务。

【学习目标】

①掌握托盘、餐巾折花、摆台以及进行菜肴服务和酒水服务等相关技能。
②能按技能操作的程序和标准，为客人服务，胜任酒店基本服务工作。
③能较好地处理服务过程中的突发事件。
④培养学生良好的心理素质以及认真严谨、积极主动、富有创造性的态度，吃苦耐劳的精神和踏实细致的工作作风。

【核心概念】

服务技能；投诉；特殊问题处理

案例导入

小王是某旅游院校的一名大三学生，初次进入酒店做餐厅服务员。从来没有独立工作过的她被弄得手忙脚乱，把客人需要的酒水、饮料一股脑儿地全放在了托盘里，结果在给客人斟倒酒水时不小心将放在外侧的饮料瓶碰倒，致使饮料和酒水洒了一地，并且把一位客人的衣服给弄湿了。

任务3.1 托 盘

3.1.1 认识托盘

托盘是餐饮服务人员在工作过程中运送物品的一种基本服务工具。无论是餐前的摆台还是餐中为客人提供菜肴酒水以及餐后的餐台整理，都离不开托盘。正确地使用托盘，不仅能显示出服务员的文明操作，也体现出餐厅服务的规范化。

1）托盘的种类

①按尺寸可分为大型托盘、中型托盘和小型托盘。
②按形状可分为长方形托盘、圆形托盘和异型托盘。
③按材质可分为塑胶防滑托盘、金属托盘、木质托盘。

在对客服务过程中，常用的是长方形托盘和圆形托盘。长方形托盘大小一般为51 cm×38 cm；圆形托盘直径主要有35 cm、40 cm、45 cm等多种，一般餐厅席间服务常用托盘直径为40 cm。长方形托盘用于托运菜点和盘碟等较重的物品；圆形托盘用于斟酒、分菜和饮品托送等。

2）托盘的作用

①清洁卫生。在对客服务过程中，徒手操作既不雅观也不卫生，使用托盘可克服这个缺点。

②提高效率。在服务过程中，无论是取菜还是端饭，使用托盘可减少服务员的奔波次数，提高服务效率。

③文明服务。正确使用托盘，不仅是餐饮标准化服务的要求，也是文明服务的要求。

3.1.2　托盘的使用方法

托盘是餐饮服务人员为客人提供的一项常规服务项目，也是餐饮人员必备基本技能之一。在使用过程中，要求动作娴熟，姿态大方，运用自如。在服务过程中，根据所托物品的质量，托盘使用分为轻托（胸前托）、重托（肩上托）、徒手端托等。

1）轻托（胸前托）

轻托，重量一般在5 kg左右，主要用于托送较轻的物品和对客服务，多采用圆形托盘，是日常对客服务工作中使用较多也较为常见的一种托送方法。由于轻托一般在客人面前操作，操作时要特别注意动作的优雅和熟练准确。

2）重托（肩上托）

重托，重量一般为5～10 kg，主要用来运送较多的菜肴和较重的物品，由于重托所托物品较重，多采用长方形托盘，要求服务员有一定的臂力和技巧。目前许多饭店已用小型手推车代替。

3）徒手端托（端盘）

徒手端托是指用手端盘碟或碗，目前西餐厅采用较多，中餐厅主要用于自助餐服务。运送方便、快速高效，既可以向客人展示菜品的精致，也可极大地引起客人的购买欲。操作时要求服务人员上身要垂直，两臂自然放松，一般用左手单手端盘(端时上下臂成90°角)，右手留空做其他工作(如在行走时随时排除前方障碍等)。

3.1.3　托盘要求

1）平

掌握好托盘的重心，做到"三平"，即盘平、双肩平、眼平视。

2）稳

合理稳妥装盘，做到"三不"，即托盘平稳不晃动，行走稳健不摆动，转让灵活不碰撞，给人身稳踏实的感觉。

3）松

在托盘的整个过程中，始终保持面部表情轻松，按一定的节奏走路，给人一种轻松优雅的感觉。

【实训项目】

项目名称

轻托。

项目内容

学习和掌握轻托的整个操作过程。

项目要求

能注意清洁卫生，托盘姿势规范正确，物品摆放合理有序。

项目流程

（1）准备工作

①仪表仪容准备。

②圆形托盘、盛水的酒瓶和饮料瓶若干，计时用秒表。

（2）理盘

根据所托运的物品选择托盘。托盘要洗净擦干，保持洁净，如果不是防滑托盘，可在盘内垫上洁净的垫布。垫布要铺平拉正，四边与盘底齐，这样既美观又整洁，还可防止托盘内东西的滑动而发生意外。

（3）装盘

为了保持托送过程中托盘的平衡，注意安全和方便，装盘时，可根据盘内物品重量、形状、体积和使用的先后顺序合理装盘，注意使重心靠近身体。一般以重量分布均匀、安全稳妥、便于运送和取用为原则。轻托的物品装盘除碟、碗外，一般要求平摆，并根据所用的托盘形状码放。在同时托运几种不同的物品时，可把高物、重物摆放在托盘里档，把轻物、低物摆放在外档；先上桌的物品放在上、在前；后上桌的物品在下、在后。

（4）托盘要领

托盘用左手。方法是掌心向上，五指分开，用大拇指指端到手掌的掌根部位和其余四指托住盘底，手掌自然成凹形，掌心不与盘底接触，平托于胸前。大臂垂直向下，小臂垂直于左胸前呈90°，肘与腰部距15 cm，左手与左肘呈同一平面。为使托盘平稳，手指应随盘上各侧面的变化而作出相应的调整。

（5）起托

托起托盘前，将身体重心下移，身体微前倾，左脚超前，用右手把托盘一端拉至服务台外，保持托盘的边至少有15 cm搭在服务台上。左手掌心朝上，指尖向前，置于托盘下，找到托盘重心后托起，端稳后恢复直立。若托盘较重，可先屈膝，利用腿部的力量将托盘托起。

（6）托盘行走

行走时要头正、肩平、收腹挺胸、眼视前方、步履轻盈稳健、精力集中。托盘随走动的步伐自然摆动，但不可使所托菜品酒水外溢。托盘时手腕转动轻松、灵活，避免出现僵硬和托盘摆动幅度太大而不美观、不高雅的动作。托盘行走时，根据工作环境和需要，可以有选择地使用行走步伐。

①常步：步履均匀而平缓，餐厅日常服务和端托一般物品时使用。

②快步（疾行步）：步履稳、步速快而动作协调，不能跑。端送火候菜或急需物品，如锅巴肉片、铁板牛肉、松鼠鳜鱼等，因上菜迟了会影响菜肴的风味质量，保证菜不变形、汤不洒的前提下，以最快的速度走路。

③碎步（小快步）：步距小而快的中速行走，可以保持上身平稳，避免汤汁溢出。常用于端送汤汁多的菜肴及重托物品。

④跑楼梯步：端盘上楼时的一种特殊步伐。身体向前弯曲，重心向前，一步紧跟一步，上升速度快而均匀，巧妙地借用身体和托盘运动的惯性，既快又节省体力。

⑤垫步（辅助步）：一只脚在前，一只脚在后，前脚进一步，后脚跟一步的行走方法。适用于在窄小的过道穿行或是在行进中突然遇到障碍时或靠边席桌需减速时使用。

（7）卸托

当物品送到目的地后，选择好一个位置，双手将盘端至桌前，放稳后再安全取出物品，取出后的物品按要求摆放整齐。

（8）操作注意事项

①托盘应随时保持洁净。

②托盘内物品摆放应井然有序。

③在为客人服务时，左手应自然往后延伸，不得将托盘越过客人头顶，以免发生意外。

④随时保持托盘平衡。

⑤行走时，注意控制托盘摆动幅度。

⑥遇到突发情况要及时避让，尽量减少失误。

⑦餐厅服务过程中切忌奔跑。

【实训项目】

项目名称

重托。

项目内容

学习和掌握重托的整个操作流程。

项目要求

托盘姿势规范正确，物品摆放合理有序，行动自如。

项目流程

（1）准备工作

①仪表仪容准备。

②长方形托盘、盛水的酒瓶和饮料瓶、空盘碟若干。

（2）理盘

与轻托基本相同，应选大小适宜的托盘。重托往往端托汤汁较多的物品，做好清洁工作是非常重要的，只有及时将盘内的油污清洗干净，才能避免物体滑动的事故。

（3）装盘

托盘内的物品要分类码放均匀，使盘中重量保持平衡，注意协调物品的高矮大小及摆放位置，勿将物品无层次地混合摆放，以免造成餐具破损。装盘时还要使物与物之间留有适当的间隔，以免端托行走时发生碰撞而产生声响。

（4）托盘要领

双手将盘移至服务台边，使托盘二分之一悬空。用右手拿住托盘的一边，左手伸开五指托起盘底，掌握好重心，接着，用右手协助左手向上托起，同时，左手向上弯曲臂肘，使托盘向左后方旋转180°，托于左肩外上方，左手指尖向后托盘距肩2 cm处，做到盘子不靠臂、盘前不靠嘴、盘后不靠发，托稳后将右手撤回呈下垂状或扶托盘的内前角。

（5）托盘行走

托盘托起后，要始终保持均匀用力，将盘一托到底。行走时要上身挺直，两肩放平，步伐轻快，不斜肩，不晃身，注意掌握重心，保持平稳，避免造成物品的歪、撒、掉、滑的现象。同时注意保持动作和表情轻松、自然。

（6）卸盘

到达目的地后，站稳，弯曲双膝，右手扶稳托盘，同时向右旋转托盘，保持托盘重心稳当，移动手腕呈轻托状后，将托盘平稳地放在工作台上，再安全取出物品。取出后的物品按要求摆放整齐。

（7）操作注意事项

①托盘应随时保持洁净。

②托盘内物品应在能力控制范围内，勿在托起盘后进行增减。

③盘内物品应分类摆放，井然有序。

④手臂应始终保持均匀用力。

【实训项目】

项目名称

徒手端托。

项目内容

学习和掌握徒手端托的操作规程。

项目要求

能合理运用手部力量，徒手端2~3只盘子。

项目流程

（1）准备工作

①仪表仪容准备。

②西餐用盘碟若干。

（2）单手端一个盘

食指、中指、无名指钩托盘底边棱，拇指跷起稳压盘边，以正常速度前进，至桌前保持盘(碗)平稳，然后朝桌上轻放。如端鱼盘(椭圆形盘)，应端短直径的一边，方法相同。

（3）单手端两个盘

先用食指钩托盘底，拇指跷起稳压盘边，端起第一盘。然后再用无名指托住另一个，中指护在其边、食指压住使其平稳。

（4）单手端三个盘

左手食指和拇指自然平伸，将第一盘的边沿插入左手虎口(盘子的重心落在虎口以外)，盘底托住第二盘，将第一盘的边沿下部，压住第二盘的盘边，并将第二盘边沿紧靠掌心，最后，用中指托住第三盘，将第二盘的边沿下部及食指根部稳压住第三盘的盘边。这样，即可使三只盘子均稳固牢靠。

（5）单手端四只以上的盘碗

需在端三盘的基础上，依赖腕力和手臂，将第四只以上的盘碗交错搭靠，沿手臂逐渐重叠上去。需要注意的是，重叠时只可盘底搭盘边，切忌盘底触碰在饭菜上，污染了食品。这项技术目前在餐厅中已很少运用。

（6）操作要求及注意事项

①各盘碗都要保持水平或稍向里倾斜，以防止外滑。如发生特殊情况使搁盘内滑时，即可用身体顶住滑动的盘碗，再请另外的服务员帮助调整一下，或轻步上台即可。

②端盘碗时，左手大臂要保持水平，并可根据避让的需要作水平方向的灵活转动。

③徒手端托需要巧妙地运用指力、腕力和臂力。服务员只有在练好指力、腕力和臂力这一基本功的基础上，才能熟练地掌握和运用各种徒手端法。

【复习与思考】

一、简答题

1.简述托盘的作用。

2.简述托盘操作的基本程序和要领。

二、托盘突发事件处理

1.托盘斟酒时，宾客突然站起来，你应怎样避开？

2.在拥挤的餐厅空间，宾客朝你走来，你应怎样避开？

三、实操训练

1.练习托重，并逐渐增加托盘内物品重量。

2.用相应的杯具托送几种不同的酒水，练习摆盘、托送。

3.练习轻托、重托的行走。

4.分组进行托盘接力赛。

任务3.2 斟　酒

3.2.1　斟酒前的准备

酒水服务中的许多操作过程都是在客人的注视下完成的。作为餐厅服务员的一项基本技能，规范化、标准化和程序化的服务会给顾客留下美好的印象，使客人得到精神上的享受与满足，同时还可以增添热烈友好的饮宴气氛。

1）准备酒水

①准备酒水。对提前预订了酒水的客人，开餐前，服务员根据酒水单将客人所点的酒水准备齐全，并将酒瓶揩擦干净，排列整齐，以备饮用。若是红葡萄酒则要注意轻取轻放。但大多数顾客是到餐厅后才选酒。这时服务人员应主动、及时地向顾客提供酒水单，并向客人介绍本餐厅所经营的酒品及饮料的种类、口味、乙醇含量、产地、香型、瓶装容量、价格等情况。顾客选中的酒品，服务人员应立即除去其外包装待用。

②检查。检查酒水质量，发现有质量问题及时更换。

③保证酒水温度符合饮用要求。不同酒水的最佳饮用温度不同，因此，服务人员应采取升温或降温的方式使酒品适合饮用，这也是向客人提供优质服务的一个重要内容。

a.冰镇：对最佳饮用温度低于室温的酒水，在饮用前应进行降温处理。如白葡萄酒饮用温度为 8~12 ℃，香槟酒和有气葡萄酒饮用温度为4~8 ℃，啤酒饮用温度在 12 ℃左右。

冰桶降温：将酒瓶酒标向上插入放有冰块的冰桶中（注意冰块不宜过大或过碎），10分钟后就可达到冰镇的效果。之后，再用一块毛巾搭在瓶身上，连桶送至客人的餐桌上或放在餐台旁。

冰块降温：这种方法多用在啤酒、威士忌、伏特加、琴酒以及利口甜酒中，是将冰块直接加入酒杯中，降低酒的温度。

溜杯：杯中放一块冰，服务员手持杯脚，然后摇杯，使冰块产生离心力在杯壁上溜滑，以降低杯子的温度。

冰箱降温：将酒瓶放入冷藏箱中降温，一般以半小时为宜。

b.温烫(升温)：中国的黄酒、日本清酒等，习惯在饮用前将酒的温度升高，有的洋酒也需要温烫以后才饮用。温烫的方法有以下几种：

• 水烫：把即将饮用的酒倒入烫酒器，然后放置到热水中升温。

• 火烤：将即将饮用的酒装入耐热器皿，置于火上升温。

• 燃烧：将即将饮用的酒倒入杯中，点燃酒液升温。

• 冲泡：将滚烫的饮料(水、茶、咖啡)冲入酒液或将酒液注入热饮料（如爱尔兰咖啡）中升温。

水烫和燃烧一般是即席操作的。

2）准备杯具

除了喝酒的功能外，酒杯还可以美化与提升酒的味道。餐厅常备杯具的种类、规格应与其经营的酒品种类相配，一般有水杯、红酒杯、白酒杯、黄酒杯（碗）、饮料杯、葡萄酒杯、烈性酒杯等，这样无论客人选中哪款酒品，服务员都能及时将适用、洁净的酒杯送到客人面前。

【小资料：餐厅常用杯具】

酒杯名称	特点及功用
红葡萄酒杯	搭配肉类饮用。 持杯饮用时，手不要碰到杯身，以避免手的温度影响酒的温度。（图3.1）
白葡萄酒杯	搭配海鲜饮用。 适合较低温度饮用。从冷藏的酒瓶中倒入酒杯时，每次倒酒要少，斟酒次数可多些。（图3.2）
白兰地杯	肚大口小又矮脚。 饮用时置于手掌，以手掌的温度来温酒。喝酒时先轻晃酒杯，再闻酒香，然后浅酌细品。每次饮用只倒约一盎司。（图3.3）
香槟酒杯	高脚且杯身细长，略缩口。（图3.4）
威士忌杯	无杯脚且杯口大，杯身厚实。可随意加冰块或加水。（图3.5）
啤酒杯	口大身长，方便豪饮。（图3.6）

图3.1

图3.2

图3.3

图3.4

图3.5

图3.6

烈酒杯	酒精浓度高，容量较小，一般为30~60 mL。（图3.7）

图3.7

3.2.2 斟酒程序和要领

1）示瓶

对点了整瓶酒的客人，应在开启前让顾客过目，确认酒品后方可开封，这称为示瓶。它是斟酒的第一道程序，标志着服务操作的开始，也是酒水服务中不可忽视的重要环节。示瓶表达了对顾客的尊重，也证明了酒品的可靠。

2）开瓶

酒水的包装以瓶装和罐装最为常见。在服务时，服务人员必须能熟练地开启各类酒瓶，并注意动作的正确和优美。

在开瓶时，应注意：

①将酒瓶放在桌上开启，以减少瓶体的晃动。

②开拔瓶塞越轻越好，要防止突爆声产生。

③拔出瓶塞后以嗅辨的方法(以嗅瓶塞插入瓶内的部分为主)检查瓶中的酒是否有品质问题。

④瓶塞开启以后，用干净的布巾仔细擦拭瓶口。

⑤开启的酒瓶、酒罐若留在顾客的餐桌上，一般放置在主人的右侧。使用冰桶的冰镇酒水要放在冰桶架上，距离餐桌不要过远。用酒篮盛放的酒连同篮子一起放在餐桌上，空瓶、空罐应随时从餐桌上撤下、回收。封皮、木塞等杂物可以放在小盘里，操作完毕后一起带走，不要留在顾客的餐桌上。

⑥开酒动作应正确、规范、优美，注意站立姿势和拿开酒器的方法，防止意外伤害。

3）试酒

开瓶后，为了表示对主人的尊敬以及核实酒品的质量，服务员应为点酒客人斟倒30 mL左右的酒让他品尝，证实选酒无误。斟倒时，酒标朝向客人，控制酒量，避免酒液滴洒在餐台或客人衣物上。在客人试尝时，应保持微笑，站在客人右侧耐心等候。

4）斟酒

（1）斟酒的方法

①桌斟。桌斟分为徒手斟酒和托盘斟酒两种，在餐厅服务中最常使用。即斟倒时，酒杯在餐桌上，服务员右手持瓶向杯中斟倒酒水。

• 徒手斟酒：左手持餐巾，右手握酒瓶，把客人选好的酒水依次斟入客人的杯中。此方法多用于客人酒水选用单一时使用。

• 托盘斟酒：左手端托，将顾客选定的酒水、饮料放于盘内，根据顾客的需要进行斟倒。此方法多用于客人较多、酒水品种较多时。

②捧斟。此种方法多用于酒会和酒吧服务，适用于非冰镇酒品。斟酒时，服务员站立于顾客右后方，右手握瓶，左手将酒杯捧在手中，斟酒后从顾客的左侧将酒杯放回原来的位置。

（2）斟酒顺序

由于宴会的规格、对象、民族风俗习惯不同，因此斟酒顺序也应灵活多样。一般是从主宾位开始，再是主人位，然后按顺时针方向依次为客人进行斟酒服务。

①常规的斟酒顺序：先斟主宾位，后斟主人位，然后按顺时针方向为其他客人斟倒。若由两个服务员同时为客人斟酒时，则可分别从主宾和副主宾开始按顺时针方向依次进行斟酒服务。

②宴请亚洲地区客人：如主宾是男士，则应先斟男主宾位，再斟女宾位，对主人及其他宾客，则按顺时针方向绕台依次进行斟酒；或先斟来宾位，最后为主人斟酒，以表示主人对来宾的尊敬。

③欧美客人：先斟女主宾位，再斟男主宾位。

5）斟酒注意事项

①开宴前5分钟将葡萄酒和白酒斟入酒杯中，待客人入座后，再依次为客人斟倒啤酒及其他饮料。

②斟酒时酒标要朝向客人，不能将酒瓶正对着客人，或将手臂横越客人。

③在每位客人的右后侧进行斟倒。斟酒时，瓶口与杯口保持2 cm左右距离，并随时注意瓶内酒量的变化情况，控制酒液的流速，做到不滴、不洒、不溢、不溅，确保斟酒安全。

④服务时，要做到端平走稳，酒量适度。当客人杯中酒液不足半杯时（三分之一左右）应征得客人同意及时添斟。瓶内酒水不足一杯时，不宜为客人斟酒。

⑤在客人互相敬酒时，要跟随敬酒的宾客，及时为双方添斟。当主宾发表讲话时，餐厅员工应当停止一切活动，站在离客人适当的距离。

⑥对香槟酒、白葡萄酒等需要冷藏的酒品，斟酒时应用餐巾包裹，剩余的酒放进酒桶保持酒的温度。

⑦西餐斟酒讲究什么菜配什么酒，先斟酒后上菜。

⑧若操作不慎将酒杯碰翻，应向客人表示歉意，并立即将酒杯扶起，检查有无破损，同时用干净的餐巾将酒液吸干，重新斟酒。

⑨斟酒时尽量做到无干扰服务，以免影响客人或用餐气氛。

【知识拓展：古今美酒皆沾春】

我国的古代名酒都和"春"字有关，"名酒多沾春"最早见于《诗经》记载，不过这时的"春酒"是酒的通称。

以"春"名酒，唐宋时代比较盛行。如土窟春、石冻春、剑南晓春、玉壶春等酒名，见于唐代人的诗文之中。宋代也有多种多样的"春",如百花春、千日春、锦江春、武陵春等,名目繁多。为什么以"春"名酒呢?一是,古代的酒多半是冬酿春熟,人们叫它春酒。二是,魏晋以来,出现了一种做春酒的酒曲,于是就把用春酒曲酿的酒很自然地叫作春酒了。后来,人们在给酒取名时,为了简洁,就用"春"代替了酒的通名,"春"就成了酒。

到了现代,名酒泉涌,酒香飘逸,也有不少带有"春"的酒名。如北京的燕岭春、回酝春;天津的芦舌春、燕泉春;河北的御河春、鹿泉春、燕南春、虎阳春、迎春;四川的剑南春、五粮春;上海的玉泉春、万年春;等等。

【实训项目】

项目名称

白酒服务。

项目内容

学习和掌握中国白酒的斟倒程序和技巧。

项目要求

按规范程序以优雅姿态准确熟练地进行白酒的斟倒服务。

项目流程

(1)准备工作

①仪表仪容准备。

②酒水及用具准备。

按客人要求将酒水从吧台取回,对酒水质量进行检查,并擦拭干净放在工作台上备用。备齐与客人数量相等的酒杯和一块洁净餐巾做服务巾。

(2)白酒服务

①示瓶。

服务员站在点酒顾客的右侧,左手用服务巾托住瓶底,右手扶瓶颈,距客人面部约45 cm,酒标朝向顾客,酒瓶呈45°角倾斜,以方便客人鉴别和辨认。

②开瓶。

征得客人同意后服务员在客人面前启封开瓶。

a.塑料盖封瓶:用火柴将瓶盖外的塑料膜烧熔取下,旋转开盖即可。

b.金属盖封瓶:用力拧掉瓶盖下的一圈断点使其断裂(用小刀划裂断点也可),旋转开盖即可。金属盖处可能有凸起,注意操作安全。

开瓶后,用服务巾擦拭干净瓶口,准备为客人斟酒。

③白酒斟倒服务。

a.服务员站在客人右后侧,面向客人,身体微前倾,右脚伸入两椅之间半步。

b.右手持瓶的中下部,商标朝向客人,手背后,左手持一块干净的口布随时擦拭瓶口。托盘斟酒时,托盘托在椅背的外侧20 cm左右,不与身体接触,注意保持托盘平稳。

c.斟酒时,瓶口对准杯口,瓶口与杯口距离1~2 cm,将酒水注入酒杯中,斟满酒液时,旋转腕部将酒瓶商标转向自己身体一侧，使最后一滴沿着瓶身均匀地分布在瓶口边缘，也可以在每斟完一杯酒后，用左手所持的餐巾把残留在瓶口的酒液擦掉，以免瓶口溢酒或滴落在桌上。

d. 白酒斟倒以酒杯的八分满为宜。

e. 当整瓶酒即将倒完时，应及时征询客人是否要再加一瓶，并及时进行服务。

【实训项目】

项目名称

啤酒服务。

项目内容

学习和掌握啤酒的斟倒程序和技巧。

项目要求

按规范程序以优雅姿态准确熟练地进行啤酒的斟倒服务。

项目流程

（1）准备工作

①仪表仪容准备。

②酒水及用具准备。

a. 按客人要求将酒水从吧台取回，对酒水质量进行检查，并擦拭干净放在工作台上备用。

b. 准备与客人数量相等的干净的啤酒杯。

（2）啤酒服务

①根据季节控制好啤酒的温度。

②开瓶。

罐装啤酒：冲洗干净酒罐的表面并擦干，左手固定水罐，右手拉开酒水罐上面的钥匙扣，开启时先将盖的拉环轻轻拉开，慢慢扩大直至全部拉开。

瓶装啤酒：开启这类酒封时要尽量减少酒瓶的晃动，左手握酒瓶，瓶颈略呈倾斜状，右手握酒起子，一次将酒瓶盖启开。如有酒液溢出时，应用干净的餐巾将瓶口压住以防更多的酒液溢出。酒封开启后，要用洁净巾布揩擦瓶口。

开瓶时，要尽量减少晃动，动作要准确、敏捷、果断。

③斟酒。

服务员站在顾客的右侧，面向客人，身体微前倾，右脚伸入两椅之间半步，右手持瓶的中下部，商标朝向客人，按顺时针方向依次为客人斟倒。

斟倒啤酒时，可斜倾酒杯，顺着杯壁慢慢地斟，让酒沿着杯壁流下，缩短瓶口"冲着点"的距离，减少气泡。当杯中酒接近七成时，执正酒杯，第二次注入杯水的正中，在表面冲起一层泡沫，但勿使其溢出酒杯。要领是：起初慢慢地斟，中途略猛地斟，最后是轻轻地斟。

斟啤酒还可采用两倒法。初倒时，酒液冲到杯底会起很多的泡沫，等泡沫约达酒杯边缘时停止倾倒，稍待片刻，至泡沫下降后，再倒第二次，继续斟满至2/3或3/4杯。当啤酒泡沫齐杯口时停止斟倒，旋转腕部将酒瓶商标转向自己身体一侧，使最后一滴沿着瓶身均匀地分布在瓶口边缘，以免瓶口溢酒或滴落在桌上。

注意，有一些进口啤酒也许会有杂质沉在底部，因而倒酒时不要将酒完全倒完。

【实训项目】

项目名称

红葡萄酒服务。

项目内容

学习和掌握红葡萄酒的斟倒程序和技巧。

项目要求

按规范程序以优雅姿态准确熟练地进行红葡萄酒的斟倒服务。

项目流程

（1）准备工作

①仪表仪容准备。

②酒水及用具准备。

● 客人点酒后，5分钟之内将酒取回，商标朝上放置在铺有洁净餐巾的红酒篮中。

● 准备好开瓶器、红酒杯、酱油碟。

（2）示瓶

服务员将酱油碟放在点酒客人的红葡萄酒杯右边2 cm处，站在点酒顾客的右侧，左手托住酒篮底部，右手拿酒篮上端，使酒瓶呈45度角倾斜，酒标朝向顾客，请客人鉴别和辨认，并询问是否可以服务。

（3）开瓶

得到主人准允后，将红酒放在酒篮中准备开瓶。开瓶选择专用开启葡萄酒瓶塞用的酒钻，酒钻的螺旋部分要长(有的软木塞长达 8～9 cm)、头部要尖，酒钻装有起拔杠杆，有利于拔起瓶塞。开启时，先用刀子沿瓶口凸起的上缘或下缘，把瓶口的封套割开，然后用干净的口布把瓶口擦拭干净，再用开瓶器从木塞的中间钻入，转动酒钻上的把手，将软木塞拔开。在拔出软木塞时，万一有断裂危险，可将酒瓶倒置，用内部酒液的压力顶木塞，然后再旋转酒钻，切忌用腿夹住酒瓶来拔塞。拔出的瓶塞放在客人餐具右侧的小碟内。

开瓶过程中，注意动作要轻，以免酒瓶摇动泛起瓶底的沉渣，影响酒味和观感。

（4）红葡萄酒服务

①试酒。开瓶后，服务员应为点酒客人斟倒30 mL（1盎司）左右的酒让他品尝，证实选酒无误。斟倒时，注意酒标朝向客人，控制酒量，并避免酒液滴洒在餐台或客人衣物上。客人试尝时，应保持微笑，站在客人右侧耐心等候。

②依次斟酒。主人认可后，从主宾位开始，站在顾客的右侧，面向客人，身体微前倾，右脚伸入两椅之间半步，右手持瓶的中下部，商标朝向客人，按顺时针方向依次为客人斟酒。斟完后，将酒商标朝上放在客人右侧的酒篮里，注意酒瓶口不对着客人。

③斟酒量。红葡萄酒斟倒量一般为杯的1/2左右。

④随时注意为客人添加酒水，当整瓶酒快要斟完时，询问客人是否需要再加一瓶。若客人不再添加，应注意及时撤杯。

【实训项目】

项目名称

白葡萄酒服务。

项目内容

学习和掌握白葡萄酒的斟倒程序和技巧。

项目要求

按规范程序以优雅姿态准确熟练地进行白葡萄酒的斟倒服务。

项目流程

（1）准备工作

①仪表仪容准备。

②酒水及用具准备。

• 客人点酒后，5分钟之内将酒取回，商标朝上放置于冰桶中。

• 准备一个有1/3冰块、1/2水的冰桶。

• 一条叠成8 cm左右的条状餐巾和小酱油碟。

（2）示瓶

服务员站在点酒顾客的右侧，将酒与冰桶一起拿到客人右侧；将小碟放置在客人座位右侧；将白葡萄酒用餐巾裹住只留出商标；服务员左手托瓶底，右手扶瓶颈，酒瓶呈45°角倾斜，将酒拿给客人鉴别和辨认。

（3）开瓶

询问客人是否可以服务，得到允准后，将酒瓶放回冰桶，左手扶瓶颈，右手用开瓶器开启瓶塞。开瓶过程与红葡萄酒相同。

（4）白葡萄酒服务

①试酒。开瓶后，服务员右手持用餐巾包好的酒瓶在点酒客人右侧为其斟倒30 mL（1盎司）左右的酒让他品尝，证实选酒无误。斟倒时，注意酒标朝向客人，控制酒量，并避免酒液滴洒在餐台或客人衣物上。客人试尝时，应保持微笑，站在客人右侧耐心等候。

②依次斟酒。主人认可后，从主宾位开始，站在顾客的右侧，面向客人，身体微前倾，右脚伸入两椅之间半步，右手持瓶的中下部，商标朝向客人，按顺时针方向依次为客人斟酒。斟完后，将酒商标朝上放在冰桶里。

③斟酒量。一般白葡萄酒斟倒量为杯的2/3左右。

④随时注意为客人添加酒水，当整瓶酒快要斟完时，询问客人是否需要再加一瓶。若客人不再添加，应注意及时撤杯。

【实训项目】

项目名称

香槟酒服务。

项目内容

学习和掌握红香槟酒的斟倒程序和技巧。

项目要求

按规范程序以优雅姿态准确熟练地进行香槟酒的斟倒服务。

项目流程

（1）准备工作

①仪表仪容准备。

②酒水及用具准备。

- 客人点酒后，5分钟之内将酒取回，商标朝上放置冰桶中。
- 准备一个有1/3冰块、1/2水的冰桶。
- 一条叠成8 cm左右的条状餐巾和小酱油碟。

（2）示瓶

服务员站在点酒顾客的右侧，将香槟酒与冰桶一起拿到客人右侧；将小碟放置在客人座位右侧；将香槟酒用餐巾裹住只留出商标；服务员左手托瓶底，右手扶瓶颈，酒瓶呈45°角倾斜，将酒拿给客人鉴别和辨认。

（3）开瓶

询问客人是否可以服务，得到允准后，将酒瓶放回冰桶，左手持瓶，瓶口倾斜约45°，左手大拇指紧压瓶塞顶，右手撕掉瓶口的锡纸，扭开铁丝，然后以右手换左手拇指握住塞子的帽形物，轻轻转动上拔，靠瓶内的压力和平拔的力量把瓶塞顶出来。开瓶后一定要擦净瓶身、瓶口。

（4）香槟酒服务

①试酒。开瓶后，服务员右手持用餐巾包好的酒瓶在点酒客人右侧为其斟倒30 mL（1盎司）左右的酒让他品尝，证实选酒无误。斟倒时，注意酒标朝向客人，控制酒量，并避免酒液滴洒在餐台或客人衣物上。客人试尝时，应保持微笑，站在客人右侧耐心等候。

②依次斟酒。主人认可后，从主宾位开始，站在顾客的右侧，面向客人，身体微前倾，右脚伸入两椅之间半步，右手持瓶的中下部，商标朝向客人，按顺时针方向依次为客人斟酒。斟完后，将酒商标朝上放在冰桶里。

③斟酒量。香槟酒一般为杯的2/3。需分两次进行，第一次斟至杯的1/3，待泡沫平息后，再斟至适量。

④随时注意为客人添加酒水，当整瓶酒快要斟完时，询问客人是否需要再加一瓶。若客人不再添加，应注意及时撤杯。

【小资料：葡萄酒的鉴别】

第一步，看酒瓶外观。看酒瓶标签印刷是否清楚、是否仿冒翻印；看酒瓶的封盖是否有异样、有没有被打开过的痕迹；对于法国的葡萄酒，要看酒瓶背面标签上的国际条形码是否以3字打头：法国国际码是3；看酒瓶背面标签上是否有中文标志：根据中国法律，所有进口食品都要加中文背标，如果没有中文背标，有可能是走私进口，则质量不能保证。

第二步，看葡萄酒液。看葡萄酒的颜色是否自然；看葡萄酒酒液上面是否有不明悬浮物（注：瓶底的少许沉淀是正常的结晶体），酒质变坏时颜色有浑浊感。

第三步，看酒塞标志。打开酒瓶，看木头酒塞上的文字是否与酒瓶标签上的文字一样。

第四步，闻葡萄酒的气味。如果葡萄酒有指甲油般呛人的气味，则说明酒变质了。

第五步，品葡萄酒的口感。饮第一口酒，酒液经过喉头时，正常的葡萄酒是平顺的，问题酒则有刺激感；咽酒后，残留在口中的气味有化学气味或臭气味，则不正常。好葡萄酒饮用时应该令人神清气爽。

【复习与思考】

一、简答题

1.简述斟酒操作要领。

2.斟酒有哪些需要注意的事项？

3.简述斟酒顺序和各种酒的斟酒量。

二、案例分析：餐桌前的"指鹿为马"

深秋，北京梅地亚宾馆的粤菜餐厅，顾客盈门，生意红火。一家大公司的经理牛先生正在宴请客户。服务员小孔开始为客人上加过温的花雕酒。她先为第一位客人牛经理酒杯中放上一颗话梅，正要倒酒，不料牛经理伸手挡住酒杯说："小姐，您的操作方法不对，喝话梅泡的黄酒，应该先倒酒，后放话梅。"小孔一愣，心想：……

如果您是小孔会怎么想？应该怎么做？

三、实操训练

1.托盘斟酒练习。

2.认识餐厅常用酒杯。

3.分小组轮流扮演客人和服务员，进行斟酒程序的操作练习。

任务3.3　餐巾折花

案例：餐饮服务员杜文静在新西兰厅服务。客人一一落座后，其中一位客人笑着对另一位客人说："老王，你搞过餐饮，你说说老孙那个位置是主位吗？"老王回答道："应该没有错，主人位可以通过几种方法来判断。比如，可以门口为标准，一般来说面门为上，正对门位置的是主人位；另外还有一种非常直观的判断方法，就是看餐台中的餐巾花，主人位的餐巾花跟别的位子不一样，应该比别的位子上的餐巾花高一些。"听老王这么一说，大家的目光都聚集到了餐台上，"不对吧，老王，桌上的餐巾花都一样的啊，是你搞错了吧！"几个朋友开玩笑地说。"怎么可能？"为了找回面子，老王忙把值台服务员杜文静叫了过来，了解事情的原委后，小杜心想："遇到懂行的了，王先生说的一点也没有错，即使餐桌上的花是一样的，但是主人口布的颜色要与其他口布的颜色有所区分。"如果您是这位服务员或主管，怎么向客人解释呢？

3.3.1　餐巾的定义及作用

（1）餐巾定义

餐巾（Napkin），大小一般为50 cm×50 cm或45 cm×45 cm的正方形布巾，是客人用餐时的保洁方巾，又称口布、席巾，它可以防止汤汁油污弄脏衣服。

（2）餐巾作用

①标示宾主席位。

②装饰美化餐台。

③烘托用餐气氛。

④饭店服务艺术和情感化的表现之一。

3.3.2　餐巾的种类及特点

1）按质地分

①全棉和棉麻混纺的餐巾。一般规格为50～60 cm边长的正方形，特点是吸水性强、色彩丰富、手感好，但易褪色，挺括度不够，每次洗涤均需上浆，使用半年左右就需更换。

②化纤餐巾。一次性涤纶薄型餐巾。规格一般是35 cm边长的正方形，正餐用的餐巾规格为50～60 cm边长的正方形，特点是使用寿命较长，可以反复使用，价格适中，但触感和吸水性较差。

③维萨（Visa）餐巾。价格较高，但是触感好，洗涤容易，色彩丰富、挺括度好、不褪色，可用2～3年。

④纸质餐巾。规格为35 cm边长的正方形，一般在快餐厅和团队餐厅里使用得较广泛，其特点是成本较低，一次性使用。

2）按颜色分

（1）白色餐巾

给人以洁白庄重、恬静雅致之感，可以调节人的视觉平衡，安定人的情绪。

（2）彩色餐巾

分冷色和暖色两种。暖色色调柔美，令人兴奋热烈；冷色色调清新，令人平静、舒适。

【小知识：餐巾使用知识】

餐巾是餐饮服务中的一种卫生用品，餐巾可用来擦嘴或防止汤汁、酒水弄脏衣物。

1.宾客用餐时，餐厅服务员可将餐巾对折，折口向外平铺在客人腿上（小餐巾可直接铺在腿上）。不可将餐巾挂在胸前。现在一般不用把餐巾压在餐盘底下进餐的这种做法，因为容易带动餐巾使餐盘滑落。

2.擦嘴时，用餐巾反折的内侧上端，不要弄脏其正面。

3.洗过手后，可用餐巾擦干，但不可用餐巾来擦脸部或擦刀叉、碗碟等。

4.若餐巾脏得厉害，可请服务员重新更换。

5.在用餐期间若需与人交谈，可先用餐巾轻轻地揩一下嘴。

6.女士进餐前，可用餐巾轻抹口部，除去唇膏。

7.在进餐时需剔牙，可拿起餐巾挡住口部。

8.在西餐正式宴会上，女主人把餐巾铺在腿上是宴会开始的标志；餐巾放在桌子上或看盘内，则暗示宴会的结束；若中途暂时离开，应将餐巾放在本人座椅面上。

3.3.3 餐巾花的种类

1）按造型外观分类

①植物类造型。植物类造型是餐巾折花品种中的一个大类，包括各种花草和果实造型，其造型丰富、美观，变化多。

②动物类造型。动物类造型是餐巾折花中重要的一类，叠时取其动物特征，折出形态逼真的鱼、虫、鸟、兽等造型。

③实物类造型。实物类造型在餐巾折花中只占少数，是以自然界和日常生活中的各种实物形态为原型，模仿折叠。此外，近年来有的个性餐厅在餐饮服务中还出现了抽象花的折叠，但较少见。

2）按折叠方法与放置用具分类

①杯花（图3.8）。杯花造型别致，形态逼真，立体感强，是服务艺术和优质服务的重要组成部分。折叠时运用多种折叠手法，将餐巾花折叠好插入杯中完成造型，取出杯子即散型。杯花折叠程序较多，技法复杂，且易对杯具造成污染，目前有被盘花代替的趋势。在正式的宴会中，不同的宴会有相对稳定的餐巾花搭配和设计。

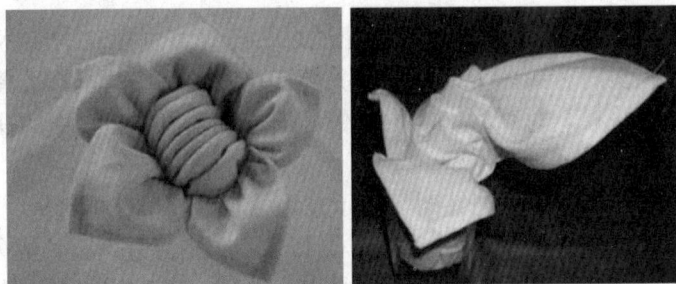

图3.8 杯花

②盘花（图3.9）。盘花一般在西餐和中餐零点餐厅中应用较多。折叠成型后的餐巾花可直接放在餐盘中或其他盛器内，不会自行散开。其特点是造型简洁明快，餐巾折痕较少，操作方便，服务简单。

图3.9　盘花

③环花（图3.10）。将餐巾卷或折叠完成造型，套在各种材质的餐巾环中，放置在装饰盘或餐盘上。特点是简洁、雅致。

图3.10　环花

3.3.4　餐巾花型的选择原则

作为一种无声的语言，餐桌上摆放的餐巾花通过对各种美好事物的艺术化处理和创意，表达着酒店和服务人员对客人的美好祝福和关怀。在对餐巾花型进行选择和运用时，应对宴会的性质、规格、规模、时令，来宾的风俗习惯、宗教信仰，台面的摆设等方面的因素进行考虑。其总体原则是：

①根据宴会的性质来选择。如欢迎答谢、表示友好的宴会餐巾花可选择"和平鸽"等花型以表达友谊长存之意；婚宴可选择"并蒂莲"，以表示夫妻恩爱，天长地久之意。

②根据宴会的规模来选择。大型宴会可选用简单、快捷、美观的花型；小型宴会在同

一桌上可使用2~3种动、植物花型相间搭配，形成既多样又协调的布局。

③根据花式冷拼选用与之相配的花型。如冷盘是"游鱼戏水"，餐巾花则可以选用"金鱼"造型；若用凤凰冷菜，则可选配各种飞禽花型，营造百鸟朝凤台面。

④根据时令季节选择。如春天用迎春，夏天用荷花，秋天用枫叶，冬天用冬笋等，用花型反映四季时令，使台面富有极强的季节特色。

⑤根据宾客宗教信仰、风俗习惯、身份和爱好来选择。提前了解客人身份、喜好和禁忌，选择合适的餐巾花。

⑥根据宾主席位安排选择。宴会中主人座位上的餐巾花称为主花，要突出宴会的主位，宜选择美观、醒目且高于其他席位花的花型，如马蹄莲等。

⑦根据工作忙碌程度选择。客人少、工作较清闲时，可以选择造型复杂的花型；客人多、忙碌时，可以选择造型简单的花型。

⑧根据菜单的内容选择。利用不同种类餐巾花的造型，使巾花与餐点相得益彰，增加宴会的热烈气氛。

3.3.5 餐巾花的摆放

通过对餐巾进行艺术化的加工和折叠，普通的餐巾既可以成为餐桌的点缀，也可以烘托宴会的气氛，增添宴会艺术效果，因此餐厅服务员不仅要了解每个花型的最佳观赏位置，还要掌握餐巾折花摆放的基本要求。

①插入杯中的深度。通常在杯中1/3的位置，注意杯内的部分也要折叠整齐规范。插花时应一手持杯的下部，一手将花慢慢插入，插杯后整理花型，使之摆正、摆稳、挺括；盘花，放在盘中的花应摆正摆稳，挺立不倒；环花，应根据不同的餐巾扣，摆放在餐盘或装饰盘的恰当位置，以求美观。

②突出主位。主花摆在主人席位上，应稍高，副主人位的花为次高，其余宾客席位上的巾花则应将品种形状相似、高低大小相近的花型错开或对称摆放，使之错落有致、高低均匀，形成一种视觉上的美感。

③注意朝向。将花型观赏面朝向客人席位。

④餐巾花的距离应均匀、整齐一致，做到不遮盖餐具，不妨碍服务操作。

【小知识：外宾对餐巾花型的喜忌】

喜爱的花型：选用国花作为餐巾折花的花型，会受到该国外宾的喜爱。如日本：樱花；缅甸：东亚兰；尼泊尔：山杜鹃；印度：荷花；新加坡：卓棉、万代兰；印度尼西亚：茉莉花；英国：红玫瑰；法国：金百合花；德国：矢车兰；意大利：雏菊、玫瑰；西班牙：石榴花；墨西哥：仙人掌；埃及：睡莲；坦桑尼亚：丁香花；澳大利亚：金合欢花；新西兰：银色蕨花。

禁忌花型：如日本：忌讳荷花图案，并认为梅花为不祥之花。英国：忌用大象图案，认为大象是蠢笨的象征，还把孔雀看作淫鸟、祸鸟，连孔雀开屏也被认为是自我炫耀吹嘘。法国：忌用黑桃图案，讨厌仙鹤图案，认为仙鹤是蠢汉和淫妇的代称。美国人：讨厌蝙蝠，认为它是凶神恶煞的象征。意大利：忌用菊花，因菊花盛开季节是人们扫墓的时刻。埃及：忌讳熊猫，因为熊猫的形体近似猪。

此外，还要注意外宾对花卉色彩的禁忌：如日本：忌绿色，认为绿色是不祥的颜色。法国：忌黄色，认为黄色是不忠诚的表现，还忌用墨绿色，因为墨绿色是纳粹党的军服颜色。德国：忌用茶色、红色和深蓝色。埃及：忌用蓝色，其认为蓝色是恶魔。

3.3.6 餐巾折花的注意事项

①卫生。操作前，洗手消毒，选择好操作台和相关用具；操作过程中，不用嘴吹、牙咬、下巴摁餐巾，放花入杯时，手指不接触杯口，不在杯口留下指纹。

②一次成型。造型简单美观，减少折痕，使用方便。

③分清餐巾的正、反面。

④协调、美观。同一餐台的餐巾布及花型设计要根据宴会的类型和特色而定，注意和谐，同时应考虑到客人的禁忌和喜好。

3.3.7 餐巾折花发展趋势

①花型折叠趋向时间短，速度快，线条简洁明快、挺括。

②趋向盘花。因为杯花是用手将花插入杯中的，所以折花之前手要严格消毒。盘花可减少手握杯的环节，满足宾客清洁卫生的心理。同时，环花等特殊花型受到宾客欢迎。

【实训项目】

项目名称

餐巾折花。

项目内容

熟练掌握餐巾折花的基本技法和折叠方法，根据宴会主题熟练地设计和折叠出各类餐巾花。

项目要求

折花动作规范娴熟，折叠好的巾花形态美观逼真，摆放合理有序。

项目流程

（1）准备工作

①仪表仪容准备。

②餐巾、筷子、托盘若干。

（2）餐巾折花基本技法

①叠。

折叠、堆叠是最基本的餐巾折花手法。即将餐巾一折为二，二折为四，单层或多层叠，或成三角形、长方形、锯齿形等各种几何形状。叠时要找好角度一次叠成，做到均匀美观，避免反复。

②折。

一般在光滑的台面上进行，又叫推折，是将折叠好的餐巾推或推折成一裥一裥的形状，从而使花形层次丰富、紧凑、美观。打褶时，首先选择好开始推折的位置，接着，用双手的拇指和食指分别捏住餐巾一端的两边或餐巾中间的两边，两个大拇指相对成一线，指面向外，用中指控制间距进行推折。拇指、食指的指面捏紧餐巾向前推折至中指处，用食指将推近的褶裥挡住，腾出中指去控制下一个褶裥的距离。

折可分为直线折和斜线折两种方法。两头一样大小的用直线折，一头大一头小或折半圆形或圆弧形的用斜线折。折的基本要求是由推而折，辅以捏，要求褶裥均匀整齐。

③卷。

卷是用大拇指、食指、中指三个手指相互配合，将餐巾卷成圆筒状并制出各种造型的一种手法。其技法相对独立，往往与翻配合，就可以折成餐巾花。卷分直卷和螺旋卷。

直卷：又称为平行卷，要求餐巾两头大小一样，卷得平直。操作时，拇指和食指捏住餐巾头或角，由里向外翻转，这个过程中中指和无名指要压住餐巾，不让其滑动。

螺旋卷：又称为斜角卷，将餐巾一头固定，只卷起一头；或一头多卷，一头少卷，形成的实心卷或筒一头大一头小。卷时，要求两手用力均匀，注意卷的形状。

④穿。

穿是用工具（筷子）从餐巾的夹层折缝中边穿边收，形成褶皱，使造型更加逼真美观的一种手法，要求穿的工具光滑、洁净。操作时，左手握牢折好的餐巾，右手拿筷子，将筷子的一头穿进餐巾的夹层褶缝中，然后用右手的拇指和食指将筷子上的餐巾一点一点向后拨，直到筷子穿出餐巾为止。穿好后先把餐巾花插入杯子内，然后再把筷子抽掉，否则容易松散。穿好的褶裥要求平、直、细、匀。

⑤翻。

翻就是将餐巾折、卷后的部位翻成所需造型，将餐巾进行上下、前后、左右、里外翻折的一种手法，主要为整理性技法，起修饰花型的作用。翻花叶时，要注意叶子距离相等、对称、大小一致。

⑥拉。

拉就是牵引，一般在餐巾花初具形状时进行，常常与翻的动作相配合，即将餐巾花的某一部分由里向外拉伸使花型挺直的一种技法，多用于折花、鸟。操作时，一手握住所折的餐巾，一手的拇指和中指捏住餐巾的一角或一端，从低往上，或从上往下，或从内向外拉出来即可。翻拉时，要注意两手的配合，用力要均匀，不损坏花型，同时，要注意比例适当，造型挺括，整齐自然。

⑦捏。

捏，是用来折鸟的头部和嘴部造型的一种技法。操作时先将鸟的颈部拉好(一般用餐巾的一角)，然后用一只手的大拇指、食指、中指三个指头捏住鸟颈的顶端，食指向下，将巾角尖端向里压下，大拇指和中指做槽，将压下的角捏出尖嘴，作为鸟头。捏的技法相对简单，但要注意，截取巾角时要适当，与动物的颈部比例和大小要合适，捏时要用力，一次捏成。

⑧掰。

掰一般用于花的制作造型，是将餐巾做好的褶一层一层掰出层次，形成花瓣的一种手法。掰时注意用力要适当，使层次分明，褶皱间距均匀。

⑨攥。

攥是为使叠好的餐巾花形不走样或脱落而使用的手法。一般是左手虎口攥住餐巾的中部或下部，用右手进行翻拉等动作。

⑩压。

压是一种辅助性的餐巾花技法，在各个基本技法的结尾阶段进行按压，以保证折叠形状的稳定，一般用双手手掌或手指按压与抹压。

（3）餐巾花基础折叠法及图例

基础折叠法，就是将餐巾初步折叠成型的方法，它概括了餐巾折花的一般折叠规律。

①正方折叠法。

使用较多，即将餐巾两个相对的巾边平行相对，经过两次对折成正方形。（图3.11—图3.13）

折成长方形

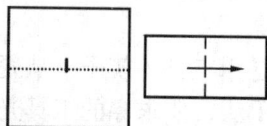

两层巾角向下折，背面两层巾角同样下折后打折，翻开巾角

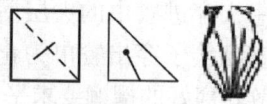

放入杯中整理成型

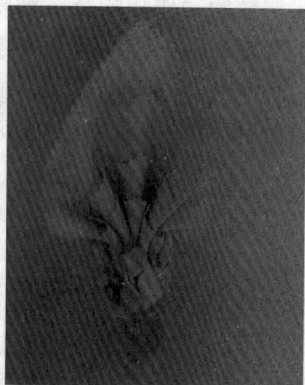

图3.11　双叶荷花

折叠为正方形

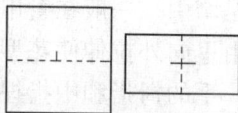

将三层巾角依次折向另一边打折，将底巾角拉上作头，放入杯中整理成型

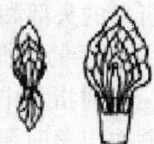

图3.12　圣诞火鸡

折叠为正方形

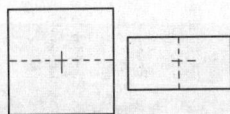

顶角4巾角向下对折，底边
2巾角在中间对拢向后折

两边向背后对折，翻拉出 4
个巾角并将底角向下折

整理，放入盘中

图3.13　令箭荷花

②长方形折叠法。

有两种方法，一是多层相叠成窄长方形；二是双层平摊成宽长方形；以折叠层次的多少、距离的改变来满足不同造型的要求。（图3.14）

折成长方形

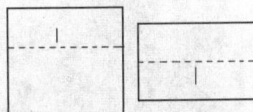

左上顶角和右下顶角分别
向中间折拢

两边从中缝处向背后对
折，巾角插入夹层，抻开
底部成圆形，整理成型

图3.14　皇冠

③长方翻角折叠法。

将餐巾叠成长方形后，再将巾角翻上的一种折叠方法称为长方翻角折叠法。巾角的翻折有单面、双面、交叉翻角等变化。通过这些变化，达到改变不同造型的目的。（图3.15）

④条形折叠法。

条形折叠法即将餐巾铺平，直接折裥或先对折后折裥使餐巾成为细长条形、多层次的一种折叠方法。有平行、对角折叠两种方法。（图3.16—图3.17）

图3.15 蜜蜂

叠为长方形后，将底边左侧第一层巾角向斜上方折

再将底边右侧第一层巾角向斜上方折，巾角小于前一巾角，背面两巾角同样折叠

打折，用筷子穿过夹层

抽出筷子，整理装杯

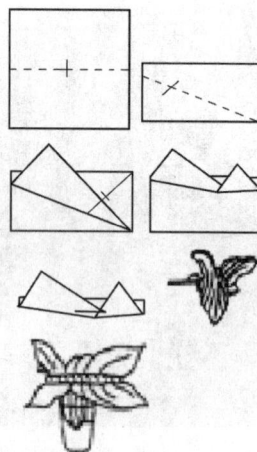

图3.16 如意扇面

两顶边向中线对折为长方形

正反面底边向上对折后沿箭头方向打折

拉出正反夹缝中巾角，整理成型，放盘

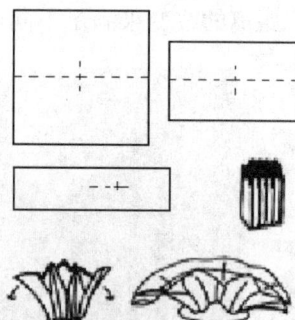

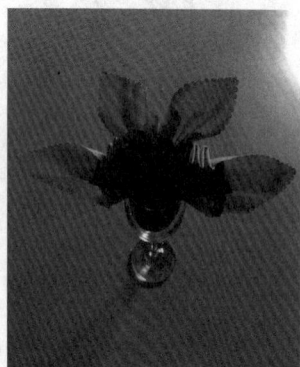

图3.17 花蝴蝶

两侧向中间对折，巾角按指示方向折成此图形后翻到背面，从底边向上打折

两边向上对折

放入杯中，整理成型

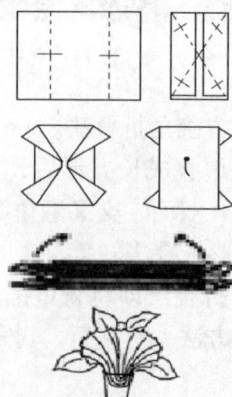

⑤对角折叠法。

对角折叠法是将餐巾的巾角对叠成三角形，或将其折叠成双层三角形的方法。在三角形的基础上，通过卷折、翻折角、插入等方法来改变折花造型。（图3.18—图3.20）

图3.18　荷叶慈姑

底角向上对折

右边底角向顶角对折，左边底角从背面向对顶角对折

底角折上1/4，从中间向两边打折，翻下正反面外层巾角

放入杯中，整理成型

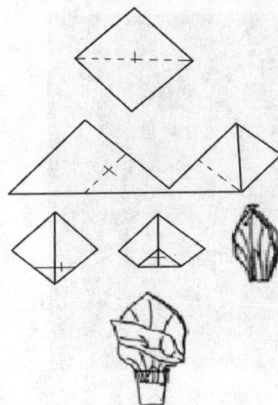

图3.19　长尾鸟

底角向上对折为三角形

底边两角沿虚线从内侧向顶角折，正反面分别向下对折

打折后，将上面两巾角向下拉，一巾角作头，另一巾角作尾

下端两巾角作翅膀，剩下的包底部，整理装杯

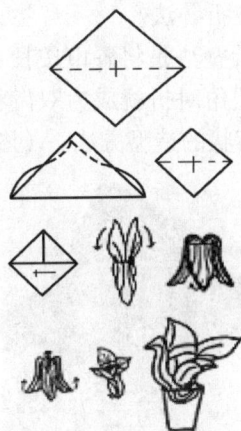

图3.20　孔雀开屏

按虚线所示向顶上压折一层

底角折上与背面底边重合，再将此角向下折2/3，再将此角向上折1/3，打折

将夹缝中的巾角拉出作头，放入杯中，整理成型

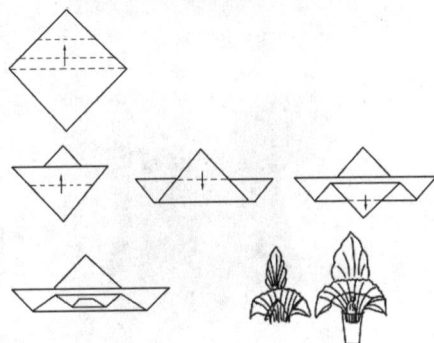

⑥菱形折叠法。

动物造型，此种折叠法采用较多，是将餐巾相对角的两边，分别向角的中线对折两次，成为菱形的折叠方法。（图3.21）

左侧巾角分别向右折3/4后再将此角右折2/3，右边同样折叠

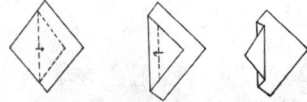

底角向上折叠后再向下弯折2/3，翻到背面

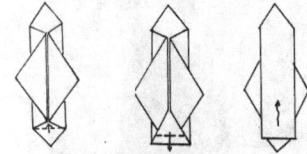

从底边开始打折，将两边巾角向下对拢

底巾角拉上作头，放入杯中，整理成型

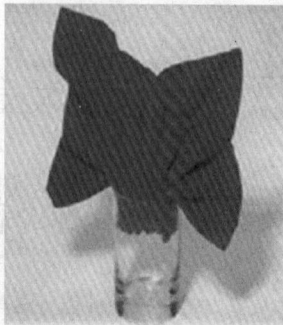

图3.21　驼背鸟

⑦错位折叠法。

错位折叠法是将餐巾按长方形的折法对折，但两角不要重合，使四角错位，成为两个锯齿，再把角对折就成为双齿状，在此基础上，再错位交叉折叠成小锯齿或将巾角重叠而形成双锯齿状的造型方法。（图3.22—图3.23）。

底边斜上折，从右向左与左边两角交错对折

底角向背面折后按箭头方向打折

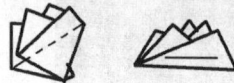

放入杯中，整理成型

图3.22　枫叶

底边向上折1/4后翻到背面，再将底边两角分别向斜上方折，在中间处交错对拢

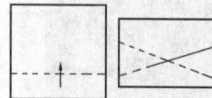

底角向内侧折与背面长方形底平行，打折

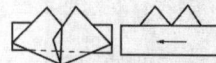

打开成扇形，整理装杯

图3.23　翠叶长青

⑧尖角折叠法。

适用于折叠一头大、一头小的物体造型。先将餐巾的一角固定，然后从两边向中间折叠，或向中间卷折成尖角形的方法。（图3.24）

叠成正方形

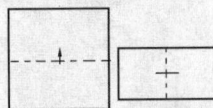

两边向中间对拢卷，底角折向背后作头

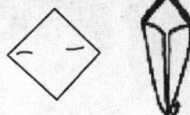

放入杯中，整理成型

图3.24　幼鸭掠石

⑨提取翻折法。

将餐巾摆平，用手指捏住餐巾的中心或四角或四边的中点直接提起，或是用食指固定餐巾中心并转动四周巾边，再提取翻折而成。注意提取时四角部位不能偏斜，翻折后的巾角要大小一致，否则会影响造型的美观。（图3.25）

底角向上对折后将两巾角从内侧折向顶角

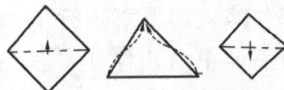

将正反面的外层向下对折后均匀折裥，拉下两巾角下面的四巾角翻上作叶，放入杯中整理成型

图3.25　美人蕉

⑩翻折角折叠法。

其为将餐巾的一角或数角通过翻折造型，或折裥后进行翻折，用翻、折、裥组合的一种叠法。折角组合的叠比较麻烦，由于几角同时折裥，在组合时，需十分细心地按次序进行，否则无法成型。（图3.26）

（4）折叠注意事项

①注意卫生，保持手的洁净和餐巾的整洁。

②规范操作注重花型整体效果。

四角向中心对齐两次

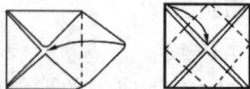

翻转后再四角向中心
对齐

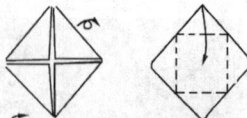

将底部四个角拉出来，
调整成型

图3.26　出水芙蓉

【复习与思考】

一、简答题

1.餐巾有什么作用，简述餐巾花的选择原则及其摆放要求。

2.请查阅不同国家或民族的风俗习惯，看看他们都有哪些不喜欢的物品，不让这些物品出现在其餐巾折花里。

二、案例分析

日本客人三口先生在某饭店宴会部预订了一台12人的高档宴会，并提出了宴会要求。宴会部按客人的要求进行了一系列准备工作，根据时令季节选用了荷花造型的餐巾花。当引领员将其中的几位日本客人引领到餐桌时，客人十分不高兴。你知道这些客人为什么不高兴吗？如果你是该宴会部的服务员应该怎么办？

三、实操训练

1.按餐巾花折叠要求进行技能练习，要求：在8分钟内完成10种不同的餐巾花折叠。

2.学生分组完成一份主题宴会台面设计选择餐巾花的方案，布置摆放后，由小组代表讲述选择理由。

任务3.4　摆　台

摆台是服务员必须掌握的一项基本技能，也是餐厅服务工作中一项技术要求较高的工作，其好坏直接影响服务质量和餐厅的面貌。摆台又称为餐台设计或铺台，是指餐饮服务员为客人就餐摆放餐桌、安排席位、提供必需的餐用具等，主要包括餐桌的布置、用具的准备、台布的铺设、餐具的摆放、席面的美化等一系列过程。

摆台分中餐摆台和西餐摆台两大类。

3.4.1 中餐摆台

1）中餐摆台基本要求

中餐摆台根据服务对象不同，分为中餐零点摆台、中餐团体摆台和中餐宴会摆台。无论哪种类型的摆台，都应做到：餐具清洁卫生，图案对正，距离均匀，整齐美观，清洁大方，餐具摆放相对集中，为客人提供一个舒适的就餐位置和一套必需的就餐用具。

①餐具摆放合理规范。要求餐具相对集中，摆放有条理，整齐配套，整体布局统一，根据就餐规格设计和配备餐具，给客人以美感。

②台型布局科学方便。台型布局应既考虑到客人的就餐和活动，也考虑到服务工作的顺利方便，在席位间预留足够的空隙，做到整齐协调，井然有序。

③餐饮用具洁净齐备。摆台时要备齐餐饮用品，台面上的所有餐用具均应达到卫生和安全要求，且整体搭配协调。在摆台时，注意手法卫生，尽量不接触餐具的入口部分。

④装饰符合宴会规格。餐台的装饰不仅要考虑到餐厅整体的风格，也要符合宴会主题，并与宴会规格相适宜。中心花的设计应美观得体，不遮挡客人视线。

⑤考虑客人风俗习惯。台面设计及餐具摆设要考虑到客人的喜好和禁忌，符合待客的礼仪要求。

⑥整体效果。摆台后整个餐厅的台布、餐具和椅子应整齐划一，并对台面进行检查，查看摆设有无遗漏，摆放是否符合要求，是否规范。

2）中餐摆台准备工作

（1）仪表仪容

着装规范，面容整洁，发型符合酒店要求；精神饱满，面带微笑；站姿规范，动作大方。保持个人卫生，手、指甲干净，并要消毒。

（2）物品准备

①数量。根据需要准备需用物品的数量，注意用具要保证有一定的周转量。

②物品摆放。按照物品铺设或摆放的先后顺序、高低和使用方便性进行整理、摆放。

③用具要求。餐具和酒具洁净无残缺、无破损；布件洁净，不得有损坏和褶皱。

④检查。桌椅是否洁净和牢固，调味品是否装满，瓶盅表面是否已清洁。

（3）折叠餐巾花备用

（4）了解相关信息

宴会摆台应先做到"八知""五了解"。

3）餐具拿取规范与要求

①使用托盘。所有餐用具一律使用托盘拿取。

②注意顺序。所有餐用具均从主人位开始顺时针摆放。

③讲究卫生。拿取杯具时手握杯柄；拿取金属器皿时，拿柄部及边沿；拿取瓷器时，尽量避免手指与边口的接触，减少污染。如果餐具不慎落地，需经清洗、消毒后，才可继

续使用。

4）中餐摆台主要用具

①餐碟：又称定位碟、渣碟、骨碟，一般为6英寸圆盘，主要用来接骨吐渣等。

②调味碟：盛放调味品的小碟。

③汤碗：盛汤或吃带有汤汁菜的小碗。

④汤勺：有公用勺和喝汤用的小勺两种。

⑤筷子：根据宴会规格选用不同种类的筷子。

⑥筷架：为保证用具清洁，将筷子架起。可以根据宴会档次，选不同材质和形状的筷架以增强宴会气氛。

⑦酒水杯：水杯、红酒杯、烈性酒杯。

⑧其他物件：牙签、小毛巾盘、烟灰缸、菜单、台号、席次牌等物品。

5）中餐摆台注意事项

①托盘姿势。使用正确的托盘端托姿势。

②装盘及餐用具摆放。注意手法规范和讲究清洁卫生。

③操作轻。餐用具轻拿轻放，不发出异响，注意安全。

④台面规范。摆好后的台面，各种餐具、用具应该整齐一致，花纹图案对正，布局合理、美观，摆放位置准确，台面用具洁净、无破损。

【知识链接：中餐餐具的使用注意事项】

1.筷子。一是不论筷子上是否残留着食物，都不要去舔。二是当和人交谈时，要暂时放下筷子，不能一边说话，一边像指挥棒似的舞着筷子。三是不把筷子竖插放在食物上面。因为这种插法，只在祭奠死者的时候才用。四是严格筷子的职能。筷子只是用来夹取食物的。用来剔牙、挠痒或是用来夹取食物之外的东西都是失礼的。

2.勺子。有时，用筷子取食，可以用勺子来辅助。尽量不要单用勺子去取菜。用勺子取食物时，不要过满，免得溢出来弄脏餐桌或自己的衣服。在舀取食物后，可以在原处"暂停"片刻，汤汁不会再往下流时，再移回来享用。暂时不用勺子时，应放在自己的碟子上。用勺子取食物后，要立即食用或放在自己的碟子里，不要再把它倒回原处。而如果取用的食物太烫，不可用勺子舀来舀去，也不要用嘴对着吹，可以先放到自己的碗里等凉了再吃。不要把勺子塞到嘴里，或者反复吮吸、舔食。

3.盘子。稍小点的盘子就是碟子，主要用来盛放食物，在使用方面和碗略同。盘子在餐桌上一般要保持原位，而且不要堆放在一起。需要着重介绍的是被称为食碟的盘子。食碟的主要作用，是用来暂放从公用的菜盘里取来享用的菜肴。用食碟时，一次不要取放过多的菜肴，不要把多种菜肴堆放在一起，弄不好它们会相互"串味"，不好看，也不好吃。不吃的残渣、骨、刺等应轻轻取放在食碟前端，放的时候不能直接从嘴里吐在食碟上，要用筷子夹放到碟子旁边。如果食碟放满了，可以让服务员换。

4.水杯，主要用来盛放清水、汽水、果汁、可乐等软饮料时使用。不要用它来盛酒，也不要倒扣水杯。另外，喝进嘴里的东西不能再吐回水杯。

5.中餐用餐前，比较讲究的话，会为每位用餐者上一块湿毛巾。它只能用来擦手。擦手后，应该放回盘子里，由服务员拿走。在正式宴会结束前，会再上一块湿毛巾。和前者不同的是，它只能用来擦嘴，却不能擦脸、抹汗。

6.牙签。尽量不要当众剔牙。非剔不行时，用另一只手掩住口部，剔出来的东西，不要当众观赏或再次入口，也不要随手乱弹，随口乱吐。剔牙后，不要长时间叼着牙签，更不要用来扎取食物。

【实训项目】

项目名称

铺台布。

项目内容

学习和掌握中餐台布的几种铺设方法。

项目要求

能按餐桌大小选择合适台布，使铺好的台布平整干净，折缝横竖统一，凸缝正面朝上，四角下垂均匀。

项目流程

（1）准备工作

①仪表仪容准备。

②用具准备。

餐桌、台布、转盘及转盘底座。

（2）台布折叠

可以由一人或两人共同完成。

（3）铺台布操作

①推拉式铺设台布。服务员移开副主人位上的椅子，站在副主人位上，双手将台布打开正面向上，左右两手捏住台布的一边，台布放射的角度以大约80°为佳，其他的台布夹在其余四指内，将台布贴着餐台平行推出去再拉回来。要求一次到位，铺好的台布中缝线对正主人位和副主人位，十字中点落在餐台圆心上，四角下垂部分均匀并与桌腿成平行线下垂。此方法适用于较小的餐厅，或有客人就座于餐台周围用餐时。

②抖铺式铺台布操作。此方法适用于较宽敞的餐厅，或在周围没有客人就座的情况下进行。

将台布打开，平行打折后将其提拿在双手中，利用双腕的力量，将台布向前抖开，使台布顺着桌面向对面抛出去，在台布落桌和向回拉动的过程中，调整台布的位置，以中线为参照进行准确定位。

③撒网式铺台布操作。此方法多用于宽大场地或比赛场合。

将台布打开，正面向上，拇指和食指抓住台布靠近身体的一边，其余三指快速将台布其余部分平行打折，双手将打开的台布提拿起来至胸前，双臂与肩平行，以右脚在前、左脚在后的站立姿势，上身向左转体，下肢不动并在右臂与身体回转时，台布如同撒渔网一样斜着向前撒出去，将台布抛至前方时，上身转体回位，并恢复至正位站立，然后找准台布与餐桌的中心，将台布向自身拉回，使台布平铺于餐台上。

（4）上转盘

将转盘底座放在铺好的台面中心位置，将转盘搬到餐台上，用滚动或掀动的方法调整位置，使转盘的中心和圆桌的中心重合，转动转盘检查转盘是否旋转灵活。

【实训项目】

项目名称

中餐零点摆台。

项目内容

学习和掌握中餐零点摆台程序和方法。

项目要求

能按规范程序摆放餐具，摆台动作灵巧熟练，摆台整体效果美观。

项目流程

（1）准备工作

①仪表仪容准备。

②用具准备。

餐台、餐椅、托盘、台布、口布、骨碟、瓷勺、汤碗、筷子、筷架、水杯、烟灰缸、牙签盅、花瓶或席次卡等。

（2）中餐零点早餐摆台

①铺台布：台布的规格及色泽的选择，应与餐台的大小、餐厅的风格协调一致，铺好后，餐厅内的所有台布要求折缝横竖统一，凸缝正面朝上，整齐划一。

②骨碟定位：骨碟摆在座位正中，距桌边1.5 cm，按顺时针方向依次摆放，碟与碟之间距离相等。

③摆放口布：将折好的口布摆在骨碟上，观赏面朝向客人。

④摆放汤碗、汤匙：汤碗摆放在骨碟正上方1 cm处，汤匙放在汤碗内，匙柄朝左。

⑤摆放筷子、筷架：汤碗右侧摆放筷架，筷子装进筷套后摆放在筷架上，筷尖离筷架5 cm，筷底离桌边1.5 cm，筷身距骨碟1.5 cm，店标朝上。

⑥摆放牙签：袋装牙签竖放在筷子与骨碟之间，底边距桌边1.5 cm，店标正面朝上。

⑦茶碟：摆放在筷子右侧1 cm处，距桌边1.5 cm，茶杯反扣在茶碟里，杯耳朝右与筷架平行。（图3.27）。

（3）中餐零点午、晚餐摆台

①铺台布：选择干净无破损、无褶皱的台布，然后站在主人位的右侧，将折叠好的台布打开，找出台布正面朝向自己一侧的边缘，任选一种方法将台布一次铺成；要求台布中心凸缝向上，凸缝两端分别对准正、副主人位，十字中心点正对圆桌中央，台布四周下垂部分均等。

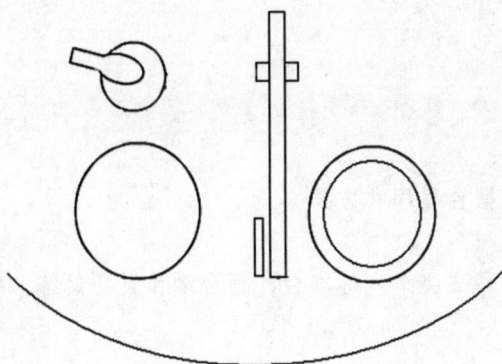

图3.27 早餐摆台示意图

②骨碟定位：骨碟按顺时针方向依次摆放在座位正中，距桌边1.5 cm。

③摆放口布：将折好的口布摆在骨碟上或水杯里，观赏面朝向客人。

④摆放汤碗、汤匙：汤碗摆放在骨碟左前方1 cm处，汤匙放在汤碗内，匙柄朝左。

⑤摆放味碟：味碟摆放在骨碟右前方1 cm处与汤碗中心在一条直线上。

⑥摆放筷子、筷架：筷架摆放在味碟中心线右侧，筷套底部离桌边1.5 cm。

⑦摆放牙签：袋装牙签竖放在筷子与骨碟中间，店标正面朝上。

⑧摆放公用餐具：团体用餐或多人用餐时，可摆放公用餐具。公筷、公勺放在筷架上，摆在个人用户餐具上方或转盘上。

⑨水杯：摆在口汤碗与味碟正前方，距口汤碗1 cm，与骨碟中线在一条直线上。

⑩其他：烟灰缸、调味架、花瓶、席次卡等根据客人要求或餐厅要求摆放在规定位置。

⑪摆放椅子：圆桌为三三两两式；方桌为两两一一式对称，椅面内沿紧贴桌布。（图3.28）

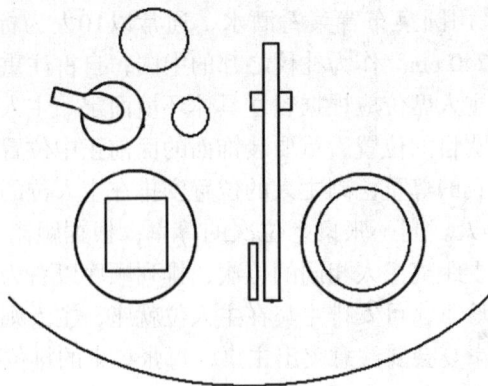

图3.28 午晚餐摆台示意图

【实训项目】

项目名称

中餐宴会摆台。

项目内容

学习和掌握中餐宴会摆台程序和方法。

项目要求

能按规范程序摆放中餐宴会十人标准台，摆台动作灵巧熟练，摆台整体效果美观。

项目流程

（1）准备工作

①仪表仪容准备。

②用具准备。

餐台、餐椅、托盘、台布、口布、骨碟、瓷勺、汤碗、筷子、筷架、公用勺、烈酒杯、红酒杯、水杯、烟灰缸、牙签盅、火柴、花瓶或席次卡等。

③宴会座次安排。（图3.29）

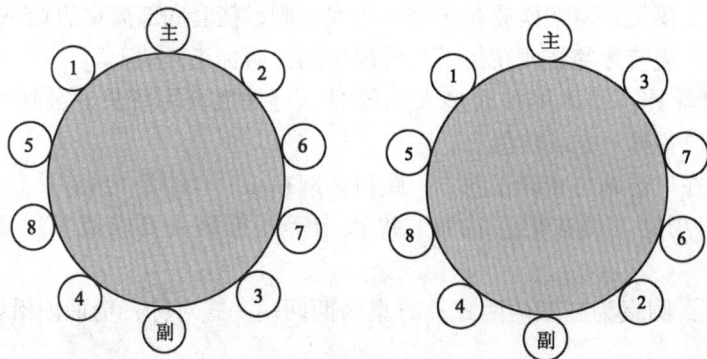

图3.29　中餐宴会座次图

中餐宴请活动，多采用圆桌布置菜肴酒水，通常以10人为标准，选用直径1.8 m的圆台，台布规格为220 cm或240 cm。作为礼仪之邦的中国，自古注重宴请活动中的席位安排，对主位的安排尤为重视。主人席位应根据餐厅具体环境而定。主人位一般应在面朝餐厅门正中位置，或餐厅里最突出醒目的位置、重要装饰面的面前正中位置等。主宾的位置安排在主人席位的右侧，以示对主宾的尊重；副主人的位置安排在主人位的对面，便于主人、副主人招待好整个餐桌两边的客人。同一张桌上位次的尊卑，根据距离主人的远近而定，以近为上，以远为下；同一张桌上距离主人相同的位次，排列顺序以右为尊，以左为卑。如果主宾的身份比主人高，为表示尊重，可安排主宾在主人位就座，主人则坐在主宾的位置上，第二主人坐在主宾的左侧。多桌宴会要注意突出主桌，每张餐桌的排位要大体相似。

（2）铺台布

将椅子拉成三三两两摆放，移开副主人位上的椅子，站在副主人位上，打开并提拿好台布，身体略向前倾，运用双臂的力量将台布朝主位抛抖出去，要求一次到位，铺好的台布要平整无褶皱。

（3）上转盘

将转盘搬到餐台上，用滚动或掀动的方法调整位置，使转盘的中心和圆桌的中心重合，要求转盘边沿离桌边距离误差不超过1 cm，检查转盘是否旋转灵活。

（4）上桌裙

裙布的选择要与台布、餐厅气氛等一致。将桌裙从主人位开始沿顺时针方向用尼龙搭扣或夹子将裙边固定在餐桌的边缘即可。要求每个折裥间距相等，下垂部分均等，接口进行覆盖，不对着主宾和门口。

（5）摆餐椅

根据宴席人数配齐餐椅，座椅要与席位对应。椅子需整洁、完好，一般放置为三三、两两，即正副主位各放置三张椅子，其余两侧各放两张椅子，所有餐椅的椅背应在一条直线上。

（6）摆放装饰盘、骨盘

从主人位开始，按顺时针方向摆放，先摆装饰盘，骨盘放置在装饰盘上，摆放距离均等，距桌边1.5 cm。餐盘中心穿过转盘中心线两两对称，碟内图案花纹正对席位正前方。

（7）摆放汤碗、汤勺、味碟

汤碗摆放在骨碟左前方1 cm处，汤匙放在汤碗内，匙柄朝左，与餐碟平行。味碟摆放在骨碟右前方1 cm处与汤碗中心在一条直线上。

（8）摆放筷架和筷子、长柄勺、牙签

筷架摆放在味碟中心线右侧，与味碟的横向中心为一条线，长柄勺和筷子平行放在筷架上，长柄勺距餐碟3 cm，筷子尾部距桌边1.5 cm；动物造型的筷架，头朝左摆放；袋装牙签竖放在筷子与长柄勺中间，底部与长柄勺尾平齐，牙签套正面朝上。

（9）摆放酒具

葡萄酒杯摆放在汤碗和味碟中间，杯柱正对骨碟中心，杯底距汤碗的边沿1 cm；烈酒杯摆在葡萄酒杯的右侧，水杯摆在葡萄酒杯的左侧，三杯杯肚间的距离为1 cm，杯心成一条直线。三套杯也可以摆成弧形，但总的要求是左高右低。

（10）摆放口布

将折好的口布花摆在骨碟上或水杯里，观赏面朝向客人。注意突出主花。

（11）摆放茶碗茶碟

茶碗茶碟摆放在餐碟的右侧，茶碟中心与餐碟中心在一条直线，茶碗扣放于茶碟中。

（12）摆放烟灰缸、火柴

从主位开始，每隔两个座位放一个，烟缸前沿在水杯的外切线上，架烟孔要朝向两侧的客人；火柴封面朝上放在靠桌心一侧的烟灰缸上，磷面朝向桌边一侧。

（13）摆放公用餐具

公用餐具主要是公用碟、公用勺和公用筷，10人桌通常放置两套公用餐具，分别放置在正、副主人酒具的正前方。公用勺和公用筷并排横放在公用盘上，公用勺放在靠桌心一侧，公用筷放在靠桌边一侧，勺柄朝左，筷柄向右。若设4套公用餐具，另两套放在与正、副主人等距离的两端，呈"十"字形摆放。

（14）拉椅

从主人位开始顺时针方向依次进行，餐椅之间距离均等，椅边与桌布间距1 cm。

（15）摆放菜单

10人桌摆放两张菜单，置于正、副主人位的右侧。菜单底部距桌边1 cm。高档宴会可每个席位放一份菜单。

（16）摆放花瓶、席次卡、座位牌

花瓶正面朝向餐厅门，放于餐台中心，高度以30 cm左右不遮挡客人视线为宜；席次卡朝向餐厅入口，摆在餐桌下首；座位牌放在每个餐位正中。（图3.30）

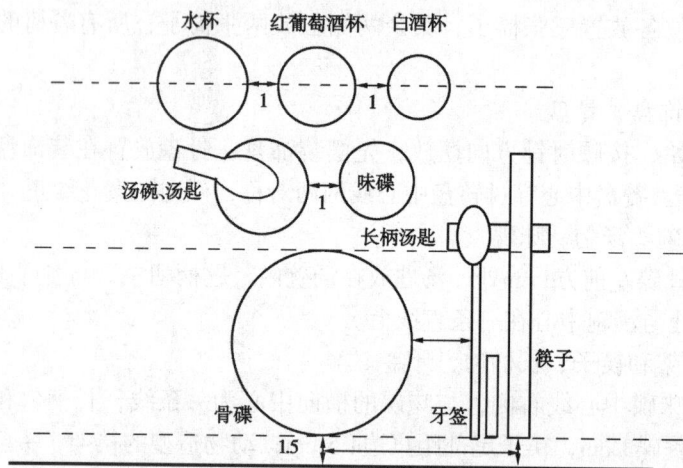

图3.30 中餐宴会摆台示意图 单位：cm

3.4.2 西餐摆台

西餐就餐方式为分餐制，餐桌主要以长条桌和方桌为主，摆台类型主要有早餐摆台、午、晚餐摆台和宴会摆台几种。西餐宴会多采用长台，宴会摆台可以拼接。在进行餐桌布局时，应考虑客人人数和餐厅的大小进行布置安排。一般长台座位最多不超过10人，要求左右对称，出入方便。确定台型后，按就餐人数安排座椅。

1）西餐摆台主要用具

西餐非常讲究餐具的使用，故而餐具品种繁多，使用最多的是餐刀、餐叉和汤勺。各种餐具形状不同，用途也不一样，不能混用。

（1）服务用具

服务用具是服务人员在对客服务过程中使用的工具。常见的服务用具主要有：

①勺类用具

a.长柄汤勺，为客人分汤时使用。

b.色拉服务匙，为客人分派色拉时使用。

②刀类用具

a.鱼刀，分鱼或现场烹制鱼类食品时使用。

b.奶酪刀，用来切割奶酪的长刃刀具。

c.蛋糕刀，用来切割蛋糕等糕点。

d.切割刀，切割大块肉类食品的专用工具，刀刃锋利、细长。

③叉类用具

a.鱼叉，分鱼或现场烹制鱼类食品时使用。

b.切割用叉，现场切割大块肉类食品时的专用工具，叉柄长，刺尖。

c.色拉服务叉，为客人分派色拉时使用。

④装盛用具

a.蔬菜斗，服务员派菜时用的一种两头带耳的船形盛器，又称沙司斗。

b.橘子模，用于加工鲜橘子和柠檬汁，底部有突齿的玻璃盛器。

c.盅，有瓷器、玻璃器和银器几种，是一种形似糖缸的盛器，有果酱盅、蛋盅、盐盅、洗手盅、白脱盅以及糖盅等。

d.酒篮、冰桶、花插等。

⑤特殊用具

a.蜗牛叉，挑食蜗牛时用的工具，与蜗牛夹搭配使用。

b.蜗牛夹，与蜗牛叉配用，吃带壳烤蜗牛等菜。

c.通心面夹，夹通心面的锯齿形夹子。

d.龙虾钳，夹碎龙虾螯壳的工具。

e.龙虾叉，从龙虾壳内取肉用。

f.坚果捏碎器，用于食用核桃等坚果。

（2）客用餐具

主要指摆放在餐桌上供客人就餐时使用的各种器具。

①餐刀。主要有银质、不锈钢、合金铝几种材质，常见有以下几种：

a.鱼刀，与鱼叉搭配使用，食用鱼类菜肴的餐具。

b.正餐刀：西餐的主要餐具，食用主菜。

c.黄油刀：用于吃面包时抹黄油或果酱，体形较小，刀片与刀把不在同一水平线上。

d.甜品刀：专用于餐后食用甜品。

e.面包刀：用来切割面包。

②餐叉。有银质、不锈钢、合金铝几种材质，主要有以下几种：

a.海鲜叉，用于吃海鲜等菜品，也可用来吃小盘菜、点心、水果等，又叫小号叉。

b.正餐叉，西餐的主要餐具，在食用主菜时使用。也可作为分菜叉使用。

c.鱼叉，食用鱼类菜肴，也可用来吃色拉和甜点。

d.龙虾叉，用来吃带甲壳的海鲜菜品，如龙虾。

e.蜗牛叉，吃蜗牛等特殊菜品。

f.点心叉，食用派、蛋糕等西点。

g.甜品叉，餐后食用甜品。

③匙。又称勺，按形状、大小、用途分为：

a.冰淇淋匙：食用冰淇淋的专用餐具。

b.汤匙：西餐喝汤的专用餐具，头部呈圆形。

c.汁匙：服务色拉或主菜时，帮助客人浇汁的用具。

d.咖啡匙：饮用咖啡的专用工具。

e.茶匙：饮用红茶时用于搅拌淡奶和糖的工具。

f.甜品匙：用来食用布丁等各种甜品。

g.大汤勺，用于一些大的汤品。

④杯。常用杯子主要有饮料杯，白兰地杯，红、白葡萄酒杯、甜酒杯、古典杯、香槟酒杯、雪利酒杯、鸡尾酒杯等。

⑤盘。可分为装饰盘、面包盘、黄油盘等。

⑥夹。主要是夹取一些菜肴的用具，包括蜗牛夹、糖夹、坚果夹等。

（3）餐桌服务用品

常见的餐桌服务用品主要有：

①洗手盅。客人食用带壳食物后的洗手用具。

②芥末盅。专门用来装调味品芥末的。

③胡椒磨。现磨胡椒或花椒的工具。

④其他。盐瓶、胡椒瓶、带盖黄油碟、酒瓶垫、油醋架等。

【小知识：西餐餐具的使用】

吃西餐的餐具有刀、叉、匙、盘、碟、杯等，一般讲究吃不同的菜要用不同的刀叉，饮不同的酒也要有不同的酒杯。其摆法为：正面放着主菜盘，左手放叉，右手放刀，主菜盘上方放着匙，右上方放着酒杯。餐巾放在主菜碟上或插在水杯里，也有放在餐盘的左边的。面包、奶油盘放在左上方。

1.刀。宴席上最正确的拿刀姿势是：右手拿刀，手握住刀柄，拇指按着柄侧，食指则压在柄背上。不要把食指伸到刀背上，除了用大力才能切断的菜肴，或刀太钝之外，食指都不能伸到刀背上。另外，不要伸直小指拿刀，有的女性以为这种姿势才优雅，其实这是错误的。刀是用来切割食物的，不要用刀挑起食物往嘴里送。

如果用餐时，有三种不同规格的刀同时出现，一般正确的用法是：带小小锯齿的那一把用来切肉制食品；中等大小的用来将大片的蔬菜切成小片；而那种小巧的、刀尖是圆头的、颈部有些上翘的小刀，则用来切开小面包，然后用它挑起果酱、奶油涂在面包上面。切割食物时双肘下沉，前臂应略靠桌沿，否则会令对方觉得你的吃相十分可怕，而且正在切割的食物没准儿也会飞出去。

2.叉。叉子的拿法有背侧朝上及内侧朝上两种，要视情况而定。背侧朝上的拿法和刀子一样，以食指压住柄背，其余四指握柄，食指尖端大致在柄的根部，若太靠前，外观不好看，太往后，又不太能使劲，硬的食物就不容易叉进去。叉子内侧朝上时，则如铅笔拿法，以拇指、食指按柄上，其余三指支撑柄下方。拇指和食指要按在柄的中央位置，如果太靠前，会显得笨手笨脚。左手拿叉，叉齿朝下，叉起食物往嘴里送，如果吃面条类软质食品或豌豆叉齿可朝上。动作要轻，叉起适量食物一次性放入口中，不要拖拖拉拉一大块，咬一口再放下，这样很不雅观。叉子叉起食物入嘴时，牙齿只碰到食物，不要咬叉，也不要让刀叉在齿上或盘中发出声响。吃体积较大的蔬菜时，可用刀叉来折叠、分切。较软的食物可放在叉子平面上，用刀子整理一下。使用刀叉时要注意：不要动作过大，以免影响他人：切割食物时，不要弄出声响；切下的食物要刚好一口吃下，不要叉起来一口一口咬着吃；不要挥动刀叉讲话，也不要用刀叉指人；掉落到地上的刀叉不可捡起再用，应请服务员换一副。

如果在就餐中，需暂时离开或与人交谈，应放下手中的刀叉，刀在右、叉在左，刀口向内、叉齿向下，呈"八"字形放在餐盘上。它表示：菜尚未用毕。但要注意，不可将其交叉放置呈"十"字形状。西方人认为这是令人晦气的图案。如果吃完了，或者不想再吃了，可以刀口向内，叉齿向上，刀在右、叉在左并排放在餐盘上。它表示：不再吃了，可以连刀叉带餐盘一起收走。

3.餐匙。在正式场合下，餐匙有多种，小的用于咖啡和甜点心；扁平的用于涂黄油和分食蛋糕；比较大的，用来喝汤或盛碎小食物；最大的是公匙，用于分食汤，常见于自助餐。汤匙和点心匙除了喝汤、吃甜品外，绝不能直接舀取其他主食和菜品。进餐时不可将整个餐匙全部放入口中，应以其前端入口。餐匙使用后，不要再放回原处，也不要将其插入菜肴或直立于餐具中。

4.餐巾。一般来说，餐巾放在餐盘的正中或叉子的旁边。大家坐下后，可以将餐巾放在胸前下摆处，不要将餐巾扎在衬衣或皮带里。或者餐巾可以平铺到自己并拢的大腿上，如果是正方形的餐巾，应将它折成等腰三角形，直角朝向膝盖方向；如果是长方形餐巾，应将其对折，然后折口向外平铺在腿上。餐巾的打开、折放应在桌下悄然进行，不要影响他人。

餐巾有保洁作用，防止菜肴、汁汤落下来弄脏衣服；也可以用来擦嘴，通常用内侧，但不能用其擦脸、擦汗、擦餐具；还可以用来遮掩口部，在需要剔牙或吐出嘴中的东西时，可用餐巾遮掩，以免失态。如果餐巾掉在地上，应另要一块，然后将地上的捡起来。

有事暂时离席时，餐巾应放在本人所坐的椅面上，而不是桌子上，因为放在桌上就表示：我不再吃了，可以撤掉。

2）西餐座次安排

西餐的长台要求左右对称，出入方便。确定台型后，要按就餐人数安排好座位。在多数情况下，西餐的座次安排是人们十分关注的问题，因此，按照约定俗成的常规预先安排好席位，写座位卡或通知每位客人，使大家心中有数，可以避免混乱。

（1）西餐位次排列规则

①女士优先。在西餐礼仪里，女士处处备受尊重。在排定用餐座次时，应请女主人就座，而男主人则需退居第二主位。

②以右为尊。以右为尊是基本原则，就某一特定位置而言，右位高于左位。

③面门为上。面对餐厅正门的位子在序列上要高于背对餐厅正门的位子。

④距离定位。西餐中座次的尊卑，与其距离主位的远近有较大的关系。一般来说，离主位近的位子其尊卑高于离主位远的位子。

（2）西餐宴会席位排列

①家庭式西餐宴会：在席位安排上不是太严格，只有主客之分，一般是男女主人坐在餐桌的两端，男主宾坐女主人的右侧，女主宾坐男主人的右侧，这种宴会席位排法的优点是气氛较随和，有两个谈话中心，可以扩大交际。

②较正式的宴会：除按职务高低排序外，还应考虑宴会性质、人数、性别和服务方式等。一般会将主人和副主人坐席相对安排在长台长边中央位置，将宾客按顺序交叉安排在长台左右（见图3.31）。

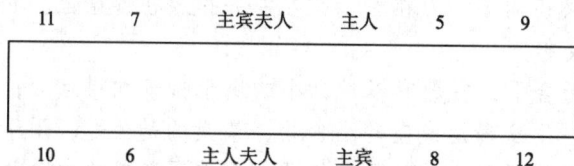

11	7	主宾夫人	主人	5	9
10	6	主人夫人	主宾	8	12

图3.31　西餐宴会座次图

说明：现今的许多重要宴会，为体现对宾客的尊重，将主宾席安排在主人左侧，从主宾席开始服务，按顺时针方向操作，至主人结束。在排位时，讲究右高左低，即同一桌上席位高低视距离主人座位远近而定；若男、女主人并肩坐于一桌，则男左女右，女性坐于右席；若男、女主人各在一桌，则女主人坐于右桌；若男主人或女主人居于中央之席，面门而坐，则右方之桌、右手旁的客人为尊。

3）西餐摆台注意事项

①摆台顺序：一般可以一装饰盘、二餐具、三酒水杯、四调料用具、五公共用具、六艺术摆设6个程序进行。餐桌摆好后，正中央应留空余，以摆放菜盆及其他调料。

②餐具取拿规范。不直接用手拿餐具，刀叉不交叉摆放。银器皿要用口布包着摆放，以免留下指纹。

③装饰物品摆放。为避免妨碍客人的视线，台花、蜡烛等应适当放得低些。

④撤杯时机。只有客人离座后方能撤走餐桌上的水杯。

⑤补充调味品。要注意是否需要向调味瓶内补充调料。

⑥检查。摆放的各种餐具是否规范、符合要求，台面摆设有无遗漏。

【实训项目】

项目名称

西餐早餐摆台。

项目内容

学习和掌握西餐早餐摆台程序和方法。

项目要求

能按规范程序摆放西餐早餐台面，做到摆台动作灵巧熟练，餐具摆放合理有序，摆台整体效果美观大方。

项目流程

（1）准备工作

①仪表仪容准备。

②用具准备。

台布、装饰盘或纸垫式菜单、餐刀、餐叉、面包盘、黄油刀、咖啡杯、咖啡碟、咖啡勺、餐巾、盐、胡椒瓶、糖盅、烟灰缸、花瓶。

（2）铺台布

台布须干净整洁，打开台布，正面朝上，抖动手腕抛出台布，使台布四边下垂，长短一致，台布四角与台脚直线垂直。

（3）定位

将精美的装饰盘或纸垫式菜单放于餐位正中定位，并距桌边2 cm。

（4）摆放餐具

将餐叉、餐刀分别放在装饰盘或纸垫式菜单的左右两边，相距30 cm左右，刀刃朝左，叉齿向上，刀、叉的底部距桌边2 cm。

（5）摆放面包盘

在餐叉左边1 cm处放面包碟，盘边距桌边2 cm，面包碟中线靠右摆放黄油刀，刀刃向左朝向盘心。

（6）摆放咖啡杯

餐刀的右面1 cm处放咖啡碟，咖啡杯倒放在碟内，杯边摆咖啡勺，杯耳和咖啡匙柄向右。

（7）摆放餐巾花

将叠好的餐巾花放置于装饰盘或纸垫式菜单上。

（8）摆放其他物品

花瓶放在台面中央，前面摆放盐、胡椒瓶、糖盅、烟灰缸等物品。

【实训项目】

项目名称

西餐午、晚餐摆台。

项目内容

学习和掌握西餐午、晚餐摆台程序和方法。

项目要求

能按规范程序进行西餐午、晚餐摆台，摆台动作灵巧熟练，做到餐具摆放合理有序，与菜肴相互匹配，摆台整体效果美观大方。

项目流程

（1）准备工作

①仪表仪容准备。

②用具准备。

台布、装饰盘、餐刀、餐叉、色拉叉、汤勺、面包盘、黄油刀、水杯、餐巾、盐、胡椒瓶、糖盅、烟灰缸、花瓶、烛台（晚餐）。

（2）铺台布

要求台布四边平整洁净，下垂长短一致，台布四角与台脚直线垂直。

（3）摆放装饰盘

装饰盘按顺时针方向放于每个餐位正中，盘内的店徽图案端正，餐盘间的距离要相等，盘边距桌边2 cm。

（4）摆放餐具

装饰盘右侧1.5 cm处放餐刀，汤勺摆放在距餐刀1.5 cm位置，刀刃朝左，勺面朝上，刀和勺的尾端距桌边2 cm；装饰盘左侧1.5 cm处放餐叉，距餐叉左侧0.5 cm处放色拉叉，叉尖均向上，尾端均距桌边2 cm。

（5）摆放面包盘

面包盘放在色拉叉左侧1 cm处，盘边距桌边2 cm，黄油刀放置在面包盘中线靠右位置，刀刃朝盘心；黄油碟放置在黄油刀上方3 cm处。

（6）摆放水杯

水杯放置在餐刀尖上方2 cm处；摆放餐巾花。将折叠好的餐巾花依次放到装饰盘中。

（7）摆放其他物品

台面正中摆放花瓶和烛台（烛台仅限晚餐摆台时使用），距装饰盘右上方3 cm处摆放烟缸，左上方3 cm处按左盐右椒摆放盐和胡椒，盐、胡椒前面放牙签筒，牙签筒前面是烟缸，烟缸缺口对准盐和胡椒的中心。

【实训项目】

项目名称

西餐宴会摆台。

项目内容

学习和掌握西餐宴会摆台程序和方法。

项目要求

能按规范程序摆放西餐宴会六人标准台，做到餐具摆放合理有序，与菜肴相互匹配，摆台整体效果美观大方。

项目流程

（1）准备工作

①仪表仪容准备。

②用具准备。

台布、装饰盘、主菜刀、鱼刀、汤匙、冷菜（开胃品）刀、水果刀、热菜叉、鱼叉、冷菜叉、叉尖、水果叉、点心匙、面包盘、黄油盘、黄油刀、水杯、红葡萄酒杯、白葡萄酒杯、餐巾、菜单、盐、胡椒瓶、糖盅、烟灰缸、花瓶、烛台。

（2）铺台布

宴会铺台布一般由两人合作进行，按照餐位的实际要求和规定进行铺设。铺好的台布应正面朝上，桌面平整，中心线对正，下垂部分均匀，接缝一致朝里，美观整齐。

（3）摆放装饰盘（餐盘、垫盘）

从主人席位开始按顺时针方向在每个席位正中摆放。要摆正花纹图案，盘间距离相等，盘边距桌边2 cm。

（4）摆放餐具

先刀后叉，在装饰盘的右侧。从左向右（由内向外）每隔1 cm依次摆放主菜刀、鱼刀、汤匙、冷菜（开胃品）刀。刀刃向左，匙面朝上，除鱼刀外，尾端距桌边2 cm；在装饰盘的左侧，从右向左（由内向外）每隔1 cm依次摆放热菜叉、鱼叉、冷菜叉，叉尖向上，除鱼叉外，尾端距桌边2 cm。鱼刀和鱼叉尾端距桌边5 cm。

（5）摆水果刀、叉、点心匙

在装饰盘正上方2 cm处平行横放水果刀和点心匙，点心匙在叉上方，匙把和刀把向右，刀刃向装饰盘；水果叉（或甜品叉）叉齿向右，叉把向左与水果刀平行摆放。

（6）摆面包盘、黄油盘

在席位左侧餐叉外1 cm处摆放面包盘，使盘中心与装饰盘中心对齐；面包盘中线靠右处放置黄油刀，刀刃向盘心；黄油盘摆放在面包盘的右侧4 cm处，左侧与面包盘中心线为一条直线。

（7）摆放酒具

酒具摆在餐刀上方3 cm处，与台面呈45°角的下斜线，从左到右分别是水杯、红葡萄酒杯、白葡萄酒杯，杯身间距为1 cm。

（8）摆放餐巾花

将叠好的盘花摆在餐盘正中，注意将不同样式、不同高度的餐巾花搭配摆放，并突出主人和主宾。

（9）摆放烟灰缸

从主人的右侧起，每两人之间放一个，烟灰缸的中心与展示盘中心呈一条直线。

（10）摆放其他用具

蜡烛台的数量可视餐台大小而定，一般6人台摆放两个，分别在台布的中线或餐台两侧适当的位置；椒、盐瓶在台布中线上按左盐右椒对称摆放，瓶壁相距1 cm，瓶底与蜡烛台台底距离2 cm；调味架、牙签筒按4人用一套的标准摆放在餐台中线位置上；菜单至少全桌有两份；鲜花高度以不阻碍客人视线为宜（图3.32）。

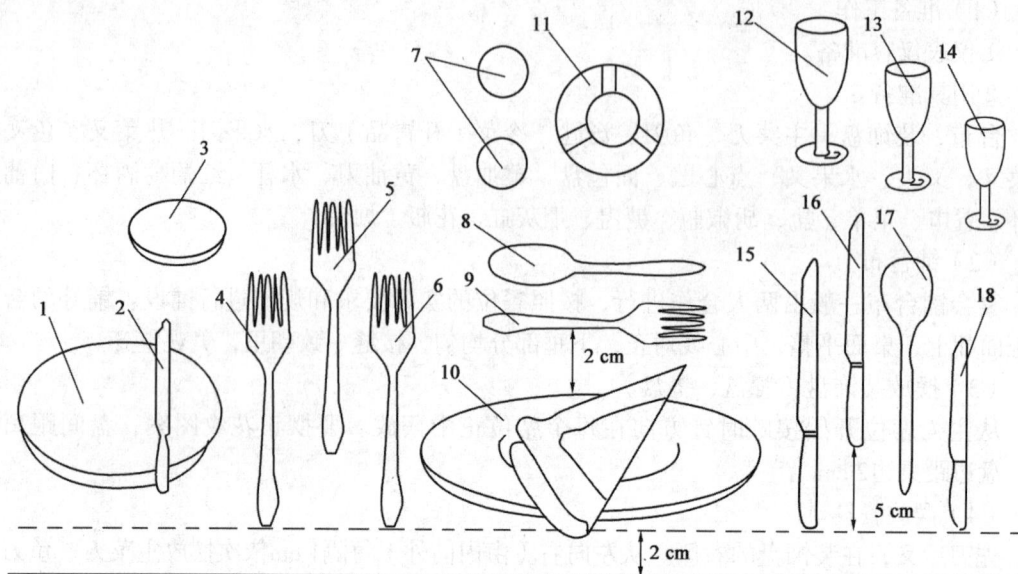

1—面包盘；2—面包刀；3—黄油盘；4—沙拉叉；5—鱼叉；6—主餐叉；7—盐、胡椒瓶；
8—甜点匙；9—甜点叉；10—装饰盘；11—烟灰缸；12—水杯；13—红酒杯；14—白酒杯；
15—主餐刀；16—鱼刀；17—汤匙；18—沙拉刀

【复习与思考】

一、简答题

1.简述中餐的摆台基本要求和注意事项。

2.列举西餐宴会摆台主要用具。

3.摆台前应做哪些准备工作？

二、案例分析

一位翻译带领4位德国客人走进了西安某三星级饭店的中餐厅。入座后，服务员开始让他们点菜。客人要了一些菜，还要了啤酒、矿泉水等饮料。突然，一位客人发出诧异的声音。原来他的啤酒杯有一道裂缝，啤酒顺着裂缝流到了桌子上。翻译急忙让服务员过来换杯。另一位客人用手指着眼前的小碟子让服务员看，原来小碟子上有一个缺口。翻译赶忙检查了一遍桌上的餐具，发现碗、碟、瓷勺、啤酒杯等物均有不同程度的损坏，上面都有裂痕、缺口和瑕疵。

翻译站起身把服务员叫到一旁说："这里的餐具怎么都有毛病?这可会影响外宾的情绪啊!"

"这批餐具早就该换了，最近太忙还没来得及更换。您看其他桌上的餐具也有毛病!"服务员红着脸解释着。

"这可不是理由啊!难道这么大的饭店连几套像样的餐具都找不出来吗?"翻译有点火

了。"您别着急，我马上给您换新的餐具。"服务员急忙改口。翻译和外宾交谈后又对服务员说道："请你最好给我们换个地方，我的客人对这里的环境不太满意"。

经与餐厅经理商洽，最后将这几位客人安排在小宴会厅用餐，餐具也使用质量好的，并根据客人的要求摆上了刀叉。望着桌上精美的餐具，喝着可口的啤酒，这几位宾客终于露出了笑容。

问题：为什么会出现这种问题？如何才能避免此类问题的发生？

三、实操训练

1.学生分组进行中餐、西餐的摆台练习。

2.在15分钟内完成一桌中餐宴会摆台。

3.在10分钟内完成一桌6位席西餐宴会摆台。

4.学生分小组进行中（西）餐宴会摆台比赛。

任务3.5　上菜和分菜

上菜和分菜是一项技术性较强的工作，是指服务员按程序有节奏地将菜肴送上餐桌，向客人展示后再进行分菜的一系列服务方式的总和。这是餐厅服务的重要内容，也是餐厅服务人员必须掌握的基本技能之一。

【案例】

某四星级酒店里，富有浓烈民族特色的贵妃厅热闹非凡，可以容纳30余张圆桌的空间座无虚席，主桌上方是一条临时张挂的横幅，上书"庆祝×××(集团)公司隆重成立"。今天来此赴宴的都是商界名流，由于人多品位高，餐厅上自经理下至服务员早就忙坏了。从上午起，工作人员就作好了一切准备。

宴会开始，一切正常进行。值台员送菜、报菜名、派菜、递毛巾、倒饮料、撤菜盘碟子，秩序井然。按预先的安排，上完"红烧海龟裙"后，主人和主宾离开座位，款款走到话筒前，值台员此时便给每位客人的杯子里斟满了酒和饮料。还有一位长得很英俊的男服务员站在离话筒几步之外，手中端着两只斟满酒的杯子。主人和主宾简短而热情的讲话很快便结束，那位男服务员及时递上酒杯。正当宴会厅内所有来宾站起来准备举杯祝酒时，厨房里走出一列服务员，手中端着刚出炉的烤鸭，向各个不同方向走去。主宾不约而同地把视线朝向这支移动的队伍，热烈欢快的场面就此给破坏了，主人不得不再一次提议全体干杯，但气氛已大打折扣。

3.5.1　中餐上菜和分菜

1) 上菜

（1）上菜程序

我国地域辽阔，地方菜系众多，宴会的种类也多。由于宴席的类型、特点不同，在菜肴设计安排和上菜程序上也不尽相同，但总的说来，中餐宴会有其相对固定的上菜程序。

（2）上菜位置

以不打扰客人为原则，选择正确位置为宾客上菜。严禁在主人和主宾间上菜。零点餐上菜比较灵活，服务员只需避开老人、女士和儿童，选择较宽敞的位置上菜即可，注意应始终保持在一个位置上。

（3）上菜时机

为保证菜点的质量（火候、色泽、温度等），使宾客吃得可口满意，服务员应观察客人进餐情况和要求，灵活掌握上菜的时机和速度，适当控制上菜的节奏，以免造成无菜可吃或菜肴堆积。一般情况下，零点餐在客人点菜后，10分钟之内冷盘上桌；15分钟之内热菜上桌；全部菜品30分钟左右上完。宴会在开餐前5分钟冷盘全部摆放上桌。

（4）上菜要求

①核对菜单，了解菜点的名称和特点。

②对用手直接拿取的菜点，要上毛巾给宾客擦手。

③上配有佐料的菜点，要一次配齐和菜点同时上桌，或先上配料。

④带头尾的菜肴，要根据当地习俗进行摆放。

⑤控制节奏，防止出现空盘和菜品堆积现象。

⑥菜肴摆放时要根据颜色、口味、荤素等对称摆放。

⑦带汤汁的菜肴应双手送至餐桌上，以免洒在客人身上。

⑧注意卫生，盘底、盘边要干净，手指不可伸入菜盘内。

【知识链接：几种特色菜肴的上菜要求】

火候菜：服务员要动作迅速，免得耽误时间，使菜肴失去焦、酥、脆、嫩的风味特色。

泥纸或荷叶包装的菜肴：如叫花鸡、缅甸鸡、荷香鸡等。应先将菜肴端上餐台，宾客观赏后，再拿到工作台上，当着客人的面打破或启封，即可保持菜品的香味和特色，还为客人提供观赏服务。

易变形的菜肴：如高丽虾仁、炸虾球、油爆肚仁等。变形菜一出锅，服务员就要立即端上餐桌，以美观漂亮的菜型吸引客人的眼球，达到为客人提供视觉服务的效果，如果动作较慢，菜就会干瘪变形。

拔丝类菜肴：如拔丝鱼条、拔丝苹果、拔丝山芋、拔丝荔枝肉等。服务要求是速度快，动作敏捷，并提醒客人尽快趁热食用。应事先盛好凉开水，让客人把夹起的拔丝菜在水碗中浸一下，使糖稍稍降温凝固后再吃，这样糖脆而不粘牙，才能品尝拔丝菜的风味。

原盅炖品：如冬瓜盅、南瓜盅和金瓜盅等。炖品上桌后在宾客面前启盖，以保持炖品的原汁原味，香气四溢，达到为客人提供味觉服务的效果。启盖时要翻转过来再移开，以免汤水滴落在客人或自己身上。

（5）上菜服务注意事项

①上菜人员尽量不是传菜人员。

②避免上错菜肴，上菜前要核对台号、菜肴名称。

③注意避开老人或小孩，准确找到上菜口。

④上菜时要兼顾摆台效果，观察台面是否有放菜位置，如果满桌，应征求客人意见进行调整，严禁盘子叠盘子。

⑤上菜时要清楚地报出菜品名称，菜品上齐后要告知客人。

⑥上菜时要尽量避免油汤滴到客人衣物上。

2）分菜

中餐分菜历史悠久，早在古代帝王饮宴时就已出现了。当时，每位进餐者席地而坐，一人一桌，所上食品一人一份。中餐分菜由此产生，并不断随着人们饮宴形式的变化而发展。

分菜又叫派菜或让菜，是在客人观赏后由服务人员主动均匀地为客人分菜分汤。一般，在规格较高的宴会上，每道菜肴均需分派给客人。

（1）分菜工具及其使用方法

①分菜工具。

分菜工具包括分菜叉(服务叉)、分菜勺(服务勺)、公用勺、公用筷、长把勺等。

②分菜工具的使用方法。

服务叉、勺：在夹菜肴和点心时，主要依靠手指来控制。操作时，服务员用右手握住叉的后部，勺心向上，叉的底部向勺心，右手食指与大拇指捏住叉把，中指控制勺把，无名指和小指按在勺柄上起稳定作用，5个手指将餐叉、餐勺固定住。

长把汤勺：分汤菜，汤中有菜肴时需用公用筷配合操作。

（2）分菜的方法

中餐主要有分让式餐台分菜、二人合作餐台分菜、旁桌式分菜几种。此外，为显示宴会规格和菜品的名贵，在上比较高档的炖品或汤煲时，也可由厨房工作人员按照客人的人数在厨房分好菜，传菜员将菜品运送到餐桌边，由值台员用托盘从主宾右边将菜品送上，这种方法称为厨房分菜法。

（3）分菜前的准备工作

菜品端上餐台之前，值台员就要准备好分菜所用的各种餐具及用具。

①准备分菜餐具。分炒菜前，应准备分菜所需相应数量的骨碟；分汤菜前，应准备分汤菜所需相应数量的汤碗与长把汤匙；分蟹类菜肴时，应按相应的人数准备好骨碟与蟹钳等。

②准备分菜工具。分菜服务前，应将分菜所需的工具、用具准备齐全，如分菜所需的餐刀、餐叉、餐勺、筷子、汤匙及垫盘、布巾等。

③菜肴展示。在分菜服务前，应将菜肴端至客人面前进行展示。展示时，服务员应将菜肴的主看面朝向客人，旋转转台，按顺时针方向转动一圈后，再分让菜肴给客人；托盘展示时，服务员站在既方便其他客人的观赏，又是主宾或主人视线的最佳位置处，左手托盘，右手扶托盘外沿，使托盘与餐台平行，用礼貌用语"请稍等，我来分一下这道菜"，然后再进行分派。同时，向客人介绍菜肴的特点、烹调方法等有关内容。

（4）分菜注意事项

①菜点展示后，方可分让。大型宴会每桌服务人员的派菜方法应一致。

②分菜时留意菜的质量和菜内有无异物，及时将不合标准的菜送回厨房更换。客人表示不要此菜，则不必勉强。此外应将鱼、鸡等的大骨头剔除，头、尾、残骨等不宜分给宾客。

③做到一勺准。分菜时要心中有数，使每位宾客都能均匀的分到一份，不可将一勺汤或菜分给两个客人，并将菜肴中最优质的部分让给主宾。

④分派有佐料的菜肴。凡配有佐料的菜，在分派时要先蘸(夹)上佐料再分到餐碟里，对有卤汁的菜分让时要带卤汁。

⑤注意位置变换。分完一位客人后，应绕过客人身体，再为下位客人分让。

⑥其他。分菜时，动作要协调，速度要快，不能把菜汁、汤汁滴到桌上或宾客身上，叉、勺不要在盘上刮出声响。

（5）一般菜肴的分让方法

①鸡、鸭等整形类菜肴。按鸡、鸭类菜肴的自身结构来分割及分派，注意保持形状的完整和均匀；一般头、尾不分派，由客人自行取用。先用公筷压住鸭身，用公用餐具将腿肉和鸭脯切扒成若干均匀的鸭块，再按宾主次序分派。鸭头、翅尾不分，留在碟上，随客人自行食用。

②肘子。先用公筷压住肘子，然后用公用餐具将肘子切成若干块，再按宾主次序分派；每位客人碗或餐盘中的菜不宜过多，否则吃不下则不好，特别是女性；不同的客人尽量分的分量一样，以示一视同仁；盘中应留下一部分菜，以备宾客添加，也显示菜品分量充足。

③蛋煎制品。用公筷压住蛋饼，用餐刀或公勺将蛋饼扒成若干块，再按宾主次序分派。

④冬瓜盅。冬瓜盅是夏令名菜。由于瓜身高，应作两次分派。第一次，用服务勺将上段冬瓜肉和盅内配料汤汁均匀分派给客人；第二次先用餐叉叉住瓜皮，再用餐刀从上向下切，横削去皮（由于分让后的瓜皮很薄，容易破裂，所以必须先横切再分让），一般分四刀切削完。

⑤拔丝甜菜。必须配凉开水。分派时用公筷将甜菜一件件夹起，迅速放在凉开水里浸一下，再夹到客人碗里。动作要快，即上、即拔、即浸、即食，可以保证菜品的特点。

⑥卷食菜肴。一般由客人自己取拿卷食。若需分让，将吃碟摆放在菜肴的周围，放好铺卷的外层，然后逐一将被卷物放于铺卷的外层上，最后逐一卷上送到每位客人面前。

⑦分鱼。将菜品展示后撤到边台，用分餐刀叉将鱼身上的葱丝等移到鱼头右上方，左手握餐叉将鱼头固定，右手用餐刀从鱼中骨由头顺切至鱼尾，然后将切开的鱼肉分向两侧脱离鱼骨，鱼骨露出后，将餐刀横于鱼骨与鱼肉之间，刀刃向鱼头，由鱼尾向鱼头处将鱼骨与鱼肉切开，当骨、肉分离后，用将鱼骨放于盘边，再将上片鱼肉与下片鱼肉吻合，使之仍呈一整鱼状（无头尾），盖上葱丝等，将鱼头朝外放置于转盘上，转到主宾与主人之间。

⑧分汤。站在客人的左侧，从主宾位开始，按顺时针方向依次为客人分让。先将盛器内的汤分进客人的碗内，然后再将汤中的原料均匀地分入客人的汤碗中；或者反过来先将盛器里原料均匀地分到汤碗中，再将汤分到汤碗中。如果原料为整鸡、整鸭等，可以在服务台先将其分割好，再进行分汤，一般盛8分满。

3.5.2　西餐的上菜和分菜

1）上菜

（1）上菜程序

西餐上菜一般顺序是：头盆（开胃菜）—汤—色拉—主菜—甜点—饮品（咖啡或茶）。

①头盆：有冷盘和热盘之分，又称开胃菜，以咸和酸为主，数量少，品质高。常见的品种有鱼子酱、鹅肝酱、蜗牛等。

②汤：有蔬菜汤、清汤、冷汤、奶油汤等类别。品种有牛尾清汤、各式奶油汤、海鲜汤、意式蔬菜汤、俄式罗宋汤等。

③副菜：水产类菜肴与蛋类、面包类、酥盒类菜肴均称为副菜。西餐吃鱼类菜肴讲究使用专用的调味汁，由于鱼类等菜肴的肉质鲜嫩，较易消化，所以放在肉类菜肴的前面。

④主菜：牛肉或牛排，常用煎、烤、铁扒等烹调方法，以蘑菇汁、西班牙汁、白尼丝汁等为调味汁；禽类菜肴以鸡多见，烹调方法以煮和炸为主，调味汁主要是咖喱汁、奶油汁、黄肉汁等。

⑤沙拉：蔬菜类菜肴在西餐中称为沙拉，可以安排在肉类菜肴之后，也可以与肉类菜肴同时上桌。搭配主菜的沙拉，称为生蔬菜沙拉，一般用生菜、芦笋、番茄、黄瓜等制作，调味汁主要有千岛汁、醋油汁、奶酪沙拉汁、法国汁等。

⑥甜品：所有主菜后的食物，如冰淇淋、布丁、奶酪、水果等均称为西餐的甜品。

⑦饮品：咖啡或茶。

（2）西餐上菜方式

①美式上菜：在厨房内将菜按人数分好盛在盘子里，由服务员用左手从客人左侧供应主菜，从客人右边撤走主菜盘碟。注意用过的汤或开胃品盘碟从客人右侧取走，冰水从客人右侧倒。假如客人要咖啡和甜点，服务员也要从客人的右侧供应和服务。此种服务方法简单、随意。

②俄式上菜：所有菜肴在厨房里准备好后放在大银盘里，服务员端到餐厅后，先按顺时针方向从客人右边用右手将空餐盘放在客人面前，然后左手托盘，右手持勺，从主人开始，逆时针方向把菜分到客人的餐盘中。银盘中剩余的菜肴退回厨房。分汤时，左手端盛汤的大银盘，右手从客人左边分给客人。

③法式上菜：又叫"客前烹制"，即菜肴的最后一道烹饪程序在客人面前的服务车上完成。法式服务由两名服务员完成，一名在餐车上烹饪制作，另一名则用右手从客人右侧将菜端给客人。面包、黄油碟、色拉碟及一些特殊的盘碟要放在客人左侧，汤用右手从客人右侧供应和服务。

④英式上菜：又称家庭式服务。服务员将准备好的菜肴加好配菜，放入大银盘中托送到餐厅，由主人亲自动手切肉装盘，并配上蔬菜，然后由服务员把装盘的菜肴依次端送给每位客人。顾客自取或相互传递调味沙司和配菜。此种服务方式家庭气氛较浓，但节奏较慢。

西餐上菜的服务方式既有相同的地方，也可根据不同的礼仪习俗有所不同。通常一些饭店将几种服务方式混合使用。

2）西餐分菜

①分菜顺序：先宾后主再其他宾客、先女后男的顺序。

②分菜方法：西餐宴会多采用几种服务方式结合起来的方法，其分菜方法与服务方式相关。

③分菜工具：俄式分菜技术要求较高，服务员用餐叉、餐勺进行分让；法式服务重在切割，有服务车、分割切板、餐刀、餐叉和分调料汁的叉和勺等。

④法式切分工具使用方法：分让主料时，将要切分的菜肴放到餐车上的分割切板上，左手拿叉压住菜肴的一侧，右手用刀分切；分让配料、配汁时，用叉勺分让，勺心向上，叉的底部向勺心，即叉勺扣放。

【实训项目】

项目名称

中餐宴会上菜。

项目内容

了解上菜顺序和上菜节奏，熟练掌握上菜位置，按要求摆菜。

项目要求

熟悉中餐上菜顺序，掌握上菜时机，有节奏地为客人进行上菜服务。

项目流程

（1）上菜方法

上菜时，服务员右腿在前，左腿在后，站在陪同和次要客人之间（注意应始终保持在一个位置上），左手托托盘，侧身用右手将菜品送到转台上，报菜品名称，并将菜品按顺时针方向旋转一圈让客人观赏后停留至主宾面前，让其品尝。每上一道菜品时，都应调整菜盘位置，注意始终保持桌面的整洁美观。在上菜的过程中，端托盘的左手要向外伸出，并注意保持身体平衡。

（2）上菜顺序

中餐宴会上菜的基本原则是：先凉菜后热菜，先咸味菜后甜味菜，先浓味菜后清淡菜，先优质菜后一般菜，先干菜后汤菜，先菜肴后点心、水果，即遵循：冷菜—热菜—汤菜—点心、水果的程序进行。中餐中的粤菜上菜顺序稍有不同，是先汤后菜。

（3）上菜时机

①开餐前5分钟冷盘全部摆放上桌。

②冷盘吃去一半时，开始上热菜，当最后一道菜上完，低声告诉副主人菜已上齐。

③上菜时，要注意观察，注意控制上菜的节奏。原则上每道菜间隔时间不超过5分钟。

④如果在宴会进行中有临时讲话，应通知厨房暂缓出菜或对菜品进行保温。

⑤两桌以上的宴会，要统一上菜。小型宴会可视主宾席的动作而行动，大型宴会可在厅内装上指示灯，用信号灯指示上菜。

（4）摆菜

在上菜的过程中，要注意摆菜的位置，使上台的菜按一定的格局摆放，做到既注意宾客的风俗习惯，方便食用，又讲究造型艺术。

①摆冷菜。

冷菜分主冷菜和一般冷菜。拼盘、工艺冷菜、攒盒等主冷菜应摆在餐桌中央，并根据造型将观赏面对准主位；一般冷菜在主冷菜的四周对称摆放，注意荤素、颜色、口味的搭配和间隔。若有转台，则所有冷菜都摆放在转台上。

②摆热菜。

a.摆放时，遵循尊重主宾、注意礼貌、讲究造型、协调摆放、方便食用的用餐规范。

b.根据菜肴数量与形状，在摆放菜盘时，两个菜可并排摆成横"一"字形；一菜一汤可摆成竖"一"字形，汤在前、菜在后；两菜一汤或三个菜，可摆成"品"字形，汤在上，菜在下；三菜一汤可以汤为圆心，菜沿汤内边摆成半圆形；四菜一汤，汤放中间、菜摆四周；五菜一汤，以汤为圆心摆成梅花形；五菜以上都以汤或头菜或大拼盘为圆心，摆成圆形，让桌面的菜盘位置始终形成一个美丽的图案。

c.热菜中的主菜应摆放在餐桌中央，并根据造型将观赏面对准主位；砂锅、炖盆之类的汤菜通常也摆放到餐桌中间位置。零点餐也可以将主菜或高档菜放到餐桌中心位置。

d.对热菜中的整鸡、整鸭，上菜时可按中国传统的 "鸡不献头，鸭不献掌，鱼不献脊"的习惯，即不将鸡头、鸭尾对着主宾，而将鸡头与鸭头朝右边放置；上整鱼时，由于鱼腹的刺较少，肉味鲜美细嫩，所以应将鱼腹而不是鱼脊对着主宾，以示对主宾的尊重。

e.宴席中的头菜或一些较有风味特色的菜，应先将转台顺时针旋转让每位客人观赏菜的造型后，再报菜名。摆放时注意菜点最适宜观赏的位置(看面)朝向主位。若没有转台，则应把菜肴放在餐桌中心稍靠主人位的一侧，把菜肴的观赏面正对主人席位。每上一道菜前，都需将餐桌上的菜品作位置上的调整与撤换，将新菜放在主宾面前，让台面始终保持整齐美观。

【实训项目】

项目名称

中餐分菜。

项目内容

掌握分菜顺序和几种分菜方法，做到动作协调操作卫生。

项目要求

熟悉中餐分菜方法，掌握分菜要领，做到分配均匀，装盘整洁，规范操作。

项目流程

（1）分让式餐台分菜

①菜品展示、介绍。服务员将菜品双手端到转盘上，报菜名并进行简要介绍。

②分菜服务。左手垫上餐巾布，将菜盘托起，站在宾客右侧，身体不斜靠在宾客身上，脸部略斜与菜盘成一直线，腰部稍向前弯，右手持服务叉、匙将所上菜品按照先宾后主的顺序边走边依次分入客人餐盘中。分菜完毕后，应保证菜盘中剩下1/5左右，以示菜肴的宽裕及方便想再添用的客人，并为第二次分让作好准备。这种分菜法不可在一个服务位同时为两位客人派菜，要掌握好数量，分让均匀，做到一勺准或一叉准，要将菜肴的优质部位分配给主宾和主人，不可将一勺（叉）菜同时分给两位客人。

（2）二人合作餐台分菜

①菜品展示、介绍。将菜肴端上餐桌，向客人观赏介绍后，由两名服务员共同操作进行菜肴分让。

②分菜服务。两名餐厅服务员配合操作，一名服务员负责分菜，另一名服务员负责为宾客递送分好的菜肴食品。

操作时，服务员站在译陪人员中间的位置上，右手持餐叉、餐勺（可以用公用筷、公用勺）盛取菜肴，左手持长把勺接挡下方，以防菜汁滴落在台面上。另一名餐厅服务员站在宾客的左侧，把餐碟递给分菜的餐厅服务员，待菜肴分好后，将餐碟放回客人面前。

（3）旁桌式分菜

此方法适用于高档宴会分菜或炖品、羹汤类的分让。

①器具准备。在分菜台准备好干净的餐盘，备好叉、勺等分菜工具。

②菜品展示、介绍。在对菜名、特色进行介绍后，将菜从餐台取下放到分菜台上快速、均匀地进行分菜操作。

③递送。将菜碟放在托盘内，从宾客的右侧按顺时针方向依次递送。

【复习与思考】

一、简答题

1.中、西餐上菜的程序和操作方法是怎样的？

2.中餐上菜和分菜有哪些需要注意的事项？

二、案例分析

只为少说一句话

某大餐厅的正中间是一张特大的圆桌,从桌上的大红寿字和老老小小的宾客可知,这是一次庆祝寿辰的家庭宴会。朝南坐的是位白发苍苍的八旬老翁,众人不断站起对他说些祝贺之类的吉利话,可见他就是今晚的寿星。

一道又一道缤纷夺目的菜肴送上桌面,客人们对今天的菜显然感到心满意足。寿星的阵阵笑声为宴席增添了欢乐,融洽和睦的气氛又感染了整个餐厅。又是一道别具一格的点心送到了大桌子的正中央,客人们异口同声地喊出"好"来。整个大盆连同点心拼装成象征长寿的仙桃状,引起邻桌食客伸颈远眺。不一会儿,盆子见底了。客人还是团团坐着,笑声、祝酒声、贺词声,汇成了一首天伦之曲。可是不知怎么的,上了这道点心之后,再也不见端菜上来。闹声过后便是一阵沉寂,客人开始面面相觑,气氛热烈的生日宴会慢慢冷却下来。众人怕老人不悦,便开始东拉西扯,分散他的注意力。

一刻钟过去,仍不见服务员上菜。一位看上去是老翁儿子的中年人终于按捺不住,站起来朝服务台走去。接待他的是餐厅的领班。他听完客人的询问之后很惊讶:"你们的菜不是已经上完了吗?"中年人把这一消息告诉大家,人人都感到扫兴。在一片沉闷中,客人快快离席而去了。

问题:(1)此案例给我们哪些启示?

(2)工作中我们应该注意些什么?

三、实操训练

1.学生分组进行上菜练习。

2.学生分组进行分菜练习(分汤和分鱼)。

任务3.6 结账服务

结账在餐饮服务中属于收尾工作,意味着整个餐饮服务工作即将结束,作为餐厅经营管理中的一个重要环节,结账中的每一个细小失误,都可能使客人满意度下降,直接影响到餐厅的经济效益和形象。因此,应该熟练掌握结账方式和结账程序,做到快速高效地为客人服务。

3.6.1 结账方式

餐厅结账的方式一般有现金结账、支票结账、信用卡结账、签单结账等,服务员应按客人习惯的方式结账,在整个结账过程中,做到准确、快捷、高效。

3.6.2 结账程序和要求

1）结账程序

①客人提出结账，先斟上茶水，送上香巾，当收银员、服务员核实账单无误后，才能将账单递送给客人过目。

②将清洁、干净的账单用账单夹或不锈钢托盘呈送客人，账单上的账目要清楚，并经过认真核对，如发现问题，应及时解决，对客人的疑问要耐心解释。

③礼貌地收取客人的钱款票证，并向宾客道谢，然后及时交到账台核对、办理。

④找回的余款或信用卡单据，要及时放到盘子里交还客人，并请其清点、核查。

2）结账要求

①注意结账时间。结账应由宾客主动提出，服务员一般不催促客人结账，以免造成赶宾客离开的印象。

②注意结账对象。在散客结账时，应分清由谁付款，如果搞错了收款对象，容易造成客人对饭店的不满。

③注意服务态度。当出现客人对账单有疑问的情况时，服务员一定要冷静，讲究策略，保持良好的服务态度认真核对，认真解释，不与客人发生冲突。

④避免跑账和跑单。

⑤继续服务。结账后不能马上去撤台收拾，应继续为其热情服务，满足客人的要求，直至客人离去。

【案例：餐厅里的摊派】

在北京某四星级酒店的餐厅里，实习生小耿与酒店的两位服务员一起值台。由于三人共同值台，有一张台的客人就餐完毕走了，三位服务员都以为别人给结了账，结果跑了账，共计100多元。三位服务员都强调去干这干那，所以这个区空了台，让客人钻了空子。跑了账，三位服务员都很着急，怎么办?领班看着三个姑娘愁眉苦脸的样子，大发善心，当即决定将跑单的100多元钱平摊到其他许多桌客人的账上，把这跑单的100多元账摆平了。并告诉三位服务员，以后谁也别提这事了。小耿原想自己掏钱补上，可是领班这么一摊派，又不敢往外拿钱了，但事过之后，小耿想起此事心中就内疚，此后她在服务中，小心谨慎，再也没有发生过跑账。

[案例评析]

一、在餐厅接待服务中，结账方式普遍为先就餐后付款。这种结账方式，是容易发生跑账的，跑了账，是很让人头痛的事情，会给餐厅造成经济损失，服务员个人也要受罚，因此应采取措施避免跑账。

二、本案例中造成跑账的原因是，由于几位服务员共同值台几个服务区域，分工不明确，相互间工作脱节，都误以为其他服员为客人结了账，欠缺沟通，手续不严密，形成空当使客人乘机钻了空子，溜之大吉。这种情况是不应该发生的。正确的做法是，几位服务员共同值台的服务区域应明确每人负责的台位，或将工作流程分解，分段负责接待服务的各段程序，且要勤巡视，勤沟通，便可预防跑账。

三、由于工作失误造成跑账事故的处理方法应是：

(一)当事服务员尽力提供逃账人的线索，想法追回餐费款项。

(二)若客人离店，无线索可追查，就应将所造成的经济损失由当事服务员承担，不能让酒店利益受损。

(三)班后，要与当事服务员认真查找造成跑账的原因，并针对工作中的漏洞制订有效措施，预防此类事故的发生；并以此事故为教训，教育其他服务员提高责任心，防止跑账事故的发生。

四、此案例中领班将逃账的餐费强行摊派到其他客人身上的做法是十分错误的，也是很危险的。

首先，由于服务员工作失误而造成经济损失，理应由服务员自己承担，任何人都没有权力将逃账款硬让其他客人承担。若让其他客人承担逃账的损失，就是有意坑害客人，是一种故意侵害消费者利益的行为，是违反法律要求的，是十分错误的行为。

其次，将逃账的款项强加于其他客人，一旦被客人发现，定会激怒客人，引起投诉，其结果必然使客人对酒店和服务员失去信任，从而失去大批客源。因此，将逃账款项强行摊派于其他客人身上，是破坏酒店信誉的恶劣行为。

再次，这种摊派做法，掩盖错误，会助长服务员投机取巧的不良思想，这位领班对服务员进行误导，是很不恰当的做法。因为掩盖一次，偶尔会瞒过客人，若再行此伎，一旦被客人发觉，那时性质就严重了。而且，掩盖错误，只能欺骗一时，并不能杜绝此类事故的发生，服务员没能从思想上认清事故的发生原因与危害，是不会改善工作的，所以领班是误导员工，且为餐厅工作故设障碍，这种处理问题的方法是绝对不允许的。

因此，每位服务员都要加强责任心，预防跑账事故，若不小心跑了账，应老老实实承认错误，吸取教训，才能不断提高工作水平，绝不能像这位领班那样在餐厅搞摊派，那是非常危险的。

3）防止"漏账"

散坐服务中，"漏账"是服务过程中必须加以注意和防止的一种现象。因此，要求服务人员必须注意以下几种情况，杜绝"漏账"的发生。

①对单个就餐的宾客要多留意。

②对不熟悉的就餐宾客要留意。

③对即将餐毕的宾客多留意。

④对外地宾客多留意。

⑤对靠近餐厅门口的就餐的宾客多留意。

【实训项目】

项目名称

结账服务。

项目内容

学习和掌握结账服务的整个操作环节。

项目要求

能礼貌、周到地递接账单，为客人提供快捷的结账服务。

项目流程

（1）准备工作

①仪表仪容准备。

②结账单、现金、支票、信用卡、账单夹（盘）。

（2）取账单

客人提出结账，服务员应到收银台领取账单，对账单进行核实。

（3）递交账单

使用账单夹或不锈钢托盘将清洁、核对无误的账单呈送客人，同时说明是客人的账单。

（4）结账收款

①现金结账。零散客人大多采用此种方式结账。

a.客人付现金时，服务员要礼貌地在餐桌旁当面点清钱款。

b.请客人稍等，将账单及现金送给收银员。

c.核对收银员找回的零钱及账单上联是否正确。

d.若客人有疑问，应耐心解释。

e.站在客人右侧，将账单上联及所找零钱夹在结账夹内，送给客人，提请客人当面查点并真诚致谢。

f.注意礼貌，若非客人要求，服务员不能报出账单总额。

②支票结账。企业、公司的长期包餐或大型宴会、旅游团队常用此方式结账。

a.核对支票有效期，并请客人出示有效证件。

b.将账单及支票、证件同时交给收银员，由收银员办理有关事宜。

c.将账单第一联、支票存根、证件送还给客人，并真诚地感谢客人。

d.若客人使用密码支票，应请客人说出密码号，并记录在一张纸上，结账后，当服务员把第一页支票存根交还客人时，在客人面前销毁密码号，并感谢客人。

e.如客人使用旅行支票结账，服务员需礼貌地告诉客人到外币兑换处兑换成现金后再结账。

③信用卡结账。零散客人多用此方式结账。

a.确认是本店受理的有效信用卡，并将信用卡和账单送回收银员处。

b.收银员做好信用卡收据，服务员检查无误后，将收据、账单及信用卡夹在结账夹内，拿回餐厅。

c.将账单、收据送给客人，请客人在账单和信用卡收据上签字，并检查签字是否与信用卡上一致。

d.将账单第一联、信用卡收据中的客人存根页及信用卡递还给客人，将账单第二联及信用卡收据的另外三页送回收银处。

　　e.若有疑问，可与信用卡授权中心联系并查验。

　　f.真诚地感谢客人。

　　④签单。住店客人、与饭店签订合约的单位、饭店高层管理人员及饭店的VIP客人常用此方式结账。

　　a.如果是住店客人，服务员应礼貌地要求客人出示房卡，核对后，为客人送上账单。

　　b.礼貌地示意客人写清房间号、用楷书签名。

　　c.客人签好账单后，服务员向客人致谢，并将账单送交收银员。

　　d.对与饭店签订合约的单位，可将签账单交给客人，请其填上单位名称、地址、电话、金额等信息，再签上名字及预订付款日期即可。

【复习与思考】

一、简答题

1.简述结账程序和结账要求。

2.如何才能防止跑账？

二、案例分析

迟迟不愿离开餐厅的客人

　　一个深秋的晚上，三位客人在南方某城市一家饭店的中餐厅用餐。他们在此已坐了两个多小时，仍没有去意。服务员心里很着急，到他们身边站了好几次，想催他们赶快结账，但一直没有说出口。最后，她终于忍不住对客人说："先生，能不能赶快结账，如想继续聊天请到酒吧或咖啡厅。"

　　"什么!你想赶我们走，我们现在还不想结账呢。"一位客人听了她的话非常生气，表示不愿离开。另一位客人看了看表，连忙劝同伴马上结账。那位生气的客人没好气地让服务员把账单拿过来。看过账单，他指出有一道菜没点过，但却算进了账单，请服务员去更正。这名服务员忙回答客人，账单肯定没错，菜已经上过了。几位客人却辩解说，没有要这道菜。服务员又仔细回忆了一下，觉得可能是自己错了，忙到收银员那里去改账。

　　当她把改过的账单交给客人时，客人对她讲："餐费我可以付，但你服务的态度却让我们不能接受。请你马上把餐厅经理叫过来。"这位服务员听了客人的话感到非常委屈。其实，她在客人点菜和进餐的服务过程中并没有什么过错，只是想催客人早一些结账。

　　"先生，我在服务中有什么过错的话，我向你们道歉了，还是不要找我们经理了。"服务员用恳求的口气说道。

　　"不行，我们就是要找你们经理。"客人并不妥协。

　　服务员见事情无可挽回，只好将餐厅经理找来。客人告诉经理，他们对服务员催促他们结账的做法很生气。另外，服务员把账多算了，这些都说明服务员的态度有问题。

　　问题：1.本例中的服务员在结账这个环节上犯了哪些错误？

　　2.如果您是服务员该如何处理？

三、实操训练

学生2人一组，分别扮演客人和服务员，模拟练习几种结账方式。

任务3.7　其他服务

3.7.1　撤换服务

在餐饮服务过程中，餐厅服务员最频繁的工作就是撤换服务。它包括将客人使用完毕的餐碟、菜盘、烟灰缸、桌布等从餐桌上撤下并换上干净的用品等。在进行撤换服务的过程中，服务员应遵守操作程序，体现出文明礼貌和高质量的技能水平，做到既不打扰客人，又能为客人提供一个良好的就餐环境。

【案例："投降"的客人】

某天晚上，老汪正在宴请远道而来的老朋友小李一行。在点菜时，服务员小陈热心地向老汪推荐应时的大闸蟹，老汪欣然接受。当大闸蟹上桌时，小陈又热情地向小李等人介绍本地大闸蟹的特色，在座的客人们非常满意小陈的服务。

在客人们津津有味地品尝大闸蟹时，小陈走近小李说："对不起，先生，给您换一下餐碟好吗？"此时的小李右手拿着半只螃蟹，见状后忙侧身让开，为避免碰到小陈，小李还把右手举过了肩膀，小陈发现餐碟中还有半只螃蟹时，便提醒小李："先生，还有半只螃蟹呢。"小李又连忙用左手拿起另外半只螃蟹。双手各拿半只螃蟹的小李为不影响小陈更换餐碟而呈举手投降状，一旁的老汪看到后便打趣地说："小李，是不是喝不下酒而向我投降了？"小李一听，忙自嘲地说："我是向漂亮的服务员投降。要说到喝酒，我哪会怕你。等服务员换好餐碟，我好好与你喝几杯。"等小陈换好餐碟，小李果真要与老汪喝酒，老汪也不甘示弱。当两人干完第一杯后正凑在一起说着话时，小陈过来说："对不起，先生，给您倒酒。"小李和老汪不约而同地向两边闪，小陈麻利地为两人斟满酒，两人又干了一杯，然后又凑在一起说话，小陈又不失时机地上前说："对不起，先生，给您倒酒。"此时的小李忽然对着小陈大声怒吼道："没看到我们正说着话吗？"小陈一脸茫然，不知该怎么办才好。

[案例评析]大多数饭店的餐厅服务规程明确规定：当客人餐碟中的骨刺杂物超过1/3时必须及时撤换；当宾客杯中酒水不足1/3时应及时添至八分满，等等。这些规定对保证饭店的服务质量有一定的作用，但关键是饭店的服务应以不打扰客人为原则，否则，服务规程就显得毫无意义。

小陈严格按饭店的服务规程为客人提供服务，最终却招致小李的怒吼，应该引起所有饭店从业人员的深思。小陈的错误在于其服务非但没有给客人带来舒适感和享受感，反而令客人感到麻烦，实际上变成一种打扰，难免使小李生气。其实小陈在第一次换餐碟而听到老汪的玩笑话时，就应意识到自己服务中的不足，在此后的斟酒服务时，应待客人谈话告一段落后再倒酒，便会使客人满意。

本例充分说明饭店在提供规范化服务的同时，更应注意顾及客人的个性需求而要求服务人员灵活应变——服务需要灵活性。

【实训项目】

项目名称

撤换骨碟。

项目内容

学习和掌握在用餐服务过程中骨碟撤换的程序和方法。

项目要求

按餐厅卫生和规格要求主动及时有序地进行撤换服务，做到干净利落，方便客人。

项目流程

（1）准备工作

①仪表仪容准备。

②中餐宴会餐台一张，骨碟若干、托盘。

（2）撤换方法

注意观察，掌握撤换的时机。

①骨碟内脏物超过1/3时。

②吃过凉菜用的骨碟换吃热菜时。

③吃过的鱼腥味食品、油腻很大、甜食的骨碟，在吃其他类型的菜肴时。

④吃过带骨、带壳的菜肴后。

⑤上汁水较多菜时。

⑥上高档菜时。

⑦上果盘时。

（3）撤换位置

从主宾位开始顺时针进行。

（4）操作流程

左手托托盘，侧身站在客人右后侧，先询问宾客"可以撤掉吗？"得到肯定答复后，将用过的骨碟放入托盘。将准备好的干净骨碟放到客人面前，注意卫生，手只能拿骨碟的边缘。如遇有宾客前一道菜还没有食用完，而新菜又上来了，这时可以在宾客面前先放一干净骨碟，等宾客食用完后再撤下前一个骨碟。

（5）注意事项

①在撤换骨碟时，用过的骨碟和干净的骨碟一定要严格分开，防止交叉污染。

②保持客人面前的骨碟是干净的。

③撤换骨碟时，要随时清理托盘内的杂物，保持托盘干净无污渍。

【实训项目】

项目名称

撤换餐具。

项目内容

学习和掌握在用餐服务过程中餐具撤换的程序和方法。

项目要求

按餐厅卫生和规格要求主动及时有序地进行撤换服务，做到干净利落，方便客人。

项目流程

（1）准备工作

①仪表仪容准备。

②酒水及用具准备。中餐宴会餐台一张，餐具若干套、托盘。

（2）中餐台面餐具撤换方法

①保持餐台清洁。注意观察，随时保持餐台清洁。

②征询。当客人用完一道菜后，应询问"可以撤掉吗？"得到肯定后，才能撤换。

③操作要求。撤换时，服务员侧身站在客人右后侧，左手托盘，右手撤餐具。注意托盘不能放在餐台上，动作要轻，不惊扰到客人。

④注意事项。

a.若客人点了两种不同的汤，为了避免两味混合，影响口感，要及时更换新汤碗、汤勺。

b.上汤时先从主宾开始顺时针顺序进行，避免汤汁洒在客人身上或台面，动作要轻，响声不要过大。

c.若餐台上有剩余食物，注意不可用手去抓取。

d.撤换时要边撤边换，撤与换交替进行并按先主宾后其他宾客的顺序撤换。

（3）西餐台面撤换方法

①边吃边撤。西餐刀叉排列从外到里，每当吃完一道菜就要撤去一副刀叉，到下餐或宴会快结束时，餐台已无多余物品。待到客人食用甜点时，值台员即可将胡椒盅、盐盅、调味架等收拾撤下。

②注意观察。撤盘前观察宾客的刀叉摆法，若宾客将刀叉平行放在盘上，即表示不再吃了，可以撤盘；如果刀叉搭放在餐盘两侧，说明宾客还将继续食用，不可贸然撤去；若宾客将汤匙底部朝天，或将匙把正对自己心窝处，则应马上征询宾客意见，弄清情况后再做处理；宾客若将汤匙搁在汤盘或垫盘边上，通常表示还未吃完，此时不能撤盘。

③撤盘操作要点。左手托盘，右手操作。先从宾客右侧撤下刀匙，然后从其左侧撤下餐叉。餐刀餐叉分开放入托盘，然后撤餐盘，撤盘按顺时针方向依次进行。

④注意。在宾客未离开餐桌前，桌上的啤酒杯、饮料杯可在征求宾客意见后撤去，但酒杯、水杯应保留。

【实训项目】

项目名称

撤台。

项目内容

学习和掌握撤台要求和程序。

项目要求

按规范程序快捷利落地完成客人离开后的撤台工作。

项目流程

（1）准备工作

①仪表仪容准备。

②用具。中餐宴会台面、餐用具及布件、托盘。

（2）撤台时机

零点餐在客人离开餐厅后可以进行，宴会需在客人全部离开餐厅后才能进行。

（3）撤餐用具

用托盘收撤餐具，收撤时按照先餐巾、毛巾和金器银器，再酒水杯、瓷器、刀叉、筷子的顺序进行。餐具应按种类、大小等有规则地整齐叠放，注意轻拿轻放，以免造成破损。对贵重物品要当场清点。

（4）更换台布

更换台布也称为翻台。当餐厅中就餐宾客较多，或当宾客离开餐桌，收完餐具后，也需更换台布，即进行"翻台"。

操作步骤为：

①将台面上的盐盅、调味架、花插、烟灰缸等用具移到半面台布上，然后把另一半面脏台布掀起，露出半张餐桌。

②把台面上的用品从台布上移到露出的半面餐桌上，将台布朝上卷起。

③在空出的半张餐桌上铺上干净台布，台布中间折缝与餐桌中线重合，将对折台布的上半面折起，然后把原先留在餐桌上的用品逐件移到已铺开的半面台布上。

④把折起的上半面台布完全打开铺平，按规定位置摆好公用物品。

⑤撤脏台布时不可将光台露给客人。

【实训项目】

项目名称

撤换烟灰缸。

项目内容

学习和掌握撤换烟灰缸的程序和技巧。

项目要求

按规范程序干净利落地为客人进行撤换烟灰缸服务，做到动作规范，操作卫生，不打扰客人。

项目流程

（1）准备工作

①仪表仪容准备。

②用具：托盘、烟灰缸、中餐宴会台面。

（2）撤换时机

发现客人烟灰缸里有杂物或超过3个烟头时，应立即进行撤换。

（3）撤换位置

左手托盘，将干净的烟灰缸放在托盘中，在客人右后侧侧身站立。

（4）撤换方法

①以一换一法。托盘里准备一只干净的烟灰缸。用右手将托盘里的干净烟灰缸覆盖在已用过的脏烟灰缸上，将两只烟灰缸同时移入托盘，然后将清洁的烟灰缸放回餐桌。这样，可以避免烟灰飞扬污染菜点和落到宾客身上。

②以二换一法。托盘里准备两只干净的烟灰缸。撤换时，左手托服务盘，右手从托盘中取出一个干净的烟缸，盖在客人台面上的脏烟缸上，避免烟灰飞扬，用食指压住上面的干净烟缸，用拇指和中指夹住下面的脏烟缸，把两个烟缸一同撤下放入左手的托盘中，再将托盘中另一个干净的烟缸放在桌上烟缸原来的位置。

（5）注意

①撤换烟灰缸时尽量不打扰客人，同时对撤下的烟灰缸进行安全检查。

②当更换的烟缸中还有半截正在燃烧的香烟时，需先征询客人是否可以撤换掉。

③不得用手去拾客人掉落的烟蒂，如必须用手，拾完后立即洗手。

3.7.2　其他服务

餐厅服务员应具备较强的观察能力，能及时地捕捉到宾客的细微动作和眼神，从而为宾客提供针对性服务，把服务做到宾客开口之前。当看到客人准备吸烟时，服务员应迅速拿出打火机或火柴，为客人将烟点着。

【实训项目】

项目名称

点烟服务。

项目内容

学习和掌握为客人点香烟和雪茄的技巧。

项目要求

按规范程序为客人进行点香烟和雪茄的服务，做到动作轻盈，姿势端正。

项目流程

（1）准备工作

①仪表仪容准备。

②用具：火柴、打火机、香烟、雪茄。

（2）点香烟服务

①使用火柴为宾客点烟。服务员左手持火柴盒，右手持火柴梗，食指与拇指捏住火柴梗尾端，用中指推动火柴梗中部，由外向里将火柴在盒侧磷面上划着。其余三个指头稍向内呈弧形，避免划燃的火苗被风吹灭或火柴梗断裂、火星溅出发生意外。在划火柴的过程中，服务员应侧身避开，待火柴完全燃烧后再送至宾客面前。点着香烟后，摇熄或吹熄火柴，将其装入火柴盒。

②用打火机点烟。用右手握打火机身，用拇指按住打火机开关，在宾客侧面将火打着后再从下往上移送过去。

③注意

a.为宾客点烟，无论用何种方式，一次最多点两支。如果还有第三位宾客需要点烟，则应重新划火或打火为其点着。

b.点烟时，注意站立位置别离客人太近，点火位置不宜过高，点着烟后即应熄火，要防止火苗烧伤宾客。

（3）点雪茄服务

①操作程序。

将宾客选中的雪茄烟去掉包装玻璃纸，用雪茄钳将雪茄头的表层去除。

左手拿雪茄中部，右手持划着了的长梗火柴，将雪茄烟头置于火上缓慢转动，边点边转，让其充分燃烧，待"点烟见红"后，左手持烟晃动旋转数次，等火苗熄灭后递给宾客。

②注意。

a.有些高级的雪茄烟点三次才能真正点着。

b.点雪茄烟不用打火机。

c.持烟的手不触及吸烟处。

【复习与思考】

一、简答题

1.简述撤换骨碟的程序和要领。

2.在撤换餐用具时，如何才能避免餐具的破损。

3.为什么在为宾客点烟时，一次最多只能点两支？

二、案例分析

餐桌前的"指鹿为马"

深秋，北京梅地亚宾馆的粤菜餐厅，顾客盈门，生意红火。一家大公司的经理牛先生正在宴请客户。服务员小孔开始为客人上加过温的花雕酒。她先为第一位客人牛经理酒杯中放上一颗话梅，正要倒酒，不料牛经理伸手挡住酒杯说："小姐，您的操作方法不对，喝话梅泡的黄酒，应该先倒酒，后放话梅。"小孔一愣，心想：……

问题：如果您是小孔该怎么想？应该怎么做？

三、实操训练

1. 小组练习撤换餐用具服务。
2. 学生分组轮流进行点香烟或雪茄的服务操作。

任务3.8　客人投诉及突发事件处理

3.8.1　投诉

餐饮服务所面对的多样性客源使得餐厅不可能使每一位前来就餐的客人都很满意，因此，投诉是餐饮企业从业人员经常遇到的问题。

投诉，是指客人因对餐厅服务质量的不满而提出的批评意见。客人投诉一般采取电话、书面或当面投诉的方式。如果投诉处理不当，就可能永远的失去这位顾客，并且可能会造成极坏的影响。处理好客人的投诉，对维护企业形象、赢得客源，有着重要的意义。

1）客人投诉原因

（1）服务态度

①不主动。客人有被冷落、怠慢的感觉。

②不热情。表情生硬、呆滞甚至冷淡，言语不亲切。

③缺乏修养。语言粗俗，无礼，挖苦甚至辱骂客人，在大庭广众中，使客人感到难堪。

④无根据地怀疑客人。

（2）服务效率

如餐厅上菜、结账速度太慢，客人等候时间太长等。

（3）餐厅设施设备

因设施设备使用不正常、不配套、服务项目不完善而让客人感觉不便。

（4）服务方法

因服务方法欠妥，而对客人造成伤害，或使客人蒙受损失。如餐厅地面清洁不当或保洁时不设标志，而致使客人摔倒；端托时与客人意外碰撞烫伤客人等。

（5）违约

当客人发现酒店曾经作出的承诺未能兑现时，会产生被欺骗、被愚弄、不公平的愤怒心情。如餐厅给予的优惠承诺、预订的座位因故被取消等。

（6）产品质量

餐饮部门出售的商品主要为食品饮料，食具、食品不洁，食品未熟、变质，怀疑酒水假冒伪劣等，均可能引起投诉。

（7）其他

服务员损坏、遗失客人物品，业务水平低，一问三不知，对价格有争议，对管理人员的投诉处理有异议等也是引起投诉的原因。

（8）客人方面的原因

①因期望要求较高而产生的失望感。

②对企业宣传内容的理解与企业发生分歧。

③对酒店工作过于挑剔。

2）投诉的积极作用

（1）帮助管理者发现问题

所谓"不识庐山真面目，只缘身在此山中"。企业的某些问题，是客观存在的，但是对于管理者而言，可能没有发现或者没有意识到。客人的投诉可以帮助管理者及时发现自己发现不了的工作漏洞，从而及时堵塞漏洞、对症下药，解决可能是长期以来一直存在的问题。即使是客人的有意挑剔、无理取闹，我们也可以从中吸取教训，为提高经营管理质量积累经验，不断完善制度，使服务工作日渐完美。

（2）挽回企业声誉

宾客在消费过程中产生不满时，可能投诉，也可能不愿去投诉。不愿投诉的客人尽管没有去投诉，但这令人不快的消费经历，却会通过其他途径传播，餐饮企业连向客人道歉的机会也没有，无疑，这是我们巨大的损失。而通过客人的投诉，我们能了解到客人不满，这无异于给我们提供了一个极好的机会，妥善处理客人的投诉，变"不满意"为"满意"，可以消除或减少负面影响，也是服务成功的重要标志。

（3）促进企业自身管理水平的提高

在不断地发现问题、处理问题和改进问题的过程中，企业的管理水平也在不断地提高。因此，将投诉的客人看作我们的免费督导员，把处理好投诉当作一项不花钱的投资，对于企业美誉度的提高和客人满意度的提高都具有重要意义。

总之，当投诉发生时，如果我们能虚心倾听投诉意见，马上采取相应的措施，一般来说，客人的不满就会开始消失。反之，客人就会带着不满的情绪离店，使企业声誉受到影响。客人投诉，既是坏事，也是好事，同时也是一个信号，告诉我们企业管理中存在的问题，因此，应该重视客人投诉，并对客人投诉持真诚的欢迎态度。

3.8.2 餐厅服务突发事件处理

餐饮服务中，有时会出现一些超出服务规范的突发事件和非常规事件，面对这些事件，要求服务员具有良好的心理素质和应对问题、处理问题的能力，以客人利益为重，根据事件对宾客或餐厅利益的影响程度，以尽量满足客人需要为前提来平息风波，解决矛盾。

下面就针对餐厅常见的突发事件进行分析处理。

1）餐厅突然停电

①及时汇报上级部门。

②联系相关单位，了解停电原因及预计来电时间。

③部门人员须保持镇定，听从指挥，坚守岗位，做好本职工作。

下面针对具体岗位进行说明。

（1）前台收银员

①及时汇报部门主管，听从主管人员统一安排。

②向工程部门询问停电原因及恢复时间。

③看好自己所负责的区域，做好服务工作，以免客人跑单。

④积极配合前厅作好账单结算工作。

（2）值台员

①保持镇定，致歉。

②及时开启应急灯或点上蜡烛照明，并告知客人问题正在处理中，请客人继续用餐，注意操作安全。

③对还没点菜的客人婉言相留，并告诉客人目前情况下能提供的菜品供客人选择。

④如果客人有事要求退菜，先致歉并挽留客人，再到前台核实好账单，热情相送。

（3）迎宾员

①对来店客人表示欢迎并解释情况。

②对离店客人致歉并热情相送。

2）餐厅内局部起火

①厨房内起火。在场人员应用灭火器材进行灭火，如火势较大，自己无法控制，及时拨打119报警。

②餐厅内起火。应视起火位置、起火原因解决。如液化气起小火，应及时关闭液化气阀并推离客人身边，及时扑灭。并告知客人不要惊慌，听从工作人员指挥，组织客人从安全绿色通道逃出，保持镇静，同时组织灭火。如火势较大，本店员工无法扑灭，马上拨打119报警。

③局部小火灾。应在事后及时（24小时内）上报公司上级部门。如火灾较严重，必须当时电话上报公司上级部门，事后将事件经过书面上报。

3）发生斗殴事件

①餐厅内部员工发生打架斗殴。及时制止，针对事件原因和责任人送有关部门处理，同时上报上级部门。

②餐厅内顾客之间发生打架斗殴。视情况疏导旁边其他顾客，将旁边的顾客引导到其他区域消费，尽量保留单据，让顾客买单。如因当时情况特殊，造成顾客没买单，由店经理负责处理并申报。

③及时拨打110报警，并保护好现场，交110处理。

④向上级部门报告。

4）客人用餐时损坏餐具

①首先向客人表示关怀，询问是否受伤，注意不能指责客人。

②迅速收拾干净破损的餐具，并为客人换上新的餐具。

③将情况上报给主管或当班经理，根据餐厅规定决定是否需要客人赔偿。

④若需要赔偿，服务人员要客气地告诉客人相关规定，并在结账时计算收款。

5）客人喝醉了酒

①确定客人的确已喝醉，应停止供应含酒精饮料，可为客人准备一些醒酒的饮料和茶水，并提供热毛巾。

②征询客人意见是否需要一些解酒的食品。

③把客人带到安静的地方让其休息。

④如果客人呕吐，服务员不要抱怨，应迅速清除污物。

⑤客人喝醉闹事时，应请客人的朋友帮忙安抚客人。

6）客人突然生病

①客人突然发病，服务员要向负责人汇报病人发病状态，并通知急救部门和家属。

②如客人昏厥过去或摔倒，不能随意移动病人，因为此时的任何移动都可能加重病情。

③认真观察客人的病情，可以根据病人情况给予适当的护理，等待抢救医生的到来。

④医生来到之后，按医生吩咐做一些力所能及的具体事情。

⑤不要急于清理餐桌，对发病客人用过的菜肴食品要进行封存，以备检查化验，分析客人发病的原因，以分清责任。

7）客人发现菜品中有异物

①立即将该菜品撤下，不要在桌上进行再次检查。

②将此事上报主管，并由主管查出原委。

③向客人道歉，征求客人意见更换还是退菜。

④若客人希望换菜，应该以最快的速度满足客人的要求。

⑤服务应更加细心周到，避免客人在其他方面的投诉。

⑥若客人希望退菜，则在收银账单上删除这道菜品，并再次请客人谅解。

⑦若客人坚持要求赔偿，应由餐厅领导出面解决。

8）突然遇到新闻媒体曝光餐厅不良事迹

①向上级汇报。负责人在第一时间内向公司领导汇报，并听取餐厅领导的指示。

②告知员工。尤其是一线员工，更要统一口径："此事件子虚乌有，是同行散布谣言、报复所致"，如有顾客问起就照此回答。

③与当事人联系。负责人应代表公司致以诚挚歉意，并保证对顾客提出的意见及建议

给出最积极的解决办法。

④拜访媒体。恳请支持本企业的发展，请媒介能站在企业的角度看待问题，为企业消除负面影响。

⑤应与媒体保持良好的关系。欢迎主流媒体工作人员常来指导工作，避免被媒体曝光。

9）客人反映账单不符

①主动询问客人情况。

②与客人核对所上菜品饮料收费标准，耐心解释，并与收银台联系。

③如因工作失误造成差错，道歉并修改账单。

④如因客人算错了账，应诚恳友善地向客人解释，语音语调要柔和。

⑤客人结账后，礼貌致谢。

【延伸阅读：餐饮企业如何应对突发事件】

一场"非典"蔓延迅速，国家和餐饮行业都遭受了严重的损失，但是不客气地说，"非典"期间是餐饮从业人员卫生意识最强的时期，伴随着疫情的消除，餐饮行业对于突发事件的应对意识已经有所松懈。其实，作为餐饮企业来说，如何有效应对这种突发事件以减少损失、保存实力，这个问题应该非常郑重地从遥不可及变成亟待解决的严峻现实。

众所周知，餐饮经营环境的不确定性已经演变成为一种营业常态。危机就是那些凡是会对餐饮企业的人员安全、生意形象、公司资源以及财政收入方面造成无法估计的负面影响的事件。管理学者按照处理危机的顺序把危机管理分为4个阶段：缩减、准备、反应、恢复。同样的，我们也可以借鉴这种处理方法。

首先，餐饮企业要有危机意识，重视预防，通过对潜在问题的探讨与研究，分清危机的外部和内部源头，明确危机处理的组织流程，预防危机的发生和减少影响程度。需要注意的是，有了完善的应急预案，不等于就有了完善的危机预警和处理系统，始终应该明确的是制度不在于是否完整，而在于是否有效。所以，如何按照预案正确迅速地作出反应，还要依靠人员组织、信息沟通传递、应急设备等多种资源的配合，同时在日常工作中不断强化危机意识并进行演练。

但是，就像非典一样，有很多突发事件是难以预料的。危机已经出现，威胁紧迫，冲击在即。这个时候需要餐饮企业快速反应，即刻出击。餐饮企业应在第一时间表明其一切以顾客利益为重的立场，以赢得主动。当危机降临时，一般而言，"主动进攻是最好的防御"这一原则总是适用的。能够迅速采取行动、果断承担责任的餐饮企业通常能把损失降到最小。以这次非典为例，刚刚有苗头时，北京即有一些酒店迅速制订了应急预案，内容涉及成立紧急事件领导小组、加强员工宣传、设立心理辅导课堂、信息收集、改变工作程序加强预防等。例如，为员工发放预防中药并嘱咐其做好家里消毒；吧台、餐厅、公共区域、外围都加强通风和清洁；收集顾客信息，将来自疫情发生地的顾客安排在相对集中的区域就餐，并对该区域加大消毒和其他防疫追踪的力度。在征得客人同意的情况下，尽量为客人提供分餐服务；每隔半小时要求员工用免洗酒精洗手液洗手消毒；厨房中，所有的工作人员戴上口罩操作，冰箱把手等需要手部接触的部分裹上带有消毒液的湿毛巾。甚至清扫程序都发生了改变：员工在收尾清扫时，必须打开全部门、窗通风15分钟以上；之后用消毒液将所有物品擦拭一遍；向空调排风口喷射消毒液；每块毛巾只在一个区域内使用，用后还要将毛巾封存起来，进行高压高温专业消毒，以杜绝病毒从一个区域带到另一个区域。采购车辆每出去一次要进行全面消毒（车外用84消毒水冲洗，车内用移动式紫外线消毒灯消毒5分钟）；另外，有的餐饮企业还在进出口铺上地毯并泼上消毒药水，对外部进出车辆和顾客的鞋底进行消毒。事实上，这些做法对于疫情事件类的危机来说都是非常有利的，同时也是很好的有形证据，让顾客感到餐饮企业的应对得力。

伴随着危机的加重，会有一段时期导致餐饮企业的营业额大幅下降，这时，果断地推行新的销售方式，保存营业底线，同时大力降低成本是餐饮企业的当务之急。首先是加大宣传力度，但是宣传方式要改为传单、招贴等形式，一来可以减少成本；二来面对突发事件，口碑效应就会上升到第一位。所以，当麦当劳在有关"垃圾食品"的诉讼中处于下风之时，麦当劳的公共事务部立刻行动起来，展开了关于快餐食品和油炸食品的营养问题的全面讨论，这种积极应对的姿态，为麦当劳捞回了不少印象分。但是这些宣传不应为了堆砌措施而"饥"不择言，我想起在"禽流感"愈演愈烈时，有的餐饮企业向顾客承诺："为了应对禽流感，我们选择专业的原料供应公司"，广告语是不错，但是客人不禁要后怕了：原来你们企业以前不是从正规的渠道购进原料的，所以这种宣传只会适得其反。其次，推销方式和服务提供方式也可以改变。例如，由输出产品变为输出服务，菜品大量外卖等。例如，为了减少顾客遭受台风侵袭的可能性，餐厅在台风警报期间可以提供上门的家宴服务。还有营业时间可以灵活调整，例如当地震来临之时，餐厅可以缩短营业时间，晚上提前关门打烊。这样可以减少日常的水电开支、员工工资以及餐厅为应对地震需要购置的设备成本。最后，一定要做好员工的心理调适。面对突发事件，餐饮企业切不可只对外不对内，而应在本着对员工和社会负责的前提下，与他们进行有效沟通，如实告知事件真相和餐厅目前的实际情况、应对之策，求得员工的谅解与支持，同心同德、共渡难关。

突发事件即将结束时，餐饮企业还需对恢复和重建进行管理。尤其是餐厅的人气和员工的士气。例如加强对老客户的电话拜访，唤起双方美好的共同回忆，以增加餐厅在顾客心目中的形象。同时要加强员工的培训和低成本的娱乐活动、康体活动，这些是凝聚企业精神的好方法。尤其是员工技能的培训，是保证餐厅顺利平稳地从低谷转回接待高峰的关键。

总之，如何应对突发事件是餐饮企业今后应该大力研究的一个方向。无论如何，危机管理的关键是捕捉先机，在危机危害餐厅之前就对其进行控制。应对突发事件，应从产品生命周期的初始开始，全过程防患于未然，尽量把危机和突发事件转换成企业的发展良机。不断完善和修正突发事件的处理预案，汲取每一次应对危机的经验和教训，将有助于餐饮企业更好地生存和进一步发展。

【实训项目】

项目名称

客人投诉处理原则和程序。

项目内容

学习和掌握处理客人投诉的程序。

项目要求

能礼貌耐心地听取客人意见，灵活果断地处理投诉事件。

项目流程

（1）做好心理准备

为了正确、轻松地处理客人的投诉，首先，应在心理上作好准备。要确立"客人是对的，顾客是上帝"的信念。一般客人是在万不得已的情况下才来投诉的，所以，换一个角度去思考，如果自己是客人，在遇到类似问题时会怎么办。而且，在酒店行业都遵循一个原则：即使是客人有错，也要当他是对的，反之，会破坏双方的和谐关系。其次，要了解投诉客人的心理状态。一般客人投诉时，都有三种心态：一是希望得到经济补偿；二是希望求得心理上的平衡；三是综合性的目的，既有经济上的需求，又有心理上的需求，但往往这两方面的需求是有主次的，在分析客人投诉心理的基础上来确定进行补偿的方式，使餐厅所给予的补偿方式与客人的心理预期相一致，最大限度地让客人得到满足，是处理客人投诉的重要一环。

（2）认真倾听客人投诉

①避开公共场所，应客气地引客人到合适位置，奉上茶水或其他不含酒精的饮料。

②客人叙述时，要专注倾听，并适时地提出问题，准确领会客人的意思。

③态度诚恳，有耐心，保持冷静。

④不随便打断客人的讲述，让客人把话说完。

⑤注意调整对客人讲话时的语调、语气、音量等。

⑥表情要认真严肃，不能随便发笑。

（3）记录要点

要在客人叙述的过程中将有关要点如客人投诉的内容、客人的姓名、房号等记录下来，以此作为下一步解决问题的资料和原始依据。同时，这样做也是向客人表示自己代表酒店所采取的郑重态度是把客人的喜怒哀乐放在重要位置，以顾客的利益为重。

（4）对客人表示同情和理解

在客人叙述的过程中，要为客人着想，站在客人的角度表示同情，对客人的感受、反映表示理解，对客人的遭遇表示同情，向客人致谢或道歉。如"非常抱歉听到此事，我们理解您现在的心情。"使客人感到对他的关注，尽量缩短与客人之间的感情距离，让客人对服务员产生信任感。

（5）兼顾客人和企业双方的利益

处理投诉时，要注意维护客人和企业双方的利益。一方面，要考虑酒店的利益；另一方面，也要为客人排忧解难，给客人合理的解释。因此，应该以不偏不倚的态度，公正地处理投诉。

（6）着手调查，解决问题

①根据所发生事情的性质，迅速确定并向客人提出解决的方法，征询客人的意见。

②根据问题的难易程度估计解决的时间，然后告知客人。

③调查认真细致，不推脱、搪塞客人，并将调查情况与客人进行沟通，向客人作必要解释，争取客人同意处理意见。

④对暂时无法解决的问题，要耐心向客人解释，取得客人谅解，并留下客人联系方式，日后告诉客人处理结果。

⑤当客人同意所采取的改进措施时，要立即行动，补偿客人投诉损失，绝不要拖延时间，快捷、高效地投诉处理，是对客人的尊重，也是良好执行力的体现，而耽误时间只能进一步引起客人的不满，扩大消极影响。

（7）关注处理结果

对处理结果进行跟踪，确定客人的问题是否得以解决，并落实处理意见，监督、检查有关工作的完成情况。

（8）反思、存档

投诉是企业经营行为的一面镜子，处理完一件投诉后，应把事件经过及处理意见整理成文字材料，按内容分类整理，定期分析，存档备查。保证处理过的类似投诉不再重复发生。

【复习与思考】

一、简答题

1.什么是投诉？应该如何对待客人投诉，为什么？

2.试分析客人投诉时的几种心态。

二、案例分析

某餐厅22号桌的客人，点了一个鸳鸯锅（一边为酸菜，另一边为麻辣菜品），可服务员在点菜时未在点菜单上将酸菜一边注明，导致出锅时上成了一边为番茄汤的鸳鸯锅。客人在提出异议时，服务员向客人道歉后并询问是否需更换一个锅底，客人没有说什么，锅底也没有换。可当客人动第一筷时，又停了下来，当场找到一服务员告诉他鱼不够，服务员跟客人解释无用后，客人找到了主管进行投诉。

问题：如果你是主管，你如何处理客人的投诉？

三、实操训练

学生分小组搜集餐厅投诉、突发事件案例，交流处理对策。

项目 ④

中餐厅服务

【导读】

中餐厅是为客人提供中式菜点、饮料和服务的餐厅。中餐的菜肴以色艳、香浓、味鲜、型美而闻名于世，中餐厅从环境气氛的设计、装修到布置的风格，均体现出中华民族的传统文化。中餐厅服务，主要包括零点餐服务、团体包餐服务和宴会服务，无论哪种服务都有其特点、基本服务程序和注意事项。

【学习目标】

①了解中国菜主要菜系风格。

②了解中餐厅环节设计的主要内容。

③掌握中餐厅零点餐服务的基本程序和服务要点。

④掌握中餐厅团体包餐服务的基本程序和服务要点。

⑤掌握中餐宴会服务的基本程序和服务要点。

【核心概念】

中餐厅；八大菜系；零点餐服务；团体包餐服务；宴会服务

案例导入

某星级饭店，富有浓烈民族特色的贵妃厅今天热闹非凡，可以容纳30余张圆桌的空间座无虚席。主桌上方是一条临时张挂的横幅，上书"庆祝××（集团）公司隆重成立"。

宴会开始，一切正常进行。值台服务员上菜、报菜名、派菜、递毛巾、倒饮料、撤菜盆碟子，井然有序。按预先安排，上完"红烧海龟裙"后，主人与主宾要到前面讲话。

只见主人和主宾离开座位，款步走到话筒前。值台服务员早已准备就绪，为每位宾客的杯子里面斟满了酒和饮料。另有一位男服务员站在话筒边几步远处，手中托着一个圆托盘，盘子里面有两只斟满酒的杯子。主人和主宾短暂而热情的讲话很快便结束，那位服务员很快呈上酒杯，正当宴会厅所有来宾准备碰杯祝酒时，厨房里走出一列服务员，手中端着刚出炉的烤鸭，走向不同的餐桌。主人、宾客不约而同地将视线朝向这支移动的队伍，热烈欢快的祝酒场面就此被破坏了，主人不得不提议再次举杯，但气氛已大不如前。

以上案例说明，一场完整的餐饮用餐活动，各个环节服务需要面面俱到，在做好规范服务的同时，还要考虑个性化服务，活动才能皆大欢喜。

任务4.1　中餐简介

【小知识：外国人认为长城、功夫、中餐最能代表中国】

2008年9月，《世界眼中的中国》大型调查报告在北京正式发布。《世界眼中的中国》主题调查以奥运期间来到中国的外国人为主要调查对象，对外国人眼中的中国形象和中国文化认知、奥运感受以及中国经济印象等内容做了详细的问卷调查。本次调查采用拦截访问与网上调查结合的方式进行，访问对象涉及欧洲、北美、亚非拉以及澳洲等20多个国家。调查结果显示，通过此次北京奥运会，来自世界的人们不仅加深了对中国的了解，更对中国今后的发展充满了期望。对于"最能代表中国的事物"，外国人认为长城、功夫、中餐最能代表中国。

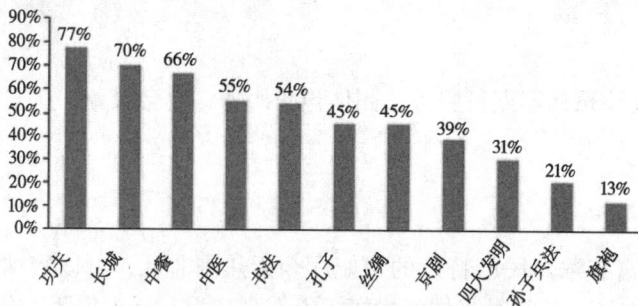

图4.1　听说过关于中国的事物

数据来源：数字一百市场咨询有限公司

4.1.1　中餐厅概述

中餐（Chinese food），即指中国风味的餐食菜肴。其中有川菜、粤菜、鲁菜、苏菜、浙菜、徽菜、湘菜、闽菜 "八大菜系"。

中餐厅就是经营以中国式烹调方法烹饪的风味餐食为主的餐厅，是向国内外宾客宣传中国饮食文化的经营服务场所，我国各大饭店都拥有一个至几个中餐厅。

4.1.2　中国菜的特点

中餐的菜肴以色艳、香浓、味鲜、形美而著称于世。其形美，尤以花式冷拼盘最为突出。它造型别致、五彩缤纷、栩栩如生，呈现出富有意境的景色和图案。那山川树木、亭台楼阁、花鸟鱼虫、珍禽异兽，尽收盘中。仿佛是一幅美丽的图画，给人以享受。而且中餐每套都以双数为单位，四、六、八、十……成为一般的规则，俗话说："两个盘子待客，三个盘子待鳖"，追求双数恰恰表现出中国文化注重"十全十美"，讲求偶数为利的心理习惯。

中餐的菜肴名称也别具特色，富有中国传统文化特色，给人以美好的回味。如游龙戏珠、阳春白雪、银珠牡丹、金玉围翠、玉手摘桃、宫门献鱼等，五花八门，应有尽有。充满了诗情画意，有时就是一幅立体的诗配画。

1）选料讲究

在选料上，由于我国多数人在饮食上受宗教的禁忌约束较少，而人们在饮食上又喜欢猎奇，讲究物以稀为贵，所以中餐的选料非常广泛。

2）刀工精细

原料加工上，中餐厨师非常讲究刀工，可以把原料加工成细小的丝、丁、片、末等刀口。

3）烹调方法多样

烹调上，中餐做菜一般使用的圆底锅、明火灶非常适宜炒菜，所以中餐炒的烹调方法非常多，如炸、熘、爆、炒、烹、炖、焖、烩、熏、焓等。

4）口味丰富

口味上，中餐菜肴大都有明显的咸味，并富于变化，多数菜肴都是完全熟后再食用。

5）主食明确

主食上，中餐有明确的主、副食概念，主食有米、面等多种制品。

4.1.3　中国菜主要菜系风格

中国幅员辽阔，中华民族是世界上最重视"吃"的民族，经过几千年的发展，形成了博大精深的"食文化"。长期以来，各地由于选用不同的原料、不同的配料，采用不同的烹调方法，因而形成了各自的独特风味和不同的菜系。其中，较为著名的八大菜系指川菜、粤菜、鲁菜、苏菜、浙菜、徽菜、湘菜、闽菜。

1）川菜

四川是天府之国，物产丰饶。川菜源远流长，历史悠久。其烹调技法博大精深，调味品纷繁而富有特色，故菜肴的口味丰富而独特，素有"一菜一格，百菜百味"之美誉。

由于四川气候潮湿，重庆是中国有名的"雾都"，因此，四川人和重庆人吃辣椒是出了名的，吃辣椒能祛寒除湿。在大多数川菜中，无论是炒菜、凉菜，还是在汤里都会放适量的辣椒。著名的重庆火锅其最大的特点就是味浓香辣。四川人吃辣的方式多样，有单用辣椒的吃法，但更多的是辣椒与花椒并用的麻辣味。川菜善于因时、因地制宜，灵活掌握味道的浓与淡、麻与辣，使味道浓淡有别、清鲜醇浓。

川菜的用料比较大众化，一般的禽、兽、鱼、蔬鲜都可。但烹调方式十分多样，且精工细做，对刀工切配、色味火候都有独特的要求。川菜是由地道的四川人居家吃的家常菜发展而成的，虽然川菜中也有名贵的燕窝、鱼翅做成的豪华菜式，但其中给人回味至深的代表菜却是麻婆豆腐、鱼香肉丝、水煮牛肉、河水豆花、花肚火锅一类的家常菜。由此可见，川菜具有典型的大众性，是中国民间食文化的基础，深受广大民众的欢迎。

2）粤菜

广东人以吃闻名，是中国食文化的开拓者和实践者。广东地处亚热带，地形多变，物产丰饶，同时，广东又处在中外交流的枢纽，天南海北的游客、商人云集，使广东的食文化丰富多彩。"食在广东"已名扬海内外。

粤菜包括广州、潮州、东江等地方菜。粤菜风味独特，用料广泛，可尝到各种奇珍异食。"野味香"之名，脍炙人口，令人回味。其原料既有飞禽走兽，也有鱼翅、燕窝、海参等珍品，也有家中猫、野地老鼠等动物……这些野生动物，大多其貌不扬，名声不佳，然而经过广东厨师加工烹调后，便成了味道鲜美、营养丰富的桌上佳馔，口中奇珍。

【小思考】

伴随着改革开放，粤菜异军突起，迅速在国内得到认可和接受，并成为高档宴会首选菜菜系。在粤菜发展的20多年时间里，粤菜不断变革、发展，牢固占据着在中国菜系中非常主要的地位，试分析粤菜得以发展和保持生命力的原因。

3）鲁菜

山东地处我国胶东半岛，依山傍海，物产丰富。山东历史悠久，是我国古代齐鲁文化的发源地。鲁菜早在春秋时期就已负盛名，是我国北方菜的代表。到了元朝，鲁菜的风格更加鲜明，制作技艺更加精湛，在华北、东北，北京、天津等地广为流传。此时，鲁菜还传进宫廷，成为御膳的主体。

传统鲁菜擅长烹调海鲜与禽兽，讲究清鲜。自鲁菜进入京城后，久为官场享用，所以选料十分精细，多选用具有当地特色的原料和新鲜的海产品，采用多种烹调方法，精心制作。其特点是清香、鲜嫩、味纯，既讲究真材实料，又讲究丰满实惠。鲁菜至今仍有大鱼大肉、大盘大碗的特点，请客宴会以丰满实惠著称。鲁菜的代表菜如葱烧参、糖醋鲤鱼、德州扒鸡、清汤燕菜等皆给人留下了清香鲜美、酥脆质嫩的美好回味。

在鲁菜的发展过程中，也广泛地吸收了全国各地菜系之所长，使之成为我国影响力较大的菜系之一。

4）苏菜

江苏位于我国东南沿海，长江的下游。这里气候温和，土地肥沃，盛产稻、麦、棉、蚕、鱼等土特产，素有"鱼米之乡"的美誉。"春有刀鲚夏有鲥，秋有肥鸭冬有蔬"，一年四季各种禽蛋、瓜果蔬菜、水产、土产不断上市，这为苏菜的形成与发展提供了有利条件。经过长期的演变与发展，江苏的食文化积累了丰富的烹饪经验，烹调技术日臻完善，逐步形成了以淮扬、南京、苏锡三种地方菜为主体的江苏菜系。

江苏菜历史悠久，品种繁多。据《史记》《吴越春秋》等书记载，早在2 400年前已有炙鱼、蒸鱼、鱼片等不同的烹调方法。用鸭子做菜，起源也较早，在1 400年前鸭子已是金陵民间喜爱的食品。

苏菜的主要特点是选料以鲜活、鲜嫩为佳，制作精细，注重刀工火候，四季有别。如"淮扬狮子头"这一名菜随季节变化而用不同原料烹制，春秋宜清炖，冬季宜烩焖，春季做河鲜芽笋狮子头，秋季做蟹粉狮子头，冬季做芽菜风鸡狮子头等因时而异。苏菜在调味上讲究清淡入味，追求清香四溢、淡香扑鼻，注重色泽鲜艳、清爽悦目。

苏菜是我国主要的传统菜系之一，在国外享有较高盛誉。

5）浙菜

浙江气候温和，土地肥沃，境内有平原、山区，丘陵绵延，河流纵横，湖泊、水库星罗棋布，自然条件非常优越。浙江人心灵手巧，善于动脑，加之文化发达，历史悠久，因此浙菜有其独到之处。

经过长时期的演变发展，以杭州、宁波、绍兴等三个地区为代表的浙江菜系以其独特的风味誉满中外。杭州菜重视原料的鲜、活、嫩，以鱼、虾、时令蔬菜为主，讲究刀工，口味清鲜，突出本味。宁波菜咸鲜合一，以烹制海鲜见长，讲究鲜嫩软滑，重原味，强调入味。绍兴菜擅长烹制河鲜家禽，菜品强调入口香绵酥糯，汤浓味重，富有乡村风味。

浙菜的特点是选料时鲜，制作精细，色彩鲜艳，味道鲜美。浙菜魅力巨大，正如诗人白居易所赞："清明土步鱼初美，重九团脐蟹正肥，莫怪白公抛不得，便论食品亦忘归。"浙菜具有色泽鲜明，味美滑嫩，脆软清爽，菜式小巧玲珑、清俊秀丽的特点。它以炖、炸、焗、蒸见长，重原汁原味。浙江点心中的团子、糕、羹、面点品种多，口味佳。

浙菜的名菜名点有：龙井虾仁、西湖药菜汤、西湖醋鱼、炸响铃、炝蟹、咸菜大汤黄鱼、冰糖甲鱼、牡顺跑蛋、蜜汁灌藕、嘉兴粽子、宁波汤圆、湖州干张包子等。

6）徽菜

徽菜是徽州菜的简称，但不能等同于安徽菜，是中国八大菜系之一。

徽菜主要流行于徽州地区和浙江西部。与江苏菜系中的苏南菜以及浙江菜系较近。

徽州风味的主要特点是：擅长烧、炖，讲究火候，并习以火腿佐味，冰糖提鲜，善于保持原汁原味。不少菜肴都是用木炭火单炖、单火烤，原锅上桌，不仅体现了徽州古朴典雅的风格，而且香气四溢，诱人食欲。其代表菜有：清炖马蹄、黄山炖鸽、腌鲜鳜鱼、红烧果子狸、徽州毛豆腐、徽州桃脂烧肉等。

据《徽州府志》记载，早在南宋时期，用皖南山区特产"沙地马蹄鳖，雪天牛尾狸"做菜已闻名各地。徽菜的主要特点：烹调方法上擅长烧、炖、蒸，而爆、炒菜少，重油、重色，重火功。

徽菜发端于唐宋，兴盛于明清，民国时期继续发展，新中国成立后进一步发扬光大。徽菜具有浓郁的地方特色和深厚的文化底蕴，是中华饮食文化宝库中一颗璀璨的明珠。

徽菜的形成与江南古徽州独特的地理环境、人文环境、饮食习俗密切相关。绿树成荫、沟壑纵横、气候宜人的徽州自然环境，为徽菜提供了取之不尽、用之不竭的原料。得天独厚的条件成为徽菜发展的有力物质保障，同时徽州名目繁多的风俗礼仪、时节活动，也有力地促进了徽菜的形成和发展。在绩溪民间宴席中，县城有六大盘、十碗细点四，岭北有吃四盘、一品锅，岭南有九碗六、十碗八等。

7）湘菜

湖南地处我国长江中游，洞庭湖以南，境内水系纵横，气候潮湿。湖南奇山秀水、物产富饶。

湘菜由湘江流域、洞庭湖区和湘西地方风味构成，其特点是制作精细，用料广泛，讲究原料的入味。口味偏咸、辣、酸、香，以辣为特色。湘人食辣为瘾，无论男女老幼皆喜辣成癖，一顿没有辣椒便会饭菜不香，正所谓"无辣不成味"。

著名的湘菜有：麻辣子鸡、红煨鱼翅、火方银鱼、油辣冬笋尖等。

8）闽菜

福建位于我国东南沿海，境内山岭耸峙，丘陵起伏，河谷与盆地错落，素有"八山一水一分田"之称。这里气候温暖湿润，盛产热带作物，物产丰富，尤以水产为最。福建历史悠久，是"海上丝绸之路"的起始驿站，也是我国海洋文化的发源地。

闽菜起源历史早，由福州、泉州、厦门等地方菜组成，擅长烹调海鲜及当地土特产。其特点是色彩绚丽、味鲜而清淡、咸中略带酸甜。驰名的闽菜有佛跳墙、雪花鸡、八宝鲟饭、太极明虾等。

除以上介绍的中国八大菜系之外，我国还有许多地方的菜系和品种繁多的地方风味。由于我国的烹饪技术精湛，源远流长，食文化始终贯穿于人类文明发展史，随着社会的进步，中国的饮食文化定会更加繁荣兴旺。

但必须指出的是，食文化与饮食文化不相同，其满足"口福"的单纯生理需要并不占据主导地位，它是通过"食"的过程而感受到其背后的文化意味和历史风情，并由此而了解这一地域或国家。当代饮食文化具有更加鲜明的时代色彩，"食"的对象发生了明显的变化，环境意识、动物保护意识和无公害意识被越来越多的人认同。因此，那些以山珍野味为主要食用对象的中国食文化（如广东菜系）也必须进行变革，否则不仅不会得到相应的收益，反而会因此而受到旅游者的批评。

【实训项目】

项目名称

中式菜肴实训。

项目内容

中式菜肴调研及PPT分享。

项目要求

通过实训，要求学生能够熟悉中餐菜肴的特点、特色菜及主要代表餐厅。

项目流程

①将全班学生分为8组。

②课后请每组学生分别调研八大菜系之一的代表菜、代表餐厅、菜系特点等。

③将调研资料制作成PPT，要求以图片为主。

④在课堂上请每组派代表上台解说，与同学分享。

任务4.2　中餐厅环境装饰及设计

【小知识：文化主题中餐厅——营造书香门第】

位于22楼和23楼的中餐厅——广州富力君悦大酒店"空中花园"居高临下，坐拥双子塔南塔顶层，通过空中悬桥与酒店主楼相连，身处延续酒店总体设计风格的空中花园，可感受到园林般的气息。阳光透过玻璃幕顶投射到地面上，也投射到模拟村庄石墙用天然石料制成的粗糙墙面上，用原始石头打造的接待处四周，绿意盎然的竹林在葱茏的青草间挺立而生。

13间豪华公寓式独立包房的设计灵感源自中国传统文化，从精心挑选的家私用品和地毯，到搭配巧妙的精品挂饰及摆设，餐厅包房融合了岭南的传统和现代感的点缀，为客人打造了一个简约而尊贵的家。

在以书房为主题的包房，满室的各色藏书被列在四面入墙式的书柜里，而客厅、餐厅和吧台空间已被包围在书的海洋中；以青铜为主题的房间中，透明的玻璃装饰架上陈列着数以百计的各式青铜器皿；在表现陶器、紫砂、绘画等特色的包房中，那些充满活力的艺术品，令人眼花缭乱，和房间外的竹林一样生机勃勃。身披轻盈蓝纱的服务员，将环保无烟灯油注入餐桌上方一个个悬吊的球形灯体内，华灯初上的时候，点点灯光让人犹如置身童话中的古城堡。

图4.2　豪华公寓式独立包房

中餐厅从环境气氛的设计、装修到布置的风格，均体现出中华民族的传统文化和地方特色，穿插了特有的礼仪风情、待客之道，从而折射出中国餐饮的无穷魅力，展现中国博大精深的饮食文化。

4.2.1　空间布局

中餐厅的空间主要划分为以下几部分：流通空间（通道、走廊等）、管理空间（服务台、办公室等）、调理空间（备餐间、陈列展示区）、公共空间（迎宾候餐区、休息间、就餐区、洗手间等）。

4.2.2　装饰与布置

优美的用餐环境不仅能增加顾客的食欲，促进餐饮的销售，而且也能表现餐饮文化，突出餐厅特色。中餐厅的装饰布置要依据中国传统的进餐心理，突出宴饮时的愉悦心情，如富有民族风格的灯饰和中式家具，盆景、盆栽的陈设，结合室外中国式的庭园景色，让顾客感受到浓郁的中国风情。中餐厅还可以根据传统手法，在餐厅门上悬挂匾额，书以厅名，厅内主墙面悬挂大型国画，但其主题内容、艺术风格必须与餐厅的格调相协调。

4.2.3　着装

中餐厅服务人员的服装要根据中餐厅的特点选用中国传统民族服装，如女服务员穿着中式大襟上衣或丝绒旗袍，充满着古色古香的风韵。同时，中餐厅服务人员应根据中国地域差异，采取富有地方特色的服务方式。

4.2.4　音乐

随着社会的进步和人民生活水平的提高，音乐佐餐成为提高饭店知名度、显示饭店文化品位的强有力竞争手段。音乐佐餐的形式主要有三种：①背景音乐。中餐厅应播放适合于中餐厅氛围的中国民乐，以满足顾客在特殊就餐环境下的心理需求。②民族乐器演奏。中餐厅以演奏中国民族乐器为主，多采用现场演奏佐餐的方式，以增添餐厅内的欢乐与祥和气氛，陶冶人们的情操。③歌舞伴餐厅。在餐厅的舞台上演唱中国名歌，表演民族舞蹈、杂技、魔术等，也可与美食相得益彰。

【实训项目】

项目名称

饭店中餐厅考察实训。

项目内容

考察饭店中餐厅。

项目要求

通过实训，要求学生能够熟悉饭店中餐厅的设计风格和依据。

项目流程

①实地参观某星级饭店中餐厅，请列出以下清单：

A.设备

B.物品

C.表格

D.氛围

②根据所列清单，就饭店中餐厅设计谈谈你的看法，撰写调查报告。

任务4.3 零点餐厅服务

【案例】

点酒和点菜

梁先生请一位英国客户到上海某高级宾馆的中餐厅吃饭。一行人围着餐桌坐好后，服务员走过来请他们点菜。"先生，请问您喝什么饮料？"服务员用英语首先问坐在主宾置上的英国人。"我要德国黑啤酒。"英国人答道。接着，服务员又依次问了其他人需要的酒水，最后用英语问坐在主位、衣装简朴的梁先生。梁先生看了她一眼，没有理会。服务员忙用英语问坐在梁先生旁边的外宾，点什么菜。外宾却示意请梁先生点菜。"先生，请您点菜。"这次服务员改用中文讲话，并递过菜单。"你好像不懂规矩。请把你们的经理叫来。"梁先生并不接菜单。服务员感到苗头不对，忙向梁先生道歉，但仍无济于事，最终还是把餐厅经理请来了。

[案例评析]

点酒服务应按规格和程序进行。服务员要先问主位上的主人是否可以开始点菜，是否先点酒水，主人需要什么酒水，或由主人代问其他人需要的酒水，不要在未征得主人同意前就私自请他人点酒。

星级饭店餐厅的服务员在为宾客点菜时，对宾客一定要一视同仁。本例中，服务员没有重视坐在主位上衣装简朴的梁先生，却先问客座上西装革履的英国人，这大大刺伤了梁先生的自尊心，无怪乎他认为服务员"不懂规矩"。

点菜服务应该根据不同的服务对象采取不同的服务方式。主位上明明坐的是中国人，却要用英语询问，这是很不礼貌的。尽管高星级饭店接触的外宾很多，但服务员一定要学会怎样以合适的礼仪为本国人和外宾服务。

中餐零点餐服务是指在中餐厅为随点随吃、自行付款的宾客提供的就餐服务。餐厅通常设置散台，并接受预约订餐。

4.3.1 零点餐服务的特点

1）营业时间长，就餐时间不统一，客流量大且不稳定，服务接待的波动性大

由于来就餐的顾客多为散客，除少数顾客预订外，大部分顾客都是来餐厅直接点菜用餐消费的，且由于受各种因素的影响，到餐厅用餐的顾客数不稳定，难以正确估计，给厨房生产、餐厅服务带来一定困难。尽管如此，厨房还是要根据顾客所点菜肴按时、按质、按量烹制好，而餐厅服务员在整个营业时间内，则要始终精神饱满，微笑、热情、耐心地接待每一位顾客，使顾客既享受到美味佳肴，又得到精神上的愉悦。

2）菜单上的花色品种要求较全面

零点餐的菜单上既要有体现餐厅经营风格的特色菜，同时菜肴的花色品种也要齐全，可供顾客作一定的选择，但也不可因品种太多而让顾客感到无所适从。菜肴价格档次要宽泛，能满足不同层次顾客的需求，以促进餐饮销售。

3）服务员需具备较全面的知识和娴熟的服务技能，特别是要具备推销意识和处理突发事件的应变能力

由于顾客来自四面八方，其消费心理各异。因此在接待顾客的过程中，服务员对所服务的各种层次、类型的顾客要根据情况区别对待，通过观察、分析、综合来掌握顾客的心理，从顾客的举手投足间获取需求信息，以便提供针对性服务。

4.3.2 零点早餐服务

1）餐前准备

（1）餐具、用具准备

根据不同的餐别，将所需餐具、用具经消毒后叠放在备餐柜中或服务桌上。所需餐饮用具为：

①餐具：餐碟、味碟、小汤碗、小汤匙、筷子等。

②用具：台布、餐巾、小毛巾、花瓶、调料壶、牙签筒、烟灰缸等。

③酒具：水杯、烈性酒杯、葡萄酒杯等。

（2）服务用品准备

备好各种托盘、开瓶工具、餐巾纸、牙签、调料等。

（3）酒水饮料准备

备好所供应的酒水、饮料、茶叶、开水。

（4）当日菜单

在迎接顾客之前，要熟悉当日菜单，特别要熟悉当天不能供应的菜点品种，以便向客人作出解释。

（5）个人卫生

搞好个人卫生，佩戴好工号牌，整理仪容仪表。

2）迎宾

在开餐前的5 min，在分管的岗位上等候、迎接顾客。顾客进入餐厅时，要面带笑容，礼貌问候。在引领顾客入座时，要根据顾客意愿和餐厅顾客就餐分布情况，为顾客选择合适餐桌，并主动拉椅让座。

3）就餐

（1）上茶

餐前饮茶的习惯，流行于我国南方，特别是东南沿海一带，现在已风行全国餐饮业。因此，"问位开茶"成了餐前必不可少的服务环节。

①待顾客坐下后，餐厅服务员应礼貌询问顾客喝什么茶，并介绍餐厅供应的茶叶品种。

②根据顾客要求为顾客泡好茶，泡茶时应注意茶叶用量和操作卫生，比如不能直接用手抓取茶叶，而应用勺量取。

③遵循女士优先的原则，从顾客右侧斟茶，将茶杯斟至八分满，要特别注意不要将茶水滴落在顾客身上或餐桌上，以免烫伤顾客或污染台布。

④斟茶完毕后应将加满开水的茶壶放在餐桌上，如是大圆桌，则应将茶壶放在转盘上。茶壶下应垫一只餐碟，并随时为顾客添茶。

⑤要将茶杯的柄转到顾客右手顺当可握的角度，为顾客提供方便。

（2）开餐

①向顾客介绍当天供应的点心品种，主动协助推销点心。

②餐间，要做到勤巡视、勤添水、勤换烟灰缸、勤清理台面；主动照顾老幼和残疾人士，照顾坐在边角位的顾客，尽量满足顾客的合理要求。

③如发现顾客茶壶的茶色较淡时，可酌量加点茶叶。

4）结账

一般是清点桌上的碟子，每种碟子都表示一种茶点，自有其标价，加起来便可算总账。收钱之前，应向客人报出总数；收钱之后，要将账单发票及顾客所点食品一一列出，并交给顾客。

5）清理台面

（1）顾客离座后，要向顾客道谢，然后迅速清理台面

清理台面的顺序为：先收茶壶、香巾以及茶杯，再收其他餐具。收餐具时要注意分类摆放，尤其是香巾不可靠近油腻物件，需另放。

（2）台面清洁后，应迅速换上干净的台布，重新摆好餐具，准备接待下一批顾客

除传统早餐服务外，现今饭店还经常提供早餐套餐服务和自助餐服务等方式。

4.3.3 午餐和晚餐服务

午、晚餐服务基本程序如图4.3所示：

餐前准备→迎宾领座→入席服务→点菜服务→就餐服务→
席间服务→结账收款→送客收尾

图4.3 中餐厅午、晚餐服务基本程序

1）餐前准备

①整齐着装，按时上岗，接受领班或主管指派工作。

②按餐厅卫生标准做好卫生工作，如对餐厅墙壁、服务台、地面的清洁工作。

③准备好相应的餐具、台布、席巾、小毛巾。

④按中餐散客餐的要求做好摆桌工作。

⑤做好调料如酱油、芥酱以及饮料、点菜单的准备工作。

⑥召开班前会，使当班员工了解当天供应品种及原材料的情况，了解VIP接待情况。

⑦检查员工仪容仪表，保持良好精神状态，迎接宾客的到来。

2）迎宾领座

为了能给顾客留下一个好的第一印象，餐厅服务员必须做到热情、周到。

（1）恭候顾客

开餐前5 min，迎宾员和值台员各自站立在指定位置上恭候顾客的到来。

（2）主动迎宾

面带微笑，热情迎宾，顾客来临时，迎宾员主动迎上前打招呼，注意使用礼貌用语问好。

（3）问清是否预订

如顾客有预订，即按事先预订要求进行安排；如无预订，需询问顾客人数，然后引领到合适的餐位。

（4）引领入席

迎宾员左手拿菜单，并把菜单夹拿于左手内侧，右手为顾客示意，并说"请这边来"同时在引领过程中与顾客保持1米左右的距离。将顾客引领至餐桌前，轻声征询顾客意见，如顾客不满意，需另行安排。

（5）拉椅让座

帮助顾客拉椅让座，双手拿住椅背，右脚尖提起凳子横档，先将椅子稍稍向后拉，（拉开约一臂），然后再徐徐向前轻推，让宾客坐稳坐好。

（6）递送菜单

待所有宾客入座后，迎宾员将打开菜单第一页，站在顾客右侧双手递呈菜单，并说："您好，这是我们的菜单"。然后向顾客介绍值台服务员并祝顾客用餐愉快。

3）入席服务

（1）开茶递巾

迎宾员为顾客递送菜单后，由值台服务员站在顾客右侧，手执毛巾夹，从右边为顾客递送第一道香巾，并说："先生/女士，请用香巾"。注意小毛巾不能抖开。然后询问顾客需要喝什么茶。

（2）送茶服务

送香茶时，值台员应左手放于身后，右手持壶，站在宾客右后侧，为宾客斟倒。将茶水斟至杯的七八分满，主动送上敬语"先生/女士，请用茶"。

（3）松餐巾、撤筷套

松餐巾时，服务员一般站在宾客右侧。将餐巾打开，折成三角形；平铺在宾客膝上，长边贴近宾客。注意右手在前、在上，左手在后、在下。

撤筷套时，一般站在宾客右侧。值台员用右手抽出筷子，将其放在筷架上；筷套则应撤走。

（4）调整餐位，准备点菜

值台员应根据顾客人数多少进行餐位的增减，在减餐位时需征询顾客意见，使用托盘将多余的餐位撤离。如遇外宾不习惯使用筷子就餐时，主动为顾客提供备用刀叉。然后做好点菜准备，留心观察顾客举动，站在适当位置，随时准备帮助顾客点菜。

【案例】

迎宾和领位

一天晚上，一位下榻在我国北方某城市三星级宾馆的外宾来餐厅用餐。领位服务员很有礼貌地用英语向他问候道："您好，先生！请问您有没有预订？"

客人微微一愣，笑着回答道："晚上好。我就住在你们饭店，现在想用餐。"

领位员没有听明白，仍问客人有没有预订。客人不耐烦地告诉领位员，前台让他来这里用餐，并拿出住宿卡让她看。领位员看后，忙带客人走进餐厅。

"请坐。"领位员把客人引到一张靠窗的餐桌前。

奇怪的是，客人不肯坐下，并摇着头说出一串领位员听不懂的英语。

领位员愣愣地看着客人，不知所措。

此时，一位英语比较好的服务员走过来帮忙。经过询问才搞清楚。原来客人在前台说明要在饭店的西餐厅用餐，但他没有找到西餐厅，错来了中餐厅。而领位员在没有搞清楚的情况下，就把客人引了进来。

领位员听明白后，忙向客人道歉，并主动引领客人去西餐厅。

"晚上好，先生。欢迎您来这里。请问您是否住在我们饭店？"

西餐厅的领位员微笑着问候客人。

"晚上好，小姐。这是我的住宿卡。"客人满意地回答。

临进餐厅前，客人又转过身对中餐厅的领位员说："你应该像这位小姐那样服务。"

[案例评析]

此例中，中餐厅领位员在接待客人时出现了几处不规范的错误。首先，她在问候时使用的敬语不当。领位员在晚餐前问候客人时没有用"晚上好"这样的敬语，把敬语的时间性搞错了。其次，她没有搞清客人是否在本餐厅用餐就将客人带入餐厅，造成了误会。再次，她没有听懂客人的问话，说明外语水平还没有达标。

针对以上问题，领位员应注意：

1.学会正确地使用问候中的各种敬语，并注意使用的时间和场合；

2.在接待中一定要在完全搞清楚情况之后，再将客人引入餐厅；

3.即使是中餐厅的服务员，也应不断提高外语的听、说能力，才能保证服务的质量和水平。

4）点菜服务

（1）接受点菜前应做的准备工作

①给顾客足够浏览菜单的时间，尽量不打扰宾客。

②服务员准备好点菜工具(如点菜单、笔)，以便工作顺利开展。

③服务员必须注意顾客做好点菜准备的信息，如：顾客也许会把菜谱放在桌上。

④当宾客一旦作出选择，服务员就应立刻开始点菜。

（2）开始点菜

①接受点菜。

• 待顾客浏览菜单后，值台员主动站位于主要宾客右侧做好点菜准备。

• 左手持点菜单，右手持笔，身体微前倾，注意不要将身体伏在餐桌上。

• 主动询问宾客："对不起，先生（小姐）请问我可以为您点菜了吗？"

②提出建议，帮助宾客安排适宜的饮料和菜肴。

• 主动为宾客推荐创新菜、时令菜、特价菜，满足宾客求新、求异、求实惠等心理。

• 正确、礼貌地回答宾客对菜肴的疑问，不可夸大其词，欺骗消费者。

• 要对宾客进行观察，考虑宾客的风俗习惯、进餐顺序、个性特征等，做到个性化服务、针对性服务。

• 对于不懂的问题，应请宾客稍候，及时从厨房或其他合适的人（如你的直接上司）处寻求信息，并反馈给宾客，绝不可直接给予宾客否定答复。

• 推销的基本原则是：不要让宾客作否定的回答。如：不要问宾客"给你上第一道菜吗？"这样宾客会回答"不"，而应该问"你的第一道菜想点什么？"

• 推销中，应注意合理搭配（贵廉、干湿、荤素）

③复述核实。

点菜必须要向宾客复述一遍，得到宾客确认，这样才会尽可能地避免工作失误。

④落单下厨。

在值台员记下宾客需求后，服务员应将纸质点菜单送到相关部门。

点菜单一般是自带脱印的四联，为便于区别，每联均为不同的颜色，它们会被送至不同的地方。通常是第一联送到收银员处，第二联送到厨房备菜，第三联送到传菜处，第四联为服务员（值台员）留下备查。

表4.1　点菜单常用格式

CAPTAIN'S ORDER订单				
DATE 日期	WAITER 服务员	PERSONS 人数	ORDER No. 酒店编码	TABLE 台号
QUANTITY 数量	DETAILS （品名、特殊要求）			
CASHIER'S INTIAL 收银员签字			CHECK No. 验单	

（3）点菜服务注意事项

①要求准确填写顾客的需求，字迹清晰，便于识别。

②各条款与内容相符，分别填写在相应位置。（如台号、宾顾客数、服务员姓名、当天日期、菜名、数量等）

③要标明个别宾客的特殊要求。（如饮食习惯、宗教信仰、文化要求等）

④注意慎重使用缩写，如使用，必须得到厨房及餐厅服务人员的一致认可，否则容易混淆。

⑤要特别注意几个顾客分别有不同需求时，记下宾客的座位号，以保证哪个顾客点哪道菜。

⑥酒单、菜单要分单，冷热菜要分单。

⑦在接受顾客点菜的过程中，餐厅服务员应始终持姿态端正、热情专注，回答顾客的各种询问应准确恰当，并能正确运用语言艺术。

现代餐饮行业逐步使用点菜系统点菜，国内外豪华型餐厅大部分开始使用掌上点菜机为顾客点菜，凡菜单上有的各项菜肴都经过编号程序，顾客需要哪一道菜肴，服务员只需要在掌上型点菜机上输入顾客所点菜肴代号，厨房即可通过终端机接收到服务员所点菜肴代号，然后厨房将其打印出来按照传菜的先后顺序为顾客烹调。现代电子技术运用到餐厅中，大大地提高了餐厅工作的效率和准确率，为顾客提供了更加周到的服务。但是，当餐厅突然停电，点菜系统无法使用时，或饭店做临时的点菜系统调试时，或顾客点用餐厅特价的食品或饮品时，服务人员会使用纸质点菜单，因此，即使有点菜系统的企业，也应做好点菜单的准备。

5）就餐服务

（1）上酒

①到酒吧拿到顾客所点的饮品。

②使用托盘取送。

③根据酒水的不同类型摆上相应的酒杯和饮料杯。

④斟上酒水后，可以征求顾客的意见是否将茶杯撤走，同时为点了汤的顾客按位数摆上汤碗。

（2）上菜

餐厅服务员上菜前一定要核对桌号、菜肴名称、数量。在顾客用餐过程中，要适时询问是否添菜加酒，服务要殷勤周到。服务员要根据顾客就餐的快慢来确定上菜的速度。一般情况下，应按冷荤、热菜、饭菜、汤菜的顺序进行。上菜的同时要报菜名，介绍菜肴的风味特点及吃法，以激发顾客的兴趣和食欲。

（3）席间

①经常在顾客餐桌旁巡视，及时为顾客撤换烟灰缸，收去餐桌上的空瓶、空罐等杂物。如顾客的餐碟中盛了骨头或其他脏物，应及时更换。

②顾客在进餐过程中提出加菜要求时，应主动了解其需求，恰如其分地给予解决。

【小思考】

在服务中，服务员心情欠佳怎么办？

在生活中，人的心情起伏波动是正常的。但一位真正优秀的服务员在上班时应能理智控制自己的情绪，尽量不在工作中表现出来，更不要在工作中对客人或同事发泄。如果真的是遇上重大事件难以控制情绪，可以向领导申请休息。

6）结账收款

（1）核对账单

当宾客用餐完毕，示意结账时，服务员应迅速到收银台取出账单，认真核对账单内容，并将账单放入账单夹或收银盘。

（2）呈递账单

服务员为顾客结账时，应站在结账顾客的右后侧，打开收银夹，双手呈送给顾客。如顾客未看账单，可用手为顾客指一下价钱，或小声把价钱读给顾客听。

（3）客人只可用现金、支票、信用卡及签单等方式结账

【小思考】

发现客人未付账就离开餐厅怎么办？

首先，服务员应追上客人有礼貌且小声地说明情况，请客人补付餐费；如果客人和朋友在一块儿，应请客人站到一边，再将情况说明，请客人补付餐费，这样既可以照顾客人面子，也不会让客人难堪。

整个过程要注意礼貌，切忌粗声粗气地质问客人，引起反感之余还会给员工带来麻烦。

（4）耐心解释

如果顾客认为账单不合理、收费多而拒绝付款时，应耐心给顾客解释，有礼貌地向顾客解释清楚顾客点的所有品种及价钱，逐一对账，千万不要流露不礼貌的表情。

（5）为顾客开发票

询问顾客是否需要发票，顾客如果需要发票，服务员需问清顾客的单位名称，并请顾客稍候。

服务员把顾客的单位名称告诉收银员，请收银员开发票。

把发票夹在收银夹中，从顾客的右侧递给顾客，并向顾客表示感谢。

7）送客收尾

看到顾客用餐完毕欲起身时，餐厅服务员应主动为主要顾客拉椅，提醒顾客不要忘记携带随身物品，然后目送或陪送顾客至餐厅门口，礼貌道别。

顾客如有未吃完的菜肴，可主动询问其是否带走；若要带走应热情为顾客打好包，可用食品袋或食品盒为其包装。

8）餐后结束工作

（1）收拾餐桌

撤掉顾客用过的餐具，搞好餐桌、座椅的卫生。

（2）分类送洗

分类清洗、消毒各种餐具、用具，并按原样放好，用过的台布、餐巾和香巾分类打捆，送到洗涤间洗涤。

（3）整理备餐室

补充各种消耗用品，准备好下餐所需的各种饮料、调味品。

（4）查看顾客意见卡

如果发现问题应立即采取措施加以解决。

【小思考】

零点餐厅中，一个服务区域通常应包括几个餐位，每个服务区域应配置多少值台人员？

一般而言，零点餐厅中的一个服务区域应包括20个左右的餐位，这样便于服务员有较充分的时间为每位用餐者提供良好的服务。每个区域至少应配有一名值台服务员，如有可能最好再配一位助手协助工作。

【实训项目】

项目名称

点菜实训。

项目内容

接受顾客点菜。

项目要求

通过实训，使学生掌握中餐点菜服务技巧。

项目流程

（1）迎宾员递上菜单

①递上菜单，打开第一页，双手递给客人。

②请客人点菜并作适当介绍。

（2）顾客点菜

①请客人点菜并作适当介绍。

②按女士优先原则为客人点菜。

③点菜时为顾客考虑合理搭配菜品。

（3）记录内容

①记录客人所点菜品。

②记录完后进行复述，询问是否需要酒水。

（4）礼貌致谢

待客人点完菜后，用礼貌、得体的语言向顾客致谢。

任务4.4　团体包餐服务

【案例】

团队用餐延误

领位员小吴在焦急地等待一个迟到的旅游团。该团原订用餐时间为晚上6点，可现在已经到晚上7点了，客人仍不见踪影。又过了半个小时，小吴才看见导游带着一群客人向餐厅走来。

"您是××旅游团的陪同吗？"小吴忙走上前问道。"不是。我们团队没有预订，但由于飞机延误起飞，想在你们这里用餐，请务必帮忙解决。"陪同向小吴解释道。

"请您稍候，我马上替您联系。"小吴忙说。

"请问卫生间在哪里？有些客人想去。"陪同又说。

"实在对不起，我忘记告诉您。卫生间在餐厅的右侧。请您先带客人去，我马上就回来。"小吴说毕就去找餐厅经理联系。

经过联系，餐厅同意了客人的要求，并决定请客人先用原订旅游团的餐位。

小吴刚把这批客人安排落座，那个预订过座位的团队就赶到了。

"实在对不起，先生。你们已经超过原订时间很久了，所以您原订的餐位已经被人占用。不过，我先带你们去休息室休息一下，马上就给你们安排座位，时间不会太久。"

看着这些面带疲倦的客人，小吴急中生智地对该团队的陪同说道。小吴带客人去了休息室，告诉他们卫生间的位置，并让其他服务员为他们送来了茶水。然后急忙回去联系餐位。

10分钟后小吴赶到休息室告诉客人，仍需等一下，并问大家休息得如何？大多数人对小吴积极主动的服务态度表示理解。又过了5分钟，餐厅终于完成了撤台、摆台、通知厨房出菜等餐前准备工作，小吴再次来到休息室对客人说："对不起，让大家久等了。我们在餐前与你们的联系不够，没有及时掌握大家晚来的原因，致使大家等候，请原谅。"

"这次迟到主要是我们的原因，饭店能在这么短的时间内为我们重新准备好晚餐是相当不错的，我们感谢你们主动热情的服务。"陪同带头鼓起了掌。

客人们怀着满意的心情，跟随小吴走进了餐厅。

[案例评析]

星级饭店餐厅的领位员经常会碰到一些特殊的情况，如预订的客人晚到，没有预订的客人和预订客人同时到来等。面对这些情况，领位员应具有灵活处理问题的能力，具有超常服务的意识，绝不能只以完成本职工作为理由，而拒绝接收那些晚来或没有预订的客人。

本例中的领位员小吴就具有超常服务的意识。她能积极替没有预订和预订迟到的客人着想，根据不同情况灵活、积极、热情地为客人服务。她没有机械地"轰走"客人，而是把他们挽留住，尽量减少客人的等候时间，并主动把宾客迟到的责任揽到自己身上，体现了一定的服务技巧。

领位员在接待客人的过程中还应注意细节。如本例中小吴在接待第一个旅游团的时候，忘记告诉客人洗手间的位置；第二次就能主动提醒客人，安排客人去休息室，给客人上茶水……诸如指明卫生间方向、替客人脱大衣、安排客人休息等服务内容，看上去是一些小事情，但缺少哪一项，都可能对整个服务过程造成影响。

团体包餐是在 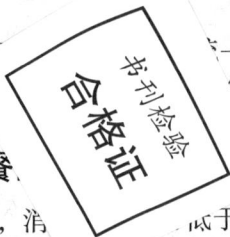 一收费标准、统一菜式品种、统一进餐时间、统一服务方式进行集体⋯⋯式。

4.4.1 团体包餐

用餐标准统一，消⋯⋯于宴会和零点，服务相对简单。

菜式品种统一，但注⋯⋯每天有新品种，同一团体尽量不重复。

用餐时间统一，用餐人数集中、速度较快，要求准备工作充分。

服务方式统一，要求服务迅速、快捷，同时满足个别顾客特殊需求。

团体餐的就餐形式多样，有圆桌聚餐式、份额包餐式和自助餐等。现今，团体餐采用自助餐的形式在星级饭店较普遍。

4.4.2 团体包餐的服务程序

（1）餐前准备

①拟订菜单。

拟订团体包餐的菜单，必须根据团体宾客就餐的标准，照顾大多数宾客的饮食习惯，考虑到厨房的货源情况，尽量做到口味齐全、营养丰富、有荤有素、菜量适中、有汤有点、搭配合理，并注意安排地方风味菜点，供团体宾客品尝。如果宾客所预订的是连续多餐时，在拟订菜单中，要做到每餐都有所不同，各有特色。

②了解情况。

在为团体包餐服务之前，服务人员要准确掌握团体的用餐人数、抵离日期、就餐标准、接待规格，还必须了解来宾的特殊需要，熟悉当日菜的品种，以便进行有针对性的服务。

③布置餐厅。

餐厅服务人员在打扫、整理餐厅的基本工作完毕后，还要针对团体包餐接待环境进行布置，要针对不同的团体进行布置设计。团体包餐一般使用大圆桌，每桌10人。

④物品准备。

团体包餐台面餐具以餐碟、汤碗、匙、筷架、筷子、水杯为主，若喝酒再加一个酒杯。一般还需要备公筷和公勺。台面还应摆放牙签、调味品等。

（2）就餐服务

团体包餐虽然服务较简单，但服务人员仍需按照规范服务程序做好接待工作。

①引宾入座。

当宾客到达时，迎宾员要亲切问候，问清团体名称，按已排定的座位，引领宾客入座。待宾客坐定后，值台员要迅速为宾客斟倒第一杯礼貌茶。

②上菜上饭。

待宾客到齐后，服务人员立即通知厨房出菜。菜、汤、饭等应陆续上桌，间隔时间不宜过长。上菜时要报清菜名，上特色菜要简略介绍，菜上齐后要通知宾客。

③值台巡台。

在团体宾客就餐过程中，服务人员要勤巡视、勤服务。如宾客有特殊要求，要尽力、尽快给予满足。

④结账收款。

宾客就餐完毕，服务人员应及时结账，团体类型不同，其结账方式也有差别。旅游团体一般是在集体用餐完毕后，由导游或领队签单，再由收银员将账转入该团体在饭店的总账中，最后由旅行社统一支付。其他会议团体用餐，一般由团体组织方负责签单，再由收银员将账转入该会议总账。

⑤送客收台。

宾客离座时，服务人员应主动为宾客拉椅让座，提醒宾客带好随身物品，礼貌与宾客道别。当一桌宾客全部餐毕离开后，才统一清理台面，然后按标准摆好下一轮餐位。等餐厅所有宾客全部离开后，立即整理清扫餐厅，做好结束工作。

4.4.3 团体包餐服务注意事项

①针对不同的团体需要进行不同的用餐环境布置。

②团体用餐形式可分为合食、分食两种。

③团体餐一般对酒水的数量有控制，对超标酒水需要另外向顾客收费。

④团体餐一般等每桌顾客到齐后再上菜，不能提前上饭菜。

⑤用餐结束前事先了解团体餐的结账方式，便于正确、准确、快速地为顾客提供结账服务。

【实训项目】

项目名称

团体餐开餐服务实训。

项目内容

团体餐开餐服务。

项目要求

通过实训，使学生掌握团体餐开餐服务步骤。

项目流程

（1）迎宾领座

①宾客到达时问清其团队或会议名称，礼貌地将宾客引领到准备好的餐台。

②为宾客拉椅让座。

（2）端茶递巾

待宾客就座后，马上递上香巾，为宾客斟茶。

（3）用餐服务

①宾客到齐后，按标准送上菜肴点心。上菜时为宾客介绍菜肴名称。

②上汤、面、粥品时，为宾客分派。

③为宾客斟倒酒水饮料。

（4）席间巡台

用餐期间，勤巡台，主动为宾客服务。

（5）结账送客

①如需结账时，核对宾客用餐人数、酒水、餐标等，到收银处结账。

②宾客离座时，主动为宾客拉椅，并提醒宾客携带好随身物品。

（6）餐后清理工作

宾客离开后马上清理台面，为下一次开餐做好准备。

任务4.5 宴会服务

【案例】

中国宴，香飘APEC

2001年10月20日晚，在上海国际会议中心东方滨江大酒店，会议东道主中华人民共和国原国家主席江泽民举行了欢迎晚宴，招待参加2001APEC会议的嘉宾。晚宴菜单式：迎宾冷盘、鸡汁松茸、青柠明虾、中式牛排、荷花时蔬、申城美点和硕果满堂。

宴会取得了圆满的成功，但你可能不知道，为了做好此次接待工作，早在四个月前，餐饮部总监、行政总厨和酒店老总就开始为国宴菜单而忙碌了。为了尊重就餐者的饮食忌口和宗教习惯，菜单一改再改；为了使席间服务整齐划一、不出差错，服务人员不知练习了多少遍。

4.5.1 宴会概述

1）宴会的概念

宴会是国际和国内政府、社会团体、单位、公司或个人之间，为满足表示欢迎、答谢、祝贺、喜庆等社交目的的需要，根据接待规格和礼仪程序而进行的一种隆重、正式的聚餐活动。

2）宴会的特点

宴会具有聚餐式、规格化、社交性等特点。与团体餐相比，宴会也得事先预订且人多面广、开席集中，需要充分准备。但宴会更加突出以下几方面：①用餐讲究礼节化；②服务讲究规格化；③菜肴讲究精细化。

3）宴会的分类

宴会的分类方式很多：按规格分类，可分为国宴、正式宴会、便宴；按内容和形式分类，可分为中餐宴会、西餐宴会、冷餐宴会、酒会、茶话会；按标准分类，可分为豪华宴会、中档宴会、普通宴会；按主题分类，可分为商务宴会、婚礼宴会、生日宴会、庆祝宴会、迎送宴会、答谢宴会等。

4.5.2 宴会预订

宴会预订是指宴会承办单位和举办者之间关于宴会内容的事先约定。宴会预订的过程既是产品推销的过程，又是客源的组织过程。

1）宴会预订的方式

（1）电话预订

电话预订是最为常见的预订方式，常用于小型宴会预订、查询、核实宴会细节，促进销售等。此种方式通过电话完成预订的各个环节的任务，由预订员根据电话内容填写宴会预订单。

（2）面谈

面谈是宴会预订最有效的方式。宴会预订员根据顾客的要求详细介绍本饭店宴会场地和所有细节安排，如宴会的布置、菜单设计、席次安排、服务要求等，尽量满足顾客提出的各种要求，并商洽付款方式，填写宴会预订单，将得到的信息迅速、准确地记录在宴会预订记录簿上。要特别注意顾客的特殊要求。在宴会规模较大，出席者身份较尊贵或宴会标准较高的情况下，一般要求进行面谈预订。

（3）信函预订

所有客户寄来的询问信都要立即作出答复，并附上建议性的菜单，然后再以电话、信函、面谈的方式与客户达成协议。现今传统信函逐步被电子邮件所代替。

（4）登门预订

宴会预订员为适应市场需求，改变推销策略，走出饭店进行上门服务，积极推销，吸引招徕新客户，方便老客户，争取更多的客源。

（5）其他形式

现代信息传递形式被大量运用到饭店宴会预订工作中，传真、电子邮件、网上预订等在现代宴会预订中被广泛运用。

2）宴会预订程序

（1）宴会预订表格

宴会部为了方便宾客和预订员的预订操作，通常有一系列完整的宴会销售表格。

表4.2　宴会预订单

顾客信息							宴会菜单
宾客姓名		性别		宗教信仰		宴会类型	冷菜：
桌数		标准		每桌人数		订餐时间	
用餐时间		用餐地点		押金数额		试餐时间	
联系方式1				联系方式2			热菜：

宾客要求		
餐厅		
厨房		
前厅		
温馨提示： 1.提供投影仪、音箱、麦克风。 2.宴会当日提供5个专用车位。 3.请勿自带食品。 4.5桌以上可备用1桌，10桌以上可备用2桌。如有桌数变动，提前与餐厅联系，如未提前通知按保底桌数的50%收费。 5.当日餐损自负。		主食：
订金		支付方式
预订员	预订主管	宾客

表4.3　宴会确认单

宴 会 确 认 单

　　感谢您选择××饭店作为宴会安排的地点，为确保宴会接待品质，切实维护双方的合作利益，经友好磋商，达成如下协议：

主办人姓名：_____　主办人联系电话：_____

主办人地址：_____　宴会办理日期：_____年___月___日___时

宴会形式：

□婚　宴：新郎姓名_____　新娘姓名_____

□喜面宴：男方姓名_____　女方姓名_____喜得（千金/贵子）

□生日宴：寿星姓名_____　寿星年龄_____性别_____

宴会标准：_____元/席（10位/席）

预订席位：_____席 其中清真席_____席 备用席数：_____席

水牌内容：_____

预付订金：大写：___万___仟___佰___拾___元　¥：_____元

结账方式：_____

备　注：_____

预订金及宴会变更安排条款

☆在落实宴会安排并与饭店签订确认单后，请交付百分之十的预订金。

☆饭店方面有权取消没有缴纳预订金的宴会安排。

☆如在宴会举办日前不足四十八小时知会饭店宴会做变更安排的，饭店将按宴会预订标准收取全额费用。

☆若遇政府大型接待等不可抗力因素，导致宴会无法正常接待的，饭店不承担违约责任，但饭店有义务及时知会主办人宴会接待变更信息，并退还全额预订金。

付款方式

☆宴会结束，结清预订金以外的全部款项（预订席位总金额及宴会产生的所有杂项费用），并请附上预订金收据。

☆如忘记附上预订金收据，则按宴会的总费用如数付清，三日内凭预订金收据办理退款手续。

其他条款

☆宴会安排不再享受任何打折或其他优惠措施。

☆备用席饭店只保证留用座位，菜品出品保证同预订席菜品同等价位标准，在此基础上存在的菜品出品差异敬请谅解。

☆请爱护饭店公物，不要损坏饭店所提供的物品，否则照价赔偿，该赔偿金将作为杂项费用（以主办人确认为准）计入。

☆此确认单于饭店方代表和主办方代表签字并缴付预订金后生效。

增值服务

☆饭店免费制作祝贺条幅一条。

☆饭店免费提供水牌使用。

如您接受上述条款，请予签署，以示确认。真诚希望能为您提供最优质的服务，并谨此致意！

_____
主办方代表签字

_____
饭店经办人签字

_____
饭店方代表确认

表4.4　宴会活动通知单

公司名称： Company Name	宴会日期： Date
联系人： Contact	宴会时间： Function Time
联系电话： Tel	宴会名称： Function Name
传真号码： Fax	宴会地点： Function Venue
付款方式： Billing Procedure	预订人数： Expected
付款细节： Payment Term	保证人数： Guaranteed
服务： Service	酒水安排： Beverage
前厅部： Front Office	
客房部： Housekeeping	

工程部: Engineering	菜单: Menu
公关部: Public Relation	
保安部: Security	
特别安排: Others	

预订员　　　　　　销售部经理　　　　　　日期
Booked By　　　　Manager of Sales　　　　Date

抄送/Send Out: 总经理/General Manager　财务部/Financial Dept.　餐饮部总监/F&B Director
　　　　　　　宴会经理/Banquet Manager　行政总厨/Executive Chief　销售部/Sales Dept.
　　　　　　　前厅部/Front Office Dept.　客房部/Housekeeping Dept.
　　　　　　　工程部/Engineering Dept.　保安部/Security Dept.

（2）宴会预订程序

①接受预订。

a.当宾客前来面谈预订时，宴会预订员应热情、有礼貌地进行接待。

b.向顾客展示宴会的相关书面资料。

c.仔细倾听顾客对宴会的要求，认真做好记录，同时应主动向顾客介绍饭店宴会设施和宴会菜单，做好推销工作，并回答顾客的提问。

d.根据面谈信息认真填写宴会预订单的各项内容：宴请单位名称、电话、出席人数、宾主身份、宴会类型、宴会标准、结账方式、开宴时间、场地安排、菜单、酒水、预订员姓名、联系电话以及举行宴会所需的特殊设施设备等。

e.宴会预订单一式两份并请顾客在预订单上签字。

②签订宴会合同书。

宴会预订所涉及的内容和细节一旦得到确认，应签订宴会合同书。合同书一式两份，经双方签字后生效。将已确认的宴会菜单、酒水单、场地布置安排示意图等细节资料交与宾客，预订员应留存以上相关资料。

③收取订金。

为确保宴会预订的落实，宴会举办单位或个人一般支付宴会总费用10%~30%的预订金。

④填写宴会安排日记簿。

将宾客所预订的宴会信息填在宴会安排日记簿上，按日期标明宴会举办地点、时间举办单位和人数等，通过登记加强宴会各个环节工作人员的信息交流，以免宴会设施重复预订销售。

⑤跟踪服务。

在接受宾客预订后，还需进行密切的跟踪，与对方经常保持联系。预订较早的宴会还应进一步确定日期及有关细节，随时完善宴会的准备工作。

⑥确认宴会通知。

在宴会举办的前两天，需进一步确定已预定好的所有事项，确认后预订员填好"宴会通知单"送往各有关部门。如预定有变更，应立即填写"宴会变更通知单"分送各部门，做好宴会的准备工作。

⑦督促检查。

宴会预订员虽然只负责宴会预订工作，但对于宴会活动举办前的组织准备工作必须时刻关注，发现与宾客预订不符的情况，应促成及时纠正。

⑧宴会信息反馈并致谢。

宴会活动结束后，应主动向举办单位或个人征求意见，对于宾客中肯的意见应予以接受并进行及时补救和改进。同时对宾客的帮助表示感谢，并希望今后还有更多的合作机会。

⑨建立宴会预订档案。

将顾客的有关信息和活动资料整理归档，对常客更要收集详细资料（如场地布置、菜单、有关信件等），以便下次提供更有效且有针对性的服务。

4.5.3 宴会布置

1）环境装饰

举行大型隆重的宴会，一般需要在宴会厅周围摆放盆景花草，或在主席台后面用花坛画屏、大型青枝翠树盆景做装饰，用以增加宴会的隆重、热烈气氛。

国宴活动要在宴会厅的正面并列悬挂两国国旗，正式宴会应根据外交部规定决定是否悬挂国旗。国旗的悬挂按国际惯例以右为上、左为下。我国政府宴请来宾时，中国国旗挂在左边，外国国旗挂在右边；来访国举行答谢宴会时，则应相互调换国旗位置。

正式宴会设有致辞台，致辞台一般放在主席台附近的后面或右侧，装有麦克风，台前用鲜花围住。扩音器应由专人负责，事前要检查并试用，防止发生故障或产生噪声；临时拉设的线路要用地毯改好，以免发生意外。

对于一般婚宴，则在靠近烛台的墙壁上挂双喜字，贴对联；对于寿宴，则挂寿字，贴对联等烘托喜庆的主题。

2）台型布置

大型中餐宴会的台型布局原则即"中心第一，先右后左，高近远疏"来设计。而西餐宴会台型则不突出主台，提倡不分主次。

3）设计通道和行走路线

空间布局应留有宾客入席通道和服务通道，桌与桌之间要留有不少于1.2米的宽度，主宾客区通道宽度应略大于其他席区。行走线路的方向要有秩序，避免相互交叉。

4）灯光照明、室温

中餐宴会通常要求灯光明亮以示辉煌，但国宴和正式宴会则不要求张灯结彩或做过多的装饰，而要突出严肃、庄重、大方的气氛。西餐宴会照明应体现层次感、立体感和优美感。宴会厅的照明要由专人负责，宴会前必须认真检查一切照明设备及线路；宴会期间要有专人值班，一旦发生故障即刻组织抢修。

宴会厅的室温要注意保持稳定，且与室外气温相适应，一般与室外温差不高于10度为宜。在宴会举行前应检查空调开关以及各出风口是否畅通，以保证宴会的正常运行。

4.5.4 宴会服务的程序

中餐宴会服务一般分为四个环节，即宴会前的准备工作，宴会迎宾工作，宴会就餐服务工作和宴会结束工作。

（1）宴会前的准备工作

由于宴会要求较高，所以其准备工作也要求认真、细致。

在宴会前，管理人员收到通知单后，明确知道的主要内容，包括:台数，保证及预计人数，宴会的标准，酒水配备，开餐的时间，菜品菜式及出菜时间和顺序，宴会的举办单位，费用的结算，有效签单人，顾客特殊要求等信息。然后由宴会部经理或主管召开简短的班前会，介绍有关宴会的基本情况，明确宴会服务人员的分工情况等。

①掌握情况。

参与宴会服务的人员在参加班前会接受任务后，要明确自己工作岗位的职责和要求，主要包括：

a.传菜员/服务员/迎宾员的确定。

b.服务流程的确定。

c.宴会中需要注意的细节(如顾客的特殊要求，以及主桌或VIP桌的特殊服务)的确定。

d.在餐前会议中，宴会主管需将宴会菜单给服务员进行讲解，熟悉菜单的主要风味特色，以做好上菜及回答顾客的问题，同时需要知道菜单的服务程序，保证准确无误地进行上菜。

e.对于菜单要做到准确说出每道菜的菜名，描述风味特色，能说出主要配料及配食的调料，知道制作的方法和正确的上菜方式。

②摆台。

宴会开始前一个小时，根据宴会的类型，按规定摆好餐台上的餐具，如顾客需要可摆上桌卡方便顾客就座。同时备好茶、饮料、湿巾、调味料，并保持宴会厅的干净整洁。

在宴会开始前服务员在备餐间内准备好冷盘，当顾客到达后再上桌摆放，冷盘注意荤素的搭配，菜型的正反，色彩的搭配。菜盘间的距离要相等。摆台不仅是给个人提供就餐的地方，而且可以给顾客赏心悦目的享受，为宴会增添气氛。

（2）宴会迎宾工作

a.根据宴会的入场时间，迎宾员提前在宴会厅门口迎接顾客，其余服务员站在餐桌旁等待顾客入座。

b.顾客到达时服务员要热情迎接，并微笑问好，引导顾客入座。

c.备衣帽车供顾客挂衣帽。

d.顾客入座后由服务员给顾客上茶，并询问是否饮用酒水饮料。

（3）宴会就餐服务

①开席服务。

a.当顾客来到台前，看台员引领顾客入座，照顾顾客入座时轻拉椅子，当顾客坐下时再将椅子缓缓向前推，遵循先年长后年轻、先女士后男士的原则帮助顾客入座。

b.当顾客入座完毕后根据顾客的要求上饮料，一般八分满就可以。当酒水只剩下1/3时服务员要进行及时的补充。顾客互相敬酒时服务员要眼疾手快，帮助顾客进行酒水的及时补充。

②传菜上菜服务。

a.传菜员在传菜梯间排队等候厨房从一楼做好的菜，要统一出菜，做到有条不紊，菜肴一道一道地上，从厨房出菜时一定要加上盖子，避免菜凉及在上菜过程中染上污物。

b.在宴会上菜期间，要固定上菜的位置，操作时应在与主人呈直角的陪同员之间进行，每上一道菜要介绍菜名及风味特色。凡是鸡、鸭、鱼等大型菜及椭圆形的大菜盘时头要对着正主位。

c.上新菜前先检查旧菜，如盘中还有少许剩余，应询问顾客是否将其换成小盘方便摆放下一道菜。

d.凡是正式宴会需均匀地给顾客分汤、分菜。如带有酱料的菜需要分派，应在分好后蘸上酱料再装盘上桌。

③餐间的服务。

宴会进行中，服务员要经常巡视台面，补充酒水，更换烟灰缸，注意每位顾客的示意及动作，主动服务，服务时态度要亲切，动作要迅速。

在更换菜时，如果转盘脏了，转盘需要及时清理，在擦拭转盘时一定要手持一个底碟进行，避免脏物落在台上。如顾客碰翻酒水杯具，要迅速用餐巾帮助顾客清洁，并重新更换。

为了保证顾客享受高雅的宴会服务，突出菜肴的风味特点，保持桌面的干净整洁，在宴会的进行过程中，服务员需要对餐桌进行多次的底碟和汤碗更换，重要的宴会要求每道菜后都需要更换一次，一般宴会更换底碟不低于三次，只有在顾客将碟内的食物吃完后方可更换，换底碟时应该是撤与更换同时进行，一般站在顾客的右手边进行。

在顾客用完餐后，收掉餐台上除酒杯和茶杯以外的一切餐具，并换上点心碟及水果刀叉，然后再上甜品和水果。

（4）宴会结束工作

上菜结束后即可做结账的准备，清点酒水、烟、调料及加菜等宴会菜单以外的费用累计总数。

当顾客用完餐后服务员应帮助顾客拉开座椅，方便其行走。

由宴会主管按照销售部所发的活动确认单上的人数再次与实际人数进行核对，如实际用餐人数低于保证人数，则按照保证人数来计算，超过保证人数则按照实际人数计算。

所有顾客走完后，服务员开始收台，先检查是否有未熄灭的烟头，是否有顾客遗留的物品等。清理台面时，先收餐巾、小毛巾和银器，然后再收水杯、瓷器、刀叉等，并按顺序摆放。

在顾客签单的时候，宴会部负责人应把服务问卷调查表让顾客填写。把宴会中所遇到的问题作总结、归档，并在每日的餐饮部会议中汇报，提出合理意见，以便提高宴会服务水平及质量。

【小思考】

宴会外卖

宴会外卖就是根据客人的要求，把宴会做到饭店以外，而宴会的内容及服务水平丝毫不能降低。少到十几人，多到百余人的宴席，只要客人在一周前提出预订，他们就会先到现场考察，与顾客反复商讨细节，到了预定时间，他们会带上美酒、美食、美厨，开着冷藏车、保温车，宴会服务员、酒吧服务员一同出动，直接开赴顾客家，或顾客指定的度假村、风景区。宴会地点不限，室内户外均可；宴会时间不受限制，午宴、晚宴都行。由于背后有套专业团队，无论是顾客需要烧烤，还是鸡尾酒会，或是西式自助餐，他们均能根据顾客要求提供。

【实训项目】

项目名称

宴会服务实训。

项目内容

中餐宴会服务。

项目要求

通过实训，使学生掌握中餐宴会服务程序与标准。

项目流程

（1）宴会准备

①掌握宴会情况，明确分工。

②做好宴会布置，物品准备齐全，餐台准备妥当，熟悉宴会菜单。

③全面检查。

（2）宴会迎宾

①热情迎宾。

②为客人接挂衣帽。

③待客人入座后，为客人端茶递巾。

（3）就餐服务

①宴会开始前为客人斟倒酒水。

②遵循宴会程序，在正确的位置为客人上菜。

③及时撤换餐具。

④席间勤巡台，随时准备为客人服务。

（4）结束服务

①为客人即时结账。

②为客人拉椅让座，提醒客人携带随身物品。

③取递衣帽。

④收拾台面，及时清理现场。

【复习与思考】

一、名词解释题

中餐厅；零点餐服务；团体包餐服务；宴会服务。

二、简答题

1.中国八大菜系的特点及代表菜式有哪些？

2.中餐零点餐服务特点有哪些？

3.团体包餐服务的特点有哪些？

4.宴会预订方式有哪些？

三、实训题

营造用餐氛围，进行模拟训练：

1.如何接受宾客点菜？

2.如何进行桌面服务？

项目 **5**

西餐厅服务

【导读】

西餐是我国人民对欧美各国菜品和糕点的总称，泛指欧美等西方国家的餐饮文化。与以中国为代表的东方饮食相比，两种饮食存在着很大的差异。例如，在食用方法上西餐采用的是分食制，而中餐采用共食制；西餐主食为面包；中餐主食为米饭、馒头；西餐菜肴原料以牛肉为主；而中餐菜肴的原料以猪肉为主且用料广泛。

【学习目标】

①了解常见的西餐服务方式。
②认识常见的西餐服务餐具与服务用具。
③掌握西餐零点早餐服务的服务程序和服务规范。
④掌握西餐零点正餐服务的服务程序和服务规范。

【核心概念】

西餐；西式宴会；酒会服务

案例导入

西餐饮食文化涵盖的地区较中餐广泛，由于各国饮食特点的不同，西餐也是流派纷呈，风格迥异，味道独特。例如：法国菜鲜浓香醇；英国菜清淡爽口；意大利菜的面食及小牛肉风味独特；美国菜的水果风味及创新；俄国菜的肥美味重等；在西餐众多的菜式中，较有代表性的是法、俄、英、美、意等国的菜式。

任务5.1 西餐简介

5.1.1 西餐历史

西餐是人们对欧美各国菜肴的总称，西餐发展的历史可谓源远流长。据有关史料记载，早在公元前5世纪，古希腊的西西里岛上就出现了高度发达的烹饪文化。在当时就很讲究烹调方法，煎、炸、烤、焖、蒸、煮、炙、熏等烹调方法均已出现，同时技术高超的名厨师很受社会的尊敬。在当时尽管烹饪文化有了相当程度的发展，但人们的用餐方法仍以抓食为主，餐桌上的餐具还不完备，餐刀、餐叉、汤匙、餐巾等都没有出现。西餐餐桌上的刀、叉、匙都是由厨房用的工具演变而来的。

15世纪中叶是文艺复兴时期，饮食同文艺一样，以意大利为中心发展起来，在贵族举行的宴会上涌现出各种名菜、细点。至今驰名世界的空心面就是那时出现的。到了16世纪初中叶，法国安利二世王后卡特利努·美黛希斯，喜欢研究烹调方法，她从意大利雇用了大批技艺高超的烹调大师，在贵族中传授烹调技术，这样不仅使宫廷、王府的菜点质量显著提高，同时使烹饪技法广为流传，促使法国的烹饪业迅速发展起来。后来，法国有位叫蒙得弗德的人，举行宴会时，为了让客人预先知道全宴席的菜品，他让管家在宴会前用羊皮纸写好菜名，放置在每个座位前。据说这是西餐菜谱的开始。

1638—1715年，由于讲究饮食而被人称为美食家的法国国王路易十四在宫廷中发起了烹饪大赛，优胜者发奖章及奖赏，从而推动了烹饪业的蓬勃发展，一时间宫廷内佳肴美馔迭出。由于宫廷和上层社会的烹调热，直接推动了整个社会的烹饪业发展，1765年，在法国的社会上出现了餐厅。1789年，法兰西革命后，面向一般顾客的餐厅像雨后春笋般发展起来。供餐形式是采取每人一份的方法。之后不久出现了零点菜谱，但只是简化了的宫廷菜。19世纪初叶，餐桌上的规矩大致与现在相同。第二次世界大战以后，才出现了许多新的餐具，而且配套成龙，并有着严格的摆放及使用方法。

【小资料】

在中国青花瓷传入欧洲之前，西餐中使用的用具只有金属器、玻璃器和软质陶器。中国青花瓷的淡雅、精美，引起了欧洲人的喜爱，于是欧洲人便开始了瓷器的研制。接着，英国烧制出了洁白的骨灰瓷器，而且造型、质地不断更新。

西餐真正传入中国是1840年鸦片战争以后，西方人大量进入中国的同时也带来了西方厨师，另外西方的餐厅里也雇佣了中国厨师，这样西餐技术也逐渐被中国厨师掌握。光绪年间，在外国人较多的上海、北京、广州、天津等地出现了一批西餐厅（当时称"番菜馆"）。据清末史料记载，最早的西餐厅是上海福州路的"一家春"。在北京最早出现是"醉琼林"。1900年，两个法国人在北京创办了北京饭店，西班牙人创办了三星饭店，德国人开设了宝昌饭店，希腊人开设了正昌饭店等。20世纪20年代初起，上海西餐得到了一定的发展，礼查饭店（现浦江饭店）、汇中饭店（现和平饭店南楼）、大华饭店相继开业。此外，广州的哥伦布餐厅、天津的维克多利、哈尔滨的马地尔都是当时出现的几家西餐厅。辛亥革命以后，我国处于军阀混战的半封建半殖民地社会，各饭店和酒店、西餐饭店已成为军政头目、洋人买办以及一些豪门富贵交际享乐的场所，每日宾客如云，座无虚席。

20世纪80年代后，随着中国对外开放政策的实施，中国经济的快速发展和旅游业的崛起，全国各地特别是沿海各城市兴建了不少合资饭店和宾馆，如世界著名的凯宾斯基、希尔顿、假日饭店。这些宾馆和饭店的西餐厅大都聘用外国厨师，而且部分烹饪原料和设备从国外进口。以经营法式西餐为主，形成了英式、美式、意式、俄式等全面发展的格局，从而适应了西方人来华投资旅游的需求。与此同时，原来的老西餐店也不断更新换代，我国又相继派出厨师去国外学习，因此我国的西餐也相继有了新的发展和提高。

5.1.2 西餐主要的菜式与特点

经过数千年的发展，西餐已发展成为以法国菜、英国菜、美国菜、意大利菜、俄国菜等为主要特色的菜肴。

1）法国菜

法国菜是西餐中最有地位的菜。其特点是选料广泛，用料新鲜，滋味鲜美，讲究色、香、味、形的配合，花式品种繁多，重用牛肉、蔬菜、禽类、海鲜和水果。法国菜肴一般烧得比较生，调味喜用酒，菜和酒的搭配有严格规定，如清汤用葡萄酒、火鸡用香槟。比较有名的法国菜是鹅肝酱、牡蛎杯、焗蜗牛、马令古鸡、麦西尼鸡、洋葱汤、沙朗牛排、马赛鱼羹等。

【小资料】

法国菜的流派

法国菜按照产生历史可以分为三大主流派系：

1.古典法国菜派系（Classic Cuisine/Haute Cuisine） 起源自法国大革命前，皇亲贵族流行的菜肴，后来经由艾斯奥菲区分类别。古典菜派系的主厨手艺精湛，选料必须是品质最好的，常用的食材包括龙虾、蚝、肉排和香槟，以酒及面粉为汁酱基础，再经过浓缩而成，口感丰富浓郁，以牛油或淇淋润饰调稠。

2.家常法国菜派系（Bourgeoise Cuisine） 起源自法国历代平民传统烹调方式，选料新鲜，做法简单，亦是家庭式的菜肴，在1950—1970年最为流行。

3.新派法国菜派系（Nouvelle Cuisine） 自20世纪70年代兴起，由保罗布谷斯（Paul Bocuse）倡导，在1973年以后极为流行。新派菜系在烹调上使用名贵材料，着重原汁原味、材料新鲜等特色，菜式多以瓷碟个别盛载（Plated），口味调配清淡。在20世纪90年代后，人们注重健康，由Michael Guerard倡导的健康法国菜（Minceur Cuisine）大行其道，采用简单直接的烹调方法，减少用油；而汁酱多用原肉汁调制，以乳酪代替冰淇淋调稠汁液。

2）英国菜

由于受地理及自然条件所限，英国的农业不是很发达，粮食每年都要进口，而且英国人也不像法国人那样崇尚美食，因此英国菜相对来说比较简单，其特点包括：

①选料局限。英国菜选料比较简单，虽是岛国，海域广阔，可是受地理自然条件所限，渔场不太好，所以英国人不讲究吃海鲜，比较偏爱牛肉、羊肉、禽类等。

②口味清淡、原汁原味。简单而有效地使用优质原料，并尽可能保持其原有的质地和风味是英国菜的重要特色。英国菜的烹调对原料的取舍不多，一般用单一的原料制作，要求厨师不加配料，保持菜式的原汁原味。英国菜有"家庭美肴"之称，英国烹饪法根植于家常菜肴，因此只有原料是家生、家养、家制时，菜肴才能达到满意的效果。

③烹调简单、富有特色。英国菜烹调相对来说比较简单，配菜也比较简单，香草与酒的使用较少，常用的烹调方法有煮、烩、烤、煎、蒸等。

常见的英式菜有土豆烩羊肉、牛尾汤、烤羊马鞍、烧鹅等。

3）美国菜

美国菜主要是在英国菜的基础上发展而来的，另外又糅合了印第安人及法、意、德等国家的烹饪精华，兼收并蓄，形成了自己的独特风格。其特点包括：

①水果入菜相当普遍。美国盛产水果，美式菜的沙拉中水果用得很多，例如，用香蕉、苹果、梨、橘子等做沙拉最为普遍。另外，在热菜中也常使用水果，如菠萝焗火腿、苹果烤火鸡、炸香蕉等。

②口味趋向清淡、生鲜。美国菜传统的咸鲜甜口味已趋向清淡、生鲜。在用料上，黄油改用植物黄油或生菜油，奶油改用完全脱脂奶油，奶酪改用液态奶，生菜沙拉不用马乃司沙司，做水果不用罐头水果而用新鲜水果，浓汤改清汤；肉类则多用低脂及低胆固醇的水牛肉与鸵鸟肉等。另外，在美国素食和生食比较盛行。

③烹调方法以煮、蒸、烤、铁扒为主。在烹调方面，美国菜采用的方法主要有煮、蒸、烤、铁扒等。

典型的美国菜有苹果黄瓜沙拉、华道夫沙拉、美式螃蟹杯、美式煮鱼、姜汁橘酱鱼片。

4）意大利菜

意大利菜号称"西菜之母"，注重原汁原味，讲究火候的运用。在烹煮过程中非常喜欢用蒜、葱、西红柿酱、干酪，讲究制作沙司。烹调方法以炒、煎、烤、红烩、红焖等居多。通常将主要材料或裹或腌，或煎或烤，再与配料一起烹煮，从而使菜肴的口味异常出色，烹调出层次分明的多重口感。意大利菜肴对火候极为讲究，很多菜肴要求烹制成六七成熟。其特点包括：

①巧妙利用食材的自然风味，烹制美馔。烹制意大利菜，总是少不了橄榄油、黑橄榄、干白酪、香料、西红柿与Marsala酒。这六种食材是意大利菜肴烹调的灵魂，也代表了意大利当地盛产与充分利用的食用原料，因此意大利菜肴被称为"地道与传统"。

②以米面做菜，花样繁多，口味丰富。意大利人善做面、饭类制品，几乎每餐必做，而且品种多样，风味各异。著名的有意大利面、比萨饼等。

典型的意大利菜包括通心粉素菜汤、铁扒干贝、奶酪焗通心粉等。

5）俄国菜

俄国菜特点为选料广泛、讲究制作、加工精细、因料施技、讲究色泽、味道多样、适应性强、油大、味重。俄罗斯人喜欢酸、甜、辣、咸的菜。因此，在烹调中多用酸奶油、奶渣、柠檬、辣椒、酸黄瓜等作调味料。

俄罗斯人特别喜欢鲑鱼、鲱鱼、鲟鱼、鳟鱼、红鱼子、黑鱼子、烟熏过的咸鱼和鲳鱼等。但肉类、家禽菜肴和各种各样的肉饼，非得要烧熟透才吃。俄罗斯人也喜欢吃用鱼肉、碎肉末、鸡蛋、蔬菜做成的包子。

俄罗斯冷菜丰富多样，包括沙拉、杂拌凉菜、肉、禽冷盘、鱼冷盘、鱼冻、肉冻、鸡蛋冷盘、青菜酱、鱼泥、肉泥及各种加味黄油。俄式菜肴油大，味道浓醇，酸、甜、辣、咸各味俱全，如沙拉，名目繁多，颇负盛名，其中的黑鱼籽广为人知。

一般俄式汤可分为清汤、菜汤和红菜汤、米面汤、鱼汤、蘑菇汤、奶汤、冷汤、水果汤及其他汤品。要求质量大体一致，原汤、原色、原味。

5.1.3 西餐烹饪的特点

1）西餐烹饪常见的烹调方法

影响西餐烹饪方式的因素包括食材特点、设备、热源等3个方面。西餐烹饪主要包括12种烹调方法：

①烤。烤是把体积较大的生料经初步加工整形，加调味料腌制入味，然后放入封闭的烤炉（箱）中，加热至上色并以一定火候使菜肴成熟的烹调方法。

②焗。焗是指把各种经初步加工成熟的原料浇上不同的浓汁酱，用明火炉烤至成熟上色的烹调方法。

③铁扒。铁扒是把加工成型的原料经腌制后放在扒炉上，经扒炉的加热，达到一定火候使菜肴成熟的烹调方法。

④串烧。串烧是把加工成片、小块的原料经腌制后，用金属签串起来在明火上烧烤或用油煎制，使之成熟上色的烹调方法。

⑤蒸。蒸是把加工好的原料经过调味后，放入有一定压力的蒸箱或蒸笼等容器中，用水蒸气加热，使菜肴成熟的一种烹调方法。

⑥焖。焖是把加工好的原料，放到汤汁中，加上盖，在烤箱内进行加热至成熟的烹调方法。

⑦烩。烩是把加工好的原料，放到调好味的汁酱中，加热至成熟的烹调方法。

⑧沸煮。沸煮是把加工好的原料放到微沸的水中或汤中，将原料加热成熟的烹调方法。

⑨温煮。温煮是把加工好的原料放入温度低于沸点的水中或汤中，把原料加热成熟的方法。

⑩煎。煎就是把加工成型的原料，经过腌制入味以后，再用少量油加热至一定火候使菜肴成熟的烹调方法。

⑪炸。炸是把加工成型的原料经过调味，并裹上保护层后，放入油中，浸没原料，加热至成熟并上色的烹调方法。

⑫炒。炒是把加工成小形体积的原料，用少量油、较高的温度，在较短的时间内把原料加热至成熟的烹调方法。

2）西式烹饪的特点

与中餐相比，西餐至少具有以下几个显著的特点：

①讲究营养，注重搭配。西餐重视各类营养成分的搭配组合，充分考虑人体对各种营养（糖类、脂肪、蛋白质、维生素）和热量的需求来配菜或加工烹调。

②选料精细，用料广泛。西餐烹饪在选料时十分精细、考究，而且十分广泛。如美国菜常用水果制作菜肴或饭点，咸里带甜；意大利菜则会将各类面食制作成菜肴：各种面片、面条、面花都能制成美味的席上佳肴；而法国菜的选料更为广泛，诸如蜗牛、洋百合、椰树芯等均可入菜。

③讲究调味，注重色泽。西餐烹调的调味品大多不同于中餐，如酸奶油、桂叶、柠檬等都是常用的调味品。法国菜还注重用酒调味，在烹调时普遍用酒，不同菜肴用不同的酒作调料；德国菜则多以啤酒调味，在色泽的搭配上则讲究对比、明快，因而色泽鲜艳，能刺激食欲。

④工艺严谨，器皿讲究。西餐的烹调注重工艺流程，讲究科学化、程序化，工序严谨。烹调的炊具与餐具均有不同于中餐的特点。特别是餐具，除瓷制品外，水晶、玻璃及各类金属制餐具占很大比重。

5.1.4　西餐礼仪

一名西餐厅服务员必须懂得西餐礼仪才可以在服务中有的放矢地为客人提供尽善尽美的服务。

1）餐前礼仪

①穿着正装。过于随便的穿着会影响西餐厅的大环境，降低西餐厅的档次。

②女士优先。在西方国家，男士对女士的尊重和照顾被看成良好教育的表现，在交际场合处处体现出对女士的尊重。如进入西餐厅，男士为女士拉门，请女士先走；进入餐厅后男士也应照顾女士脱挂大衣并为女士拉椅，照顾女士入座；点菜时请女士先点，如代为点菜要征求女士意见；用餐完毕，离开餐厅男士应给女士拉椅并照顾女士穿大衣。服务人员在服务时要注意遵循女士优先的原则，适时配合男宾照顾好女士。

③用餐时客人的手提包一般放在自己的左脚边（因为服务员的服务位置在客人右边）。小型的女士手提袋可放在桌上，大型的包一般交由服务员寄存。服务人员在接待客人入座时可以适时给客人指点。

④餐巾使用。餐巾是客人在就餐时擦嘴之用，服务员为客人铺设餐巾要将餐巾对折后平铺在客人的腿上，而不要挂于脖子上或用盘子压住。客人起身临时离开时，服务员要帮助客人把餐巾重新简单折叠后放在客人左手边的餐桌上。

2）进餐礼仪

①喝汤。进餐时嘴里发出声音在任何时候都是粗鲁、缺乏教养的表现，喝汤时不能吸着喝，不能用嘴对着汤吹气，可静等片刻待汤凉一点再喝，喝汤时汤匙进口，不要横着喝汤而要将汤匙较尖部分送进口。

②吃面包。西餐早餐一般用吐司，午晚餐用罗尔，在吃面包时一般不直接把面包放在

嘴里咬着吃，也不能用刀切，而是用手把面包撕下来放进嘴里，抹黄油和果酱也应先将面包掰成小块再抹，不能将刀送入口中。

③吃牛排。在吃牛排时应该将食物切成可以一口吃下去的大小，不能一口气将一整块食物都切掉，这样容易影响其口味，应该从左至右，切一块吃一块。

④餐具掉地。如果用餐过程中手中餐具不慎掉于地上，作为客人不要亲自弯腰拾捡，而应召唤服务员更换餐具。作为服务员看见时就应立即主动上前捡起并更换，不要等客人召唤才捡。

⑤传递物品。如果要用桌上调料等物品又够不着的话，不要站起身子伸长手去够，而要请一同进餐的人员或服务员传递一下，一般餐桌调味品两位客人一套。

⑥说话。在西餐厅不可大声喧哗或召唤他人，嘴里有食物不要开口说话，通常说话和喝酒前要用餐巾擦拭一下嘴。

⑦用餐。尽量避免刀叉与餐盘的撞击声音，口中食物不宜过多，不能用刀子送食物进嘴里。使用刀叉要左手持叉、右手持刀，刀刃向里，在不用刀时也可以右手持叉，不能将刀叉指向他人。在进餐过程中暂时停顿，刀叉应在盘边摆成"八"字形，表示一会儿还要接着吃，如果已经吃完了或者不想再吃下去应该将刀叉交叉或者平行放于盘子中央，服务员会上前收走盘子。

⑧饮酒。用高脚杯饮酒不要整个手掌紧握杯身，这样会显得紧张，而且杯子上会留下手印，不雅观。应该用三个手指优雅托住杯子下半部分露出大多数杯身，这样会欣赏到酒液的颜色和漂亮的气泡。在饮酒前要保证嘴里的食物已经全部咽下。

⑨其他。西方人认为把吃进嘴里的东西再吐出，在餐桌上是极为不雅甚至是粗鲁的行为，凡是带骨的食物一般在入口前将骨头小心剔掉，如果不小心将骨头吃进嘴里，应用餐巾遮住口部，将骨头吐在叉上或放在餐盘一边。

【实训项目】

项目名称

了解西餐厅。

项目内容

1）西餐厅

西餐厅大都以经营法、意、俄、美式菜系中的某种为主，同时兼容并蓄，博采众长，是西方饮食文明的一个缩影，其中尤以高档法式餐厅（扒房）最为典型。扒房具备了豪华餐厅的一些基本特征，是饭店为体现自己的餐饮菜肴与服务水准，满足高消费宾客要求，增加经济收入而开设的高档西餐厅，它是豪华大饭店的象征。

2）自助餐厅

我国四星级、五星级酒店一般都有自助餐厅，以经营自助餐为主，零点为辅。这类餐厅的自助餐台通常是固定的，装饰精美，极具艺术感染力，配以调光色灯，使菜点更具美感和质感，从而增进人的食欲。

3）自助服务式餐厅

这种餐厅主要是将食品、酒水和餐具事先准备好，由客人根据自己的口味自行选择：自己亲自动手选择食品，在餐厅中用餐，服务人员在宾客用餐过程中只提供引导、辅助性的服务。这种服务方式在会议、快餐店等场所使用比较多。同时，这种服务方式的餐厅一般提供的菜肴品种比较固定，消费标准统一，人力成本较低。

4）外送服务式餐厅

这种餐厅即客人事先通过电话、网络等方式进行预订，餐厅根据客人点好的菜单，按时派人将菜肴送到客人指定的地点。现在餐厅大多提供这样的服务。

任务5.2　西餐厅环境装饰及设计

西餐厅在饮食业中属异域餐饮文化。西餐厅以供应西方某国特色菜肴为主，其装饰风格也与某国民族习俗相一致，充分尊重其饮食习惯和就餐环境需求。

5.2.1　西餐厅室内设计风格

与西方近现代室内设计风格的多样化相呼应，西餐厅室内环境的营造方法也是多样化的，大致有以下几种：

1）欧洲古典气氛的风格营造

这种手法注重古典气氛的营造，通常运用一些欧洲建筑的典型元素，诸如拱券、铸铁花、扶壁、罗马柱、夸张的木质线条等来构成室内的欧洲古典风情。同时说明，还应结合现代的空间构成手段，从灯光、音响等方面来加以补充和润色。

2）富有乡村气息的风格营造

这是一种田园诗般恬静、温柔、富有乡村气息的装饰风格。这种营造手法较多地保留了原始、自然的元素，使室内空间弥漫着一种自然、浪漫的气氛，质朴而富有生气。

3）前卫的高技派风格营造

如果目标顾客是青年消费群，运用前卫而充满现代气息的设计手法最为适合青年人的口味。运用现代简洁的设计词汇语言，轻快而富有时尚气息，偶尔可流露一种神秘莫测的气质。空间构成一目了然，各个界面平整光洁，巧妙运用各种灯光构成室内温馨时尚的气氛。

总的来说，西餐厅的装饰特征富有异域情调，设计语言上要结合近现代西方的装饰流派而灵活运用。西餐厅的家具多采用二人桌、四人桌或长条形多人桌。

5.2.2 西餐厅装饰装修

西式餐厅泛指以品尝国外的饮食，体会异国餐饮情调为目的的餐厅。根据追求的风格不同，我国的西式餐厅主要有以法国、意大利风格为代表的欧式餐厅，但更多的餐厅却不十分明确到底代表了哪个国家的风格。西式餐厅与中式餐厅最大的区别是因国家、民族的文化背景造成餐饮方式的不同。欧美的餐饮方式强调就餐时的私密性，一般团体就餐的习惯很少。因此，就餐单元常以2~6人为主，餐桌为长方形，进餐时桌面餐具比中餐少，但常以美丽的鲜花和精致的烛具对台面进行点缀。

西餐厅在欧美既是餐饮的场所，更是社交的空间。因此，淡雅的色彩、柔和的光线、洁白的桌布、华贵的线脚、精致的餐具，以及安宁的氛围、高雅的举止等共同构成了西式餐厅的特色。

1）平面布局与空间特色

西式餐厅的平面布局常采用较为规整的方式。酒吧柜台是西式餐厅的主要景点之一，也是每个西餐厅必备的设施，更是西方人生活方式的体现。

除此之外，一台造型优美的三脚钢琴也是西式餐厅平面布置中需要考虑的因素。在较为小型的西式餐厅中，钢琴经常被设置于角落，这样不至于占据太多的有效面积；而在较大的西式餐厅中，钢琴则可以成为整个餐厅的视觉中心，为了加强这种中心感，经常采用抬高地面的方式，有的甚至再于顶部加上限定空间的构架。钢琴不仅可以丰富空间的视觉效果，它的优雅琴声更是西餐厅所必不可少的。

2）风格造型与装饰细部

西式餐厅的风格造型来源于欧洲的文化和生活方式，但最直接的是来源于欧式古典建筑。虽然欧式古典建筑在不同时期和不同地区风格造型各不相同，但西式餐厅并不需要完全复制一个古典建筑的室内，因此我们在设计时可以将所有的欧式古典建筑的风格造型以及装饰细部进行筛选，选出有用的部分直接应用于餐厅的装饰设计；也可以将欧式古典建筑的元素和构成进行简化和提炼，应用于餐厅的装饰。

5.2.3 西餐厅装饰设计应注意的问题

1）西餐厅装修设计的空间布局装饰要素

西餐厅大厅的表演台必不可少，西餐厅可由大厅和小室设计构成，小室中装表演台也可桌上服务表演。可根据房屋各方面的分布，分别安插一些散座、厅座、卡座及房座（包厢）之类，但是布局一定要合理。

2）西餐厅装修的空间设计特点

西餐厅的空间设计要与其总体装修设计风格相互搭配。可通过虚的手法遮挡视线在空间布置上，似隔非隔，隔中有透，实中有虚。例如，利用布幔、漏墙、珠帘、屏风、竹篱、木栅等缓冲通道与视线；又如，利用通道的回绕曲折营造一种曲径通幽之感。适当的分隔还可满足部分客人不想被打扰的心理，这就是所谓的"园必隔"。

3）西餐厅装修的风格设计装修

（1）园林式西餐厅

园林式西餐厅在装修装饰设计上要突出清新和自然的气韵。可依山傍水，可坐落于风景名胜区，也可以是一个独门大院。室外空间和室内空间设计为共同体，营业场所比较大。

（2）室内庭院式西餐厅

在装修装饰设计上来说，室内庭院式西餐厅一般以园林建筑为蓝本，同时结合着西餐厅所需各种元素等要求来装修装饰，一般设有亭台楼阁、曲径花丛、拱门回廊、小桥流水等。

（3）仿古式西餐厅

仿古式西餐厅在装修装饰、布局，以及人物的服饰、语言、动作，茶艺表演等方面都应以传统为蓝本，在总体上展示古典文化的面貌。

（4）现代式西餐厅

现代式西餐厅在装修装饰设计时的风格比较多样化，往往根据经营者的兴趣、爱好并结合房屋的结构等装修装饰，各具特色。

4）西餐厅装修的灯光装饰特点

在西餐厅的装修装饰设计中，灯光设计的灵魂是局部照明装饰设计和应用。一般来说，总体空间的照度不要求很高，但最低照度要让人员能够正常活动，但在装饰装修刻画细节的局部照明上应该下一些功夫。每组插座应该有一组灯管，最好是装饰一些带灯罩的灯光，或者装饰一些类似蜡烛的照明范围不大的灯光，大多情况下可以多设计一些暖色灯光，这样可以为用餐者装修装饰出一个温馨、私密的空间。充分利用光影的作用是西餐厅照明装修装饰设计的另一个特点，可利用这个特点有意装修装饰一些空洞，并把灯光放进去或设计在某些植物的下面向上照射，使空间产生有趣的光影，既丰富了视觉效果，又增加了空间的立体感和层次感。

5）西餐厅装修中的景观装饰设计

（1）"借景"装饰的运用

西餐厅的永恒主题是品茗、赏景。景色可以是人文景观，也可以是自然景观；可以是静态景观，也可以是动态景观；或静中有动，或动中有静。"借景"分邻借、远借、近借、俯借、仰借、应时而借等。所以在装修装饰设计西餐厅的时候，借景一步相当重要。

（2）虚实对比装饰

西餐厅环境可装修为实的方面，例如山、水、石、木、花、布、池、馆、亭、台、楼、阁等；可装修为虚的方面，例如光、影、气、声、香、风等。要通过合理的装修装饰设计，使之产生鸟语花香、轻风柔波、水色宜人的意境。

（3）叠石、理水的装修装饰

在西餐厅的适宜部位可装饰叠石、掇山、理水、布山形、取峦向、分石脉，显得岗阜拱伏、转折回绕、重叠压复、以近次远、左山右水、后溪旁陇、主宾相辅、各有顺序，也可装修成为参差错落、穿池叠石的感觉，还可设计装修一些顽石、奇石、卵石、太湖石、仿生石、农家石磨、雕刻精美的古代石柱础、石刻艺术品等，间或装饰设计一小段崎岖石路之类等。让人们从质、形、纹、势、色等方面观赏山石的瘦、漏、透、皱、清、顽、奇、秀、险、幽，丰富了观景内涵，提升了西餐厅的文化意蕴。

（4）花草树木的装修装饰设计

可以在西餐厅内外及门厅、走廊等处装修装饰设计一些高林巨树或奇葩佳木，青藤缠绕、浓绿荫深、隔日蔽尘；或装修装饰一些竹木花草小品，竹影兰香、疏枝花影；或在窗台、转角、茶几、花架、空中设计一些花卉盆景，例如文竹、芭蕉、冬青、青藤，四季花卉可采用菊花、吊兰、桂花、月季、玫瑰、荷花、水仙、山茶花、杜鹃等进行合理搭配，高档次的场所还可布置插花艺术作品。应注重常青类植树，使西餐厅呈四季常青、四季有花、鸟语花香的景观，丰富形、质、色、香、声、气、光、影的景观内涵，装饰设计出更加贴近的人与自然的和谐环境。

6）西餐厅的材质装饰

在西餐厅装修装饰设计中，最常用的是那些有着灵性的、最为普通的自然材质，例如玻璃、涂料、青砖、混凝土等，追求其表面的质感和肌理变化。

【实训项目】

项目名称

西餐厅设计。

项目内容

让学生分组设计出不同风格的餐厅，并每组派一名代表上台展示设计成果。

项目要求

①学生分组设计出不同风格的西餐厅。

②用PPT的形式展示西餐厅设计的思路和特点。

③用图片展示西餐厅的特色。

④各小组进行展示，与其他小组分享。

任务5.3　西餐零点服务

1）餐前准备

①铺设餐台。西餐厅服务员应按本餐厅正餐的要求摆台，并将各种刀、叉、勺、餐盘、咖啡杯、酒杯以及酒篮、冰桶等餐用具配备充足。

②餐前短会。开餐前半小时，餐厅经理或主管要召开餐前短会，宣布任务分工和当日客情，介绍当日特色菜肴及其服务，检查员工仪容仪表，强调VIP(重要客人)接待注意事项，分析本餐厅典型事例并做处理。

2）开餐服务

①迎宾引座。客人进入餐厅，要面带微笑地向客人问好，并问清有否预订，视客人人数将其引领到合适的餐台，要按女士优先的原则给客人拉椅让座。

②餐前酒服务。餐前酒一般是开胃酒或鸡尾酒。当客人落座后，应介绍本餐厅的餐前酒，记下每位客人所点的酒水，并复述一遍，应尽快送上餐前酒。未点餐前酒的客人应为其倒上冰水。

③接受点菜。按先女后男、先宾后主的顺序为每位客人递送一份干净的菜单，打开菜单的第一页并在客人的左边递上，同时介绍当天的特色菜肴，并耐心回答客人的问题。接受点菜时一般站在客人右边，从主人右侧的客人开始按逆时针方向进行。

④呈递菜单。根据客人的点菜，介绍推销与其相配的佐餐酒，并留出选择的时间。

⑤接受点酒。征求客人意见并开出餐酒订单。如果客人点红葡萄酒，要问清是现在喝还是配主菜喝。如果配主菜，问明现在是否开瓶。根据订单重新摆放酒杯，并将多余的酒杯撤下。

3）就餐服务

①上黄油、面包。将新鲜的黄油、面包从客人的左边按先女后男分别放入黄油碟和面包盘内。

②佐餐酒服务。先向主人示瓶，待其确认后再往杯中斟少许让其品尝，然后在客人右侧按先女后男的顺序斟酒，最后到主人。

③头菜服。上菜时用右手从宾客右边端上，直接放入装饰盘内。

④撤走头盘。当客人用完头菜后，用右手从宾客右边撤下头盘，要徒手撤盘。

⑤上汤。汤盘直接放入装饰盘，若客人用完后，把汤盘连同装饰盘一起撤下。

⑥主菜服务。从客人右侧上主菜，并报菜名，牛排、羊排要告知几成熟。撤盘时要徒手撤走主菜盘及刀叉，并将桌上面包屑清整干净，而后征求客人对主菜的意见。

⑦上甜点和水果。向客人展示各种奶酪及甜点并服务，推销水果。

⑧服务咖啡或茶。询问客人要喝咖啡还是茶，随后送上糖盅、奶壶、柠檬片、咖啡具或茶具，从客人右边斟上咖啡或茶。

⑨推销餐后酒。餐后酒一般是一些利口酒或白兰地。展示餐后酒车，征求客人意见并为之服务。

4）送宾服务

①结账。只有客人要求结账时，服务员才能去收银台通知收银员汇总账单。服务员要仔细检查账单，核实无误后，将其放入收银盘或收款夹，递给客人。不需读出金额总数。客人付款后，应站在客人身边将收到的现金点清，而后道谢，随即将现金与账单一并送至收银台，找回的零钱按呈递账单的方式交给宾客。

②送客。客人起身离座，要帮助拉椅，并提醒客人带上随身物品，礼貌向客人告别。

【实训项目】

项目名称

西餐零点服务操作流程。

项目内容

熟悉西餐厅零点服务程序。

项目要求

能按照操作流程熟练地完成西餐零点对客服务工作。

项目流程

（1）迎接客人

餐厅电话预订：

①电话铃响不能超过三声

②如遇对方没有反应，应立即用中文问好："您好，请问需要帮忙吗？"

③在接受订位时，必须登记客人姓名、人数、就餐时间、房间号码等及特殊要求。客人来到餐厅，迎宾员应面带微笑，主动上前问好："您好，欢迎光临×××餐厅""您好，请问您是否有订位？"

a.如客人已订座，迎送员应热情地引客人入座。

b.如果客人没有预订，迎送员应礼貌地将客人引领至适合的餐桌。

（2）带位

①询问客人就餐人数后，礼貌地将客人带到客人满意的餐台前。"请这边走，您看这张台可以吗？"

②带客时应走在客人前方约1米处，且不时回头，把握好客人与自己的距离。切忌只顾自己走在前面，而把客人落在后头。

（3）拉椅让座

当迎送员把客人带到餐台边时，服务员应主动上前协助为客人拉椅让座。

①站在椅背的正后方，双手握住椅背的两侧，后退半步，同时将椅子拉后半步，并用右手做一个"请"的手势，示意客人入座。

②在客人即将坐下的时候，双手扶住椅背两侧，用右膝盖顶住，拉椅和送椅动作要迅速、敏捷，力度要适中，不可用力过猛，以免撞倒客人。

（4）铺席巾

①按先女士后男士，先客人后主人的次序顺时针方向依次进行。

②站于客人的右手边拆开餐巾，左手提起餐巾的一角，使餐巾的正面朝向自己。

③用右手拇指和食指捏住餐巾的另一角。

④采用反手铺法，即右手在前，左手在后，轻快地为客人铺上餐巾，这样可避免右手碰撞到客人身体。

（5）推销餐前饮品

酒水员或厅面领班向客人推销饮品。

（6）上餐前饮品服务

酒水员在客人右侧上餐前饮品，并报上饮品名称。

（7）递送餐牌

①领班从客人的右边送上餐牌，需将餐牌打开至第一页，送至客人手中，向客人介绍当日特色菜。

②让客人考虑片刻，再上前站在客人的左边为客人点菜，按逆时针方向进行。

③按女士优先，先宾后主的原则为客人点菜。

④点菜结束离开前需感谢客人。

（8）撤下餐前饮品杯具

如客人仍未喝完，则需等客人用完后再撤走。

（9）送上酒单介绍餐酒

①酒水员从客人的右边送上酒单，并根据客人所点的食品主动推销红、白葡萄酒。

②用一条餐巾垫在瓶身下，右手握住瓶身上端，将酒标展示给客人，并得到主人的确认。

（10）上红葡萄酒

与红白葡萄服务相同。

（11）上菜

①上菜在客人的右侧进行。

②上配料汁酱、柠檬、面包片、沙律汁、胡椒粉等，从客人左边进行。

③上菜时，重复客人所点的菜式名称。

④将每道菜的观赏面或主菜朝向客人。

⑤上菜完毕后再一齐揭开菜盖，并请客人慢用。

（12）巡台

①添酒：酒杯里的酒不能少于1/3，如酒瓶已空，要展示给客人看，主动推销葡萄酒。待主人认可后方可将空瓶收走。

②添饮品，水杯里的水少于1/3时也要添加。

③更换烟灰缸：烟灰缸内不能超过两个烟头或烟灰缸内已有许多杂物。

④撤空饮品杯，并询问是否添加饮品。

（13）撤餐碟

①在客人右侧进行。

②要等到整桌客人均吃完同道菜后再起撤掉餐碟，不要在客人未吃完时，便先撤掉吃完的客人餐具，这样就如同催促未吃完的客人。

③按顺时针方向撤盘子。

（14）询问客人意见

当菜上到1/3左右时，领班应主动上前询问客人对食品及服务质量的意见。

（15）清洁桌面

客人用完主菜后，除水杯（包括有饮料的玻璃杯）、烟缸、餐巾、纸杯，应将餐桌的其他餐具撤下。撤餐具按顺时针方向进行。

（16）推销甜品、咖啡、茶

在客人右边送上甜品单，同时推销时令水果、雪糕、芝士、咖啡、茶等。

（17）推销餐后酒

酒水员将餐后酒车推至桌前，推销餐后酒。

（18）结账

①准备好账单。

②在主人的左手边递上账夹，然后略后退。

③结账后需向客人表示感谢。

（19）送客

①当客人即将离座时，应及时上前为客人拉椅，并把客人送至餐厅门口，感谢客人的光临。

②客人离开后，清洁餐桌，检查桌底是否有客人遗留物品，将餐椅摆放整齐。

③更换桌布，重新摆位。

任务5.4　西餐宴会服务

宴会是在普通用餐基础上发展起来的高级用餐形式，也是人们交往中常见的礼仪活动。其形式主要有中餐宴会、西餐宴会、招待会、冷餐会和鸡尾酒会等，具体形式的选用则取决于举办者的要求。

以西餐宴会为例，服务的基本环节包括：宴请准备工作，餐前鸡尾酒服务，开宴上菜服务，结束上菜服务，结束收尾工作等5大部分。具体可分为六个步骤来完成。

1）布置餐厅宴请场所，摆设餐台

根据宴会通知单的要求布置餐厅，摆出台型，铺上台布，按列出的菜单摆放刀、叉餐具，餐具摆放松紧得当、规格统一，按通知单的酒水要求摆放相应的酒水杯，后面中央放插花、烛台、胡椒盅、盐盅、牙签盅（3～4人一套）。

2）准备工作台

临时工作台根据人数、菜肴来准备。通常在工作台上备有咖啡具、茶具、冰水壶、托盘、干净的烟灰缸，服务用刀、叉、勺等。准备间则准备面包篮、新鲜面包、黄油、酒水等。

3）餐前鸡尾酒服务

在宴会开始前半小时或15 min，通常在宴会厅门口为先到的客人提供鸡尾酒会式的酒水服务。由服务员用托盘端上饮料、鸡尾酒，巡回请客人选用，茶几或小圆桌上备有虾片、干果仁等小吃。待主宾到达宴会开始时，请宾客进入宴厅。通知厨房，宴会正式开始。

4）酒水、菜肴服务

①在宴会开始前几分钟摆上黄油，分派面包。

②安排宾客就座。先女后男，最后给主人斟上佐餐酒，征求是否需要其他酒品。

③服务方式。西餐宴会多采用美式服务，有时也采用俄式服务。上菜顺序依次是冷开胃品、汤、鱼类、副盘、主菜、甜食水果、咖啡或茶。

④按菜单顺序撤盘上菜。每上一道菜前，应先将用完的前一道菜的餐具撤下。服务员要留意宾客对撤盘的示意方法，如果将刀叉并拢放在餐盘左边或右边或横于餐盘上方，是表示不再吃了，可以撤盘。如果呈"八"字形搭放在餐盘的两边，则表示暂时不需撤盘。西餐宴会要求等所有宾客都吃完一道菜后才一起撤盘。

⑤上甜点、水果之前撤下桌上除酒杯以外的餐具。如主菜餐具、面包碟、黄油盅、胡椒盅、盐盅，换上干净的烟灰缸，摆好甜品叉匙。水果要摆在水果盘里，跟上洗水盅，水果刀、叉。

⑥上咖啡或茶前放好糖缸、淡奶壶。每位宾客右手边放咖啡或茶具，然后拿咖啡壶或茶壶依次斟上。有些高档宴会需推酒水车间送餐后酒和雪茄。

5）结账

宴会接近尾声时，清点所用的饮料，如果收费标准不包括饮料费用则要立即开出所耗用的饮料订单，交收银员算出总账单。宴会结束时，宴请的主人或助手负责结账，一般不签单，而是收取现金、支票或信用卡。

6）宴会结束工作

当宾客起身离座时，应为其拉椅；检查是否有遗留物品，送宾客至宴会厅门口；检查后面是否有未熄灭的烟头；收台时，先收餐巾，后用托盘或手推车收餐具；撤掉台布；了解一下餐宴会情况，在下班前准备下一餐宴会的餐桌摆台；领班记录宴会完成情况。

【实训项目】

项目名称

西餐宴会摆台。

项目内容

按照西餐宴会摆台的要求进行宴会摆台。

项目要求

在规定时间内完成西餐宴会摆台。

项目流程

（1）摆台顺序

先摆餐盘定位，后摆种刀、叉、匙，再摆面包盘、牛油刀、咖啡杯、各种酒杯等，最后上席巾和调味瓶等。

（2）要领

餐盘正中，盘前横匙，左叉右刀，先外后里，叉尖向上，刀口朝盘；主食靠左，饮具靠右。

（3）摆位方法

台布中凸线向上，两块台布中凸线对齐；两块台布面重叠5 cm，主人位方向台布交叠在副主人位方向台布上，台布四边下垂均等；铺设操作最多四次整理成型；摆设操作从席椅正后方进行，从主人位开始按顺时针方向摆设，席椅之间距离基本相等；相对席椅的椅背中心对准；席椅边沿与下垂台布相距1 cm。

（4）具体操作步骤

从主人位开始顺时针方向摆设。

①装饰盘放于席位正中，距桌边1.5 cm。

②餐刀放于装饰盘的右侧，距桌边1.5 cm。

③鱼刀放于餐刀右边距桌边4 cm。

④汤匙放于鱼刀右侧，距桌边1.5 cm。

⑤头盘刀位于汤匙右侧，距桌边1.5 cm。

⑥餐叉位于装饰盘的左侧，距桌边1.5 cm。

⑦鱼叉位于餐叉左边，距桌边4 cm。

⑧头盘叉位于鱼叉的左侧，距台边1.5 cm。

⑨面包盘位于头盘叉的左侧，面包盘内右侧1/3处摆上牛油刀。

⑩面包盘的右上方摆上牛油碟，距盘边2 cm。

⑪水果刀横放于装饰盘上方，刀把朝右、刀口朝盘。

⑫甜品叉横放于水果刀上方，叉尖朝右。

⑬甜品匙横放于甜食叉上方，匙柄朝右。

⑭水杯摆在餐刀尖上2 cm处，红酒杯放于水杯后方位置，白酒杯位于红酒杯右后方，三杯成一条直线，并与线边成45°角。

⑮放上餐巾花。（图5.1）

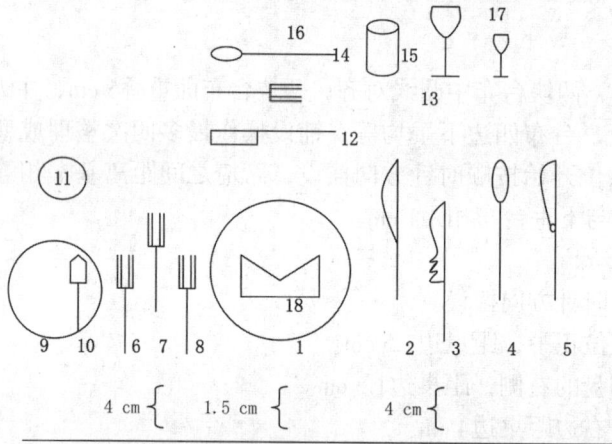

1.主食餐盘；2.主食餐刀；3.鱼刀；4.汤匙；5.头盘刀；6.主食餐叉；7.鱼叉；8.头盘叉；9.面包盘；10.牛油刀；
11.牛油碟；12.水果刀；13.甜食叉；14.甜食匙；15.水杯；16.红酒杯；17.白酒杯；18.餐花

图5.1　餐巾花摆放示意图

任务5.5　酒会服务

酒会是西方国家比较传统的一个社交节目，以酒水为主，略备小吃，出席者可以自由走动、交谈，宴会气氛轻松活泼。

5.5.1　冷餐酒会

1）特点

进餐时间没有严格规定，客人早走、晚来都不需要向主人解释或道歉，通常不安排座位。来宾可以在厅内自由活动，随意交谈，其交际面广、设计近似于自助餐，但比自助餐的规模大，布置更华丽，场面更壮观，气氛更热烈，环境高雅，给宾客以舒适、自由的感觉。举办时间一般在中午12：00—2：00或晚上6：00—8：00，每次时间约90分钟。场地不受限制，室内外均可，如条件允许，还可以举行家庭冷餐会。冷餐会一般有请柬邀请，必须持请柬入内。

2）冷餐会的服务程序与标准

（1）准备工作

根据酒会预订的要求，了解参加人数、酒会形式、台型设计、菜肴品种和布置主题等（可以设计预订表）酒会开始前1小时布置好所需的食品台。食品台的摆设要方便客人顺利选取菜肴。提前45分钟准备好保温餐炉，在保温餐炉中加适量热水，点燃酒精加热。

餐台的摆设：

①食品陈列台的布置。

②装饰台的布置。

③就餐台的摆放。

就餐台的摆放比较随意，可以按照中（西）餐零点早餐的摆法设计，包括酒水具、椒盐瓶、牙签筒、烟灰缸、桌号、鲜花、烛台、毛巾等。

（2）迎接客人

①酒会开始时，引位员站在门口迎接客人，向客人问好，对客人的光临表示欢迎。

②用计数器统计客人数。

③值台服务员、酒水员迎接。

④服务员为客人提供冰水服务，询问是否需要饮料。

（3）酒会服务

①主办单位待全部客人就座后致辞、祝酒，宣布酒会开始，服务员随时为客人提供食品酒水。

②较高档次的冷餐会有厨师值台，随时向客人介绍、推荐、夹送菜肴，分切大块烤肉，及时更换和添加菜肴并检查食品温度，回答客人的提问等。

③服务员要随时清理酒会桌上客人用过的餐具，更换烟灰缸、餐巾和牙签。

④服务菜台的服务员要保持菜台的整洁。

⑤要保证客人有充分的饮料和食品。

（4）收尾工作

5.5.2　鸡尾酒会

1）特点

①形式。鸡尾酒会是一种简单活泼的宴请形式，不设座椅，不用安排席位，宾客站立就餐饮酒，可以在室内外随意走动，交际广泛。

②时间。举行时间灵活，但一般和正式时间错开，参加酒会的人员时间不受限制，但一般不可提前到，来去自由，不受约束。

③酒水品种。以鸡尾酒、啤酒为主，另外添加一些果汁、汽水等，一般不供应烈性酒和复杂的鸡尾酒。

④时间。控制在1小时以内。

2）鸡尾酒会的服务程序

（1）准备工作

• 根据酒会预订要求，提前45分钟布置好所需的酒水台、小吃台、食品台和酒会餐桌。

• 准备好酒水饮料、配料和辅料。

• 准备好酒具。

• 做好员工的分配。

（2）迎接客人

• 引位员站在门口对客人表示欢迎。

• 用计数器统计客人人数。

• 服务员、酒水员在规定的位置站好，迎接客人并问好。

（3）酒会服务

• 服务员随时为客人进行酒水服务，酒杯用小口纸垫着给客人。

• 随时清理酒会桌上客人用过的餐具。

• 随时更换烟灰缸、添加小口纸、牙签。

• 保持食品台的整洁。

（4）收尾工作

酒会结束，待客离去后，对酒会现场进行清洁清扫工作。

【实训项目】

项目名称

西餐酒水服务。

项目内容

西餐酒水服务操作。

项目要求

掌握酒店西餐酒水服务过程。

项目流程

①开餐前，备齐各种酒水饮料，并将酒水瓶擦拭干净（特别是瓶口部位），同时检查酒水质量，如发现瓶子有破裂或有沉淀物等应及时调换。

②服务员要了解各种酒的最佳奉客温度，并采取升温或降温的方法使酒水的温度适于饮用，以满足宾客需求（啤酒在4~8 ℃，白葡萄酒在8~12 ℃）。

③示酒。服务员要站在点酒宾客的右侧，左手托瓶底，右手扶瓶颈，酒标朝向宾客（或托在盘中），让宾客辨认商标、品种。

④控制好斟酒量，白酒斟八成，红葡萄酒斟五成，白葡萄酒斟七成。香槟酒应分两次斟，第一次斟1/3，待泡沫平息后，再斟至2/3处。斟啤酒时，应使酒液顺杯壁滑入杯中呈八成酒、二成沫。

⑤斟酒的方式：与中餐斟酒相似。

⑥宴会斟酒：要坚持用托盘斟酒，单独斟白酒时可徒手斟酒。

任务5.6 自助餐会服务

自助餐是一种由客人自行挑选，拿取或自烹自食的就餐形式。这种就餐形式活泼，客人的选择性强，不拘礼节，打破了传统的就餐形式，正被越来越多的人喜爱。

5.6.1 自助餐的形式和特点

1）自助餐的形式

根据菜点性质可分为中式自助餐、西式自助餐和中西合并自助餐；根据座位的设置情况可分为设座自助餐和不设座（立式）自助餐。

2）自助餐的特点

①菜点丰富，陈列美观，价格适中。

②由于菜点摆上餐台前就已制作完毕，客人无需等候，随到随吃，不受时间限制。

③服务员提供简单的服务（如添加菜点、饮料、撤盘等）。厨师也可提前批量烹制菜点，使餐厅节省了劳动力，降低了成本。

3）自助餐台

（1）餐台布置的原则

①醒目而富有吸引力；

②方便客人取菜；

③台布遮住桌腿。

（2）常见台型

自助餐的常见台型有：I形台、L形台、O形台以及其他台型。

（3）台面布置

①布置形式不同，菜点摆放也不同。

②热菜必须用保温锅保温。

③取食菜点的服务叉匙或点心夹应统一放在菜点盘中后位置或菜点盘旁边的餐碟中。菜点前应摆放菜牌。

④台面中央部分用鲜花、餐巾花、黄油雕或果蔬雕刻等装饰点缀。

⑤酒水按所备的品种放少许于酒水台上，其他的则至于酒水台下面。

⑥各种餐碟、餐叉、筷子集中摆放在菜品台和点心台的两头或适当位置。餐碟以20~30个为一组叠；餐叉、筷子叠放在一起；酒杯按不同品类呈三角形、直线形等形状排列于酒水台上。进餐台上摆设牙签筒、餐巾纸、烟灰缸等。

（4）餐桌摆台

中餐自助餐的摆台应根据不同的餐桌、不同台面的布置来进行。

【实训项目】

项目名称

自助餐服务。

项目内容

按照自助餐服务流程进行操作。

项目要求

熟练掌握酒店自助餐服务流程。

项目流程

①接受客人订席。

②营业前的准备工作。

③引导客人及安排入座。

④递送菜单。

⑤铺口布。

⑥供应冰水。

⑦接受点叫及服务餐前饮料或餐前酒。

⑧接受点菜。

⑨接受点叫饭中酒。

⑩开酒。

⑪服务酒类。

⑫取菜。

⑬服务菜肴。

⑭客人用餐期间服务。

⑮清理餐桌。

⑯接受点叫及服务饭后点心、饮料或酒。

⑰客人离开前服务及欢送客人。

⑱客人结账。

⑲重新布置、摆设餐桌及餐具。

⑳营业后的整理工作。

【复习与思考】

一、简答题

1.西餐主要的菜式和特点是什么？

2.比较几种主要的西餐服务方式，其区别在哪里？

3.简述西餐早餐和零点正餐的服务程序。

4.西餐酒水和菜肴的搭配规律是什么？

5.如何进行西餐零点早餐与正餐的摆台？

二、案例分析

案例一

某日中午同时来了十多位客人，服务员很迅速地安排客人入座与点单，每位客人都点了一份套餐，由于厨房炉灶只有一个，需逐一出品，出品到最后几位时客人开始不耐烦地抱怨起来，当时主管临时开会不在楼面，楼面服务员没有及时与客人解释，却还在一旁抱怨，被那些不耐烦的客人听到，客人就与服务员争吵起来，正好主管开完会回到楼面，为了平息与安抚客人一直在赔礼道歉，同时客人买单时免除10%服务费，才平息争吵。请问本案例中楼面服务员哪些地方做得不妥，如何纠正？

案例二

酒店有很多常客，常客来的时候都喜欢点些固定的饮品与食品。四月份餐厅推出了新的餐品——日本定时套餐，一位常来餐厅吃三明治的客人又光临本店，这时服务员主动地拿出日本定时套餐的餐牌给客人，向客人介绍新菜品，客人看到后觉得很好就点了一份。吃完后服务员主动询问菜品的味道如何，客人觉得很不错，再次得到满意的服务。请问本案例中服务员得到肯定的原因是什么？

项目 **6**

酒吧服务

【导读】

　　酒吧是向宾客提供各种酒水饮料和服务的场所,是饭店餐饮部的一个重要组成部分。其经营的好坏,对餐饮部的效益有着直接的影响。要想做好服务工作,就要了解相关酒水知识,掌握酒吧服务标准和酒水服务程序,熟悉酒水品饮方法,并能对服务中的突发事件进行恰当处理。

【学习目标】

①了解酒水的相关知识。
②掌握酒水服务标准程序,理解酒吧服务标准。
③能针对不同酒水进行服务和品饮。
④能较好地处理服务过程中的突发事件。
⑤培养学生积极主动的精神和踏实细致的工作作风。

【核心概念】

酒水;酒吧;服务标准;服务程序;品饮

案例导入

啤酒到底多少度

　　某饭店中餐厅,午餐开餐后,引位员把两位宾客引到一张小餐桌上就座,实习生小刘立刻上前招呼,送上茶和香巾,又接受客人点菜。客人点好菜后,又点了两瓶啤酒并问是多少度的。小刘没想到客人会提这样的问题,只知道度数不高,但准确的酒度她不知道。小刘灵机一动回答说:"我给您拿一瓶看看好吗?"客人说:"好的"。小刘从吧台取来一瓶啤酒,边走边看商标,见上面标着"11度"的字样,来到客人跟前就告诉那位女宾:"啤酒酒度11度"。女宾一听连连摇头:"度数太高,我不要了,下午还有事。"男宾说:"哪有那么高的度数?给我看看。"边说边接过啤酒。男宾看了看对小刘说:"这上面标的11度不是酒精度,而是麦芽汁的浓度。"又指着下面一个小字告诉小刘:"这才是啤酒的酒度,是3.5度。"小刘站在一旁感到非常不自在。

任务6.1　酒水知识

6.1.1　酒水概述

【小资料：酒的别称】

杜康：杜康是古代高粱酒的发明人，后世将杜康作为酒的代称。"唯有杜康"，出自曹操《短歌行》：何以解忧，唯有杜康。

欢伯：因为酒能消忧解愁，给人们带来欢乐，所以就被称为"欢伯"。这个别号最早出现在汉代焦延寿的《易林·坎之兑》，他说，"酒为欢伯，除忧来乐"。

杯中物：因饮酒时，大都用杯盛着而得名。最早孔融名言，"座上客常满，樽中酒不空"。陶潜也在《责子》诗中写道，"天运苟如此，且进杯中物"。

金波：因酒色如金，在杯中浮动如波而得名。张养浩在《普天乐·大明湖泛舟》中写道，"杯斟的金浓滟滟"。

秬鬯（chàng）：这是古代用黑黍和香草酿造的酒，用于祭祀降神。据《诗经·大雅·江汉》记载，"秬鬯一卣（yǒu）"。秬鬯，黑黍酒也，谓之鬯者，芬香条畅也。王赐召虎，以鬯酒一尊，以祭其宗庙，告其先祖。

白堕：这是一个善酿者的名字。苏辙在《次韵子瞻病中大雪》一诗中写道，"殷勤赋黄竹，自劝饮白堕"。

冻醪：即春酒。是寒冬酿造，以备春天饮用的酒。据《诗·豳风·七月》记载，"十月获稻，为此春酒，以介眉寿。"

壶觞：本是盛酒的器皿，后来亦用作酒的代称，陶潜在《归去来兮辞》中写道，"引壶觞以自酌，眄庭柯以怡颜"。

壶中物：因酒大都盛于壶中而得名。张祜在《题上饶亭》诗中写道，"唯是壶中物，忧来且自斟"。

酌：本义为斟酒、饮酒，后引申为酒的代称，如"便酌""小酌"等。李白在《月下独酌》一诗中写道，"花间一壶酒，独酌无相亲"。

酤：据《诗·商颂·烈祖》记载，"既载清酤，赉我思成"。

1）定义

酒，是由粮食、水果等含有淀粉或糖的物质，经过特殊酿造工艺制成的含乙醇（食用酒精）的带刺激性的饮料。酒中乙醇含量的多少即为酒度，一般以（V/V）来表示。作为一种含多种化学成分的混合物，酒自古以来就是一种奇特而富有独特魅力的饮料。从古至今，历代文人骚客留下了许多与酒有关的诗词佳句，这也使得酒文化成为我国文化宝库中的重要组成部分。

水，是指所有不含酒精的饮料或饮品。包括茶、咖啡、果汁、碳酸饮料和矿泉水等。

酒水，包括酒精饮料和非酒精饮料，是满足人们基本生活需要的产品，是餐厅经营品种之一。

2）酒水的作用

酒水是人们用餐、休闲及交流活动中不可缺少的饮品。在交往日益扩大的社会，作为一种媒介，酒能增强气氛，缓解人们的紧张情绪，是人们日常生活不可缺少的物质。研究表明，适量饮酒可促进血液循环，通经活络，祛风湿，但过量饮酒会引发很多疾病，如急性酒精中毒、胃出血、脑出血、胃溃疡、心脏病、肝病、视力模糊、智力迟钝、判断力下降、记忆减退等。

【知识链接：酒水饮用习俗】

世界各国和各地都有自己不同的饮酒习俗。根据酒的特点和功能，人们将白葡萄酒、开胃鸡尾酒、味美思酒、苦味酒和茴香酒作为餐前酒，玫瑰红葡萄酒、红葡萄酒和香槟酒作为餐酒，白葡萄酒也可以作为餐酒。人们用餐时，将白葡萄酒与海鲜和白颜色菜肴一起食用。玫瑰红葡萄酒和香槟酒可与任何菜肴一起食用。干型雪利酒常作餐前酒。波特酒、马德拉酒、马萨拉酒习惯上作点心酒。利口酒、烈性酒及餐后鸡尾酒在餐后饮用。清淡的葡萄酒习惯上配清淡的菜肴。浓味葡萄酒习惯上配浓味菜肴。烈性酒可根据顾客需求与任何菜肴搭配。果汁常在餐前和餐中饮用。在中餐服务中，茶水可用于餐前、餐中和餐后。而在西餐，咖啡多用于餐后。矿泉水在任何时候都可饮用。

6.1.2 酒水的分类

酒分按有无酒精成分可分为以下几类。

（1）无酒精饮料

无酒精饮料又称软饮料，是指酒精含量小于0.5%(V/V)，以提神解渴、补充人体水分为主要目的的流质食品。

①按物理状态分：固体饮料和液体饮料。

②按是否含二氧化碳分：碳酸饮料和非碳酸饮料。

③按原料特点分：果蔬汁饮料、碳酸饮料、矿泉水、植物蛋白饮料、乳饮料、茶、咖啡，等等。

（2）酒精饮料

①按酒精含量的高低分：

a.低度酒：低度酒的酒精度在20度以下，一般指发酵酒。部分中国黄酒和日本清酒、葡萄酒、啤酒属低度酒。

b.中度酒：通常将酒精度在20~40度的酒称为中度酒。这种酒常由葡萄酒加少量烈性酒调配而成。常用的有餐前开胃酒（如味美思）、餐后甜酒等。国产的部分黄酒和米酒、竹叶青等属于中度酒。

c.高度酒：也称为烈性酒，指酒精度高于40度的蒸馏酒。国外的蒸馏酒和国产的茅台、汾酒等都属高度酒。

②按酒的颜色分：

a.白酒：指无色透明的酒。例如中国白酒、伏特加酒等。

b.色酒：指带有颜色的酒。例如利口酒、红葡萄酒等。

③按酒的原料分：

a.水果酒：以水果为原料，经发酵、蒸馏配制成的酒。如葡萄酒、白兰地酒、味美思酒等。

b.粮食酒：以谷物为原料，经过发酵或蒸馏制成的酒。如啤酒、米酒、威士忌酒、中国茅台、五粮液酒等。

④按酒的制作工艺分：

a.发酵酒：又称原汁酒，是以水果、谷物以及少量的动物乳汁等为原料经过发酵而制成的酒精含量较低的饮料。根据原料的不同，发酵酒分为谷物发酵酒、水果发酵酒和其他发酵酒。

b.蒸馏酒：以含糖分或淀粉的物质为原料，经糖化、发酵、蒸馏而制成，特点是酒精含量高，耐久存。蒸馏酒按生产原料的不同主要分为谷物酒、果类酒、果杂类酒等几类。谷物蒸馏酒主要有金酒、伏特加、中国白酒；水果蒸馏酒以白兰地为典型代表；果杂类蒸馏酒主要是以植物的根、叶、花等为原料发酵蒸馏而成，其中以朗姆酒和特拉基拉酒最具代表性。

c.配制酒：配制酒是以发酵酒或蒸馏酒为基酒，与其他酒品或非酒精物质进行配制获得。其种类繁多，风格迥异，目前较为流行的分类方法是将其分为开胃酒、甜食酒、利口酒和含酒精混合饮料四大类。

d.鸡尾酒：主要由两种以上的酒水或无酒精饮料混合在一起调配而成，酒度为10~20度，口味温和，一般在餐前或酒吧中饮用。

⑤按餐饮习惯分：

a.餐前酒：指有开胃功能的各种酒，在餐前饮用。常用的餐前酒有干型雪利酒、波特酒、味美思酒、苦酒、茴香酒、鸡尾酒等。

b.佐餐酒：指用餐时饮用的白葡萄酒、红葡萄酒和玫瑰红葡萄酒，甚至清淡的香槟酒。这类酒营养价值高，对人体非常有益。

c.甜点酒：指吃点心时饮用的带有甜味的葡萄酒。甜点酒度数通常在16度以上，常用的有甜雪利酒、波特酒、马德拉酒等。

d.餐后酒：指人们餐后饮用的带甜味和香味的混合酒，也称为利口酒。这种酒多以烈性酒为基本原料，勾兑水果香料或香草及糖蜜制成。

6.1.3 常用酒精饮料介绍

1）蒸馏酒

（1）中国白酒

中国白酒又称烧酒、老白干、烧刀子等，由淀粉或糖质原料（主要为粮谷）制成酒醅或发酵醪经蒸馏而得，是我国传统的酒种。酒质无色（或微黄）透明，气味芳香醇正，入口绵甜爽净，酒精度为38～65度，具有以酯类为主体的复合香味。

①中国白酒的主要类型：

a.酱香型白酒：以茅台酒为代表，酱香柔润为其主要特点。发酵工艺最为复杂，所用的大曲多为超高温酒曲。

b.浓香型白酒：以泸州老窖特曲、五粮液、洋河大曲等酒为代表，以浓香甘爽为特点，发酵原料是多种原料，以高粱为主。在名优酒中，浓香型白酒的产量最大。

c.兼香型白酒：以安徽口子窖为代表，特点是酱浓谐调、口感舒适、细腻丰满、回味爽净、余味悠长、风格突出。

d.清香型白酒：以山西汾酒为代表，其特点是清香醇正，采用清蒸清渣发酵工艺，发酵采用地缸。

e.米香型白酒：以桂林三花酒、冰峪庄园大米原浆酒、绿忻庄园大米原浆酒为代表，特点是米香醇正，以大米为原料，小曲为糖化剂。

f.特香型白酒：四特酒独有，以整粒大米为原料，富含奇特复合香气，香味谐调，余味悠长，不上头、酒后不头痛，是酒之珍品。

此外，还有以陕西西凤酒为代表风香型白酒，以贵州董酒为代表的药香型白酒，以广东玉冰烧酒为代表的豉香型白酒，以河北衡水老白干酒为代表的老白干香型白酒，以湖南酒鬼酒为代表的馥郁香型白酒，以河南傅潭酒为代表的芝麻香型白酒等。

②中国白酒的主要品牌：

a.茅台酒：被尊称为"国酒"，产于贵州省仁怀县茅台镇，是与苏格兰威士忌、法国科涅克白兰地齐名的三大蒸馏酒之一。它历史悠久、源远流长，具有色清透明、醇香馥郁、入口柔绵、清洌甘爽、回香持久的特点。人们把茅台酒独有的香味称为"茅香"，是我国酱香型风格最完美的典型。

b.汾酒：汾酒是名酒之始祖，产于山西杏花村，是我国清香型白酒的典型代表，有着4000年左右的悠久历史。其工艺精湛，源远流长，素以入口绵、落口甜、饮后余香、回味悠长而著称，在国内外消费者中享有较高的知名度、美誉度和忠诚度。

c.五粮液：产于四川宜宾，因用小麦、大米、玉米、高粱、糯米5种粮食发酵酿制而成，故称五粮液。其香气悠久，滋味醇厚，入口甘美，入喉净爽，各味谐调，恰到好处，在我国浓香型酒中独树一帜。

d.泸州老窖特曲：产于四川泸州，是我国享有盛誉的名酒之一，主要原料是当地的优质糯高粱。此酒无色透明，窖香浓郁，清洌甘爽，饮后尤香，具有浓香、醇和、味甜、回味长的四大特色，属浓香型。

e.董酒：产于贵州遵义董酒厂，属药香型优质白酒。董酒采用优质高粱为原料，以水口寺地下泉水为酿造用水，小曲小窖制取酒醅，大曲大窖制取香醅，酒醅香醅串蒸而成。酒液清澈透明，香气幽雅舒适，入口醇和浓郁，饮后甘爽味长。

f.西凤酒：产于陕西省宝鸡市凤翔县柳林镇，以当地特产高粱为原料，采用续渣发酵法制成，属凤香型大曲酒。西凤酒无色、清亮透明，醇香芬芳，清而不淡，浓而不艳，集清香、浓香之优点融于一体，幽雅、诸味谐调，回味舒畅，风格独特。它被誉为"酸、甜、苦、辣、香五味俱全而各不出头"，是"凤型"白酒的典型代表。

（2）白兰地

白兰地被称为"葡萄酒的灵魂"，以水果为原料，经发酵、蒸馏制成。通常所称的白兰地专指以葡萄为原料，通过发酵再蒸馏制成的酒。以其他水果原料酿成的白兰地，应加上水果的名称，如苹果白兰地、樱桃白兰地等。

法国干邑地区生产的白兰地最为优美，有"白兰地之王"的美誉。其酒液呈琥珀色，清澈透明，口味精细，风格豪壮。

干邑，音译为"科涅克"，公元1909年，法国政府颁布《酒法》明文规定：只有在夏朗德省境内，干邑镇周围的36个县市所生产的白兰地方可命名为干邑（Cognac），除此以外的任何地区不能用"Cognac"一词来命名，而只能用其他指定的名称命名。这一规定以法律条文的形式确立了"干邑"白兰地的生产地位。

一般来说，科涅克需长时间经酒桶陈酿，以养成其独特的酒性，且随时间的推移酒品质量越高，其最佳陈年时间为20～40年，贮存时间不宜超过六十年。

白兰地常见字母及符号含义：

★	3年陈酿
★★	4年陈酿
★★★	5年陈酿
V.O.	10~12年陈酿
V.S.O.	12~20年陈酿
V.S.O.P.	20~30年陈酿
Napoleon	40年以上（Napoleon，拿破仑）
X.O	50年以上
X.	70年以上

白兰地主要作餐后酒，名品有人头马、马爹利、轩尼诗、卡幕、拿破仑等。

（3）伏特加

伏特加是俄国的国酒，音译为"生命之水"，是以多种谷物（马铃薯、玉米）为原料，重复蒸馏，精炼过滤得到的一种纯净的高酒精浓度的饮料。伏特加无色、无味、无香，口味凶烈，劲大刺鼻，由于酒中所含杂质极少，口感纯净，且可以任何浓度与其他饮料混合饮用，所以经常用于作鸡尾酒的基酒。

较著名的伏特加生产地有俄罗斯和波兰，此外还有美国、英国、加拿大，其名品有芬兰伏特加、丹兹卡、苏联红牌等。

（4）金酒

金酒又叫杜松子酒，最先由荷兰生产，在英国大量生产后闻名于世。金酒无色透明、气味芳芬，口味协调、醇和温雅，具有净、爽的自然风格。可单独饮用，也可调配鸡尾酒，并且是调配鸡尾酒中唯一不可缺少的酒种，有"鸡尾酒心脏"之称。金酒的酒度一般为35~55度，酒度越高质量越好。比较著名的有荷式金酒、英式金酒和美国金酒。其名品有波克马、英王卫兵、红狮等。

（5）威士忌

威士忌是一种以大麦、黑麦、燕麦、小麦、玉米等谷物为原料，经发酵、蒸馏后放入橡木桶中陈酿、勾兑而成的一种酒精饮料，主要产地为英语国家。

①苏格兰威士忌（Scotch Whiskey）。

苏格兰生产威士忌酒已有500年历史，其产品口感甘冽、醇厚、劲足、圆润、绵柔，色泽棕黄带红，清澈透明，气味焦香，带有一定的烟熏味，是世界上最好的威士忌酒之一。苏格兰威士忌受英国法律限制：凡是在苏格兰酿造和混合的威士忌，才可称为苏格兰威士忌。苏格兰威士忌可分为纯麦威士忌、谷物威士忌和混合威士忌三种类型。目前，世界最流行、产量最大，也是品牌最多的便是混合威士忌如芝华士、皇家礼炮、马加兰等。

②爱尔兰威士忌（Irish Whiskey）。

爱尔兰制造威士忌至少有700年历史，其生产原料主要有：大麦、燕麦、小麦和黑麦等。由于使用无烟煤烘烤麦芽，因此与苏格兰威士忌不同，爱尔兰威士忌口感比较绵柔长润，没有烟熏的焦香味。爱尔兰威士忌比较适合制作混合酒，与其他饮料掺兑共饮。名品有布什米尔、约翰·詹姆森等。

③美国威士忌（American Whiskey）。

美国是生产威士忌酒的著名国家之一，也是世界上最大的威士忌酒消费国。美国威士忌酒以优质的水、温和的酒质和带有焦黑橡木桶的香味而著名，尤其是波本威士忌酒更是享誉世界，其名品主要有四玫瑰、老泰勒、桑尼·格兰等。

美国威士忌酒所用的谷物原料与其他各类威士忌酒有所区别，蒸馏出的酒酒精纯度也较低。美国威士忌分为单纯威士忌、混合威士忌和淡质威士忌三大类。

④加拿大威士忌（Canadian Whiskey）。

加拿大生产威士忌酒已有200多年历史，其原料主要是玉米、黑麦、大麦等，酒色棕黄，酒体丰满，酒味淡雅。加拿大威士忌酒在原料、酿造方法及酒体风格等方面与美国威士忌酒比较相似，其著名酒品种类是稞麦(黑麦)威士忌酒和混合威士忌酒。其名品主要有皇冠、施格兰特酿等。

（6）朗姆酒

朗姆酒，也称为兰姆酒、蓝姆酒，原产地古巴，是以甘蔗糖蜜为原料生产的一种蒸馏酒，酒色微黄，口感甜润、芬芳馥郁，具有细致、甜润的口感，朗姆酒分为清淡型和浓烈型两种风格，其代表品牌主要有波多黎各的百加地（Bacardi）、牙买加的摩根船长（Captain Morgan）、美雅士（Myers）等。

（7）特基拉酒

特基拉酒产于墨西哥的特基拉镇，以龙舌兰为原料，经过发酵、蒸馏制成，故又称龙舌兰酒。特基拉酒口味凶烈，香气突出，风格独特，根据有无酿造和酿造时间的不同分为无色特基拉、金色特基拉和特基拉阿涅荷三类。名品有科尔沃、卡米诺、玛丽亚西、海拉杜拉等。

2）发酵酒

（1）葡萄酒

葡萄酒是世界上消费量最大的酒类，是指以鲜葡萄或葡萄汁为原料，经全部或部分发酵酿制而成的低度酒。葡萄酒的著名产地主要有法国、德国、意大利等。

①红葡萄酒。用皮红肉白或皮肉皆红的葡萄经葡萄皮和汁混合发酵而成。一般陈年4~10年的酒，品味正好。陈年10年以上已成熟的酒，酒液呈褐红色；酿制在3年以上，酒质较新、不够成熟的酒呈紫红色。法国波尔多地区生产的红葡萄酒优雅甜润，被称为"葡萄酒女王"。

②白葡萄酒。用白葡萄或皮红肉白的葡萄分离发酵制成。白葡萄酒发酵时间较短，一般2~5年即可饮用。品味上分甜、酸、辣三种，其颜色微黄带绿，近似无色或浅黄。法国勃艮第出产的白葡萄酒清冽爽口，富有气质，被称为"葡萄酒之王"。

③玫瑰葡萄酒。用带色的红葡萄带皮发酵或分离发酵制成，酒色为淡红、桃红、橘红或玫瑰色，其与红葡萄酒的主要区别在于紫葡萄皮和汁在一起浸泡的时间。由于酿制时间较短，只需2~3年，故这类葡萄酒不甜但口感粗烈，在风味上具有新鲜感和明显的果香。

④香槟酒。香槟酒是最具代表性的葡萄汽酒，是由普通的白葡萄酒经过二次发酵获得泡沫装瓶制成的。从开始酿制到装瓶出售，大概需要6~7年的时间，此时，香槟酒的酒液呈琥珀色，气味清新，酒气充足，质量最佳。

（2）啤酒

啤酒是人类最古老的酒精饮料，其起源可以追溯到8 000年前，它是以大麦芽、酒花（又称蛇麻草、啤酒花）和水为主要原料，经酵母发酵酿制而成的饱含二氧化碳的低酒精度酒，酒度一般为2~5度。啤酒商标上标注的"度"不是指啤酒的酒精含量，而是指糖化后的麦汁浓度。啤酒因为富含氨基酸、蛋白质和多种维生素等，营养价值高，被称为"液体面包"，常饮啤酒可以助消化、健脾胃、增食欲，故深受全世界人民喜爱，是世界上产量最多、分布最广的饮料。目前，亚洲已成为全球最大的啤酒生产地。

啤酒按颜色可分为深淡色、浓色和黑色几类；按麦汁浓度可分为低浓度、中浓度和高浓度几类。世界上著名的啤酒有德国慕尼黑啤酒、英国健力士啤酒、丹麦嘉士伯啤酒、美国百威啤酒、荷兰喜力啤酒和中国青岛啤酒等。

（3）黄酒和日本清酒

①黄酒。

黄酒是世界上最古老的酒类之一，源于中国绍兴，由于色泽黄亮而被称为"黄酒"。它是以大米、黍米为原料，用麦曲或小曲作糖化发酵剂制成的酒精含量为14%~20%的低度酿造酒。黄酒色黄透明，口味醇厚鲜美，酒度适中，营养丰富，能健胃明目，有"液体蛋糕"的美誉。

黄酒是我国的民族特产，其用曲制酒、复式发酵酿造方法，堪称世界一绝。我国黄酒产地较广，品种很多，著名的有绍兴加饭酒（花雕酒等）、绍兴状元红（女儿红）、山东即墨老酒、福建龙岩沉缸酒等。

②日本清酒。

清酒是日本的国酒，其借鉴中国黄酒的酿造法，以米、米曲和水发酵而成的一种传统酒类，酒精浓度平均在15%左右。该酒色泽呈淡黄色或无色，清亮透明，芳香宜人，口味醇正，绵柔爽口，其酸、甜、苦、涩、辣诸味谐调，含多种氨基酸、维生素，是营养丰富的饮料酒。最常见的清酒品牌有月桂冠、菊正宗、大关、白鹤、松竹梅等。

3）配制酒

（1）开胃酒

开胃酒又称餐前酒，在餐前喝了能够刺激胃口、增加食欲，主要是以葡萄酒或蒸馏酒为原料加入植物的根、茎、叶、药材、香料等配制而成。

①味美思。又称苦艾酒，以白葡萄酒为基酒加入多种香料制成，酒度在18度左右。味美思按酒中含糖分的多少分为干型和甜型，干型味美思酒度在18度左右，香味精纯微妙，甜型味美思有较强的刺激感，葡萄味较浓。

最好的味美思产品出自法国和意大利，名品有金巴利、乐华里、马天尼（白）、马天尼（红）、仙山露（白）等。

②比特酒。也称必打士，是用葡萄酒或其他蒸馏酒加入植物根茎和药材配制而成，由于酒中带药味和苦味，故又称为苦药酒，酒度为18～45度。名品有金巴利酒、安哥斯特拉等。

（2）甜食酒

甜食酒是在餐后甜点时饮用的酒品。通常以葡萄酒作为酒基，加入食用酒精或白兰地以增加酒精含量，故又称为强化葡萄酒，口味较甜。常见的有波特酒、雪利酒、玛德拉等。

（3）利口酒

利口酒以白兰地、威士忌等蒸馏酒或葡萄酒为基酒，加入果汁和糖浆以及香料植物配制而成，其味道香醇，色彩艳丽柔软，一般用作餐后甜酒或调制鸡尾酒，具有和胃、醒脑等保健作用。名品有咖啡甜酒、君度香橙、薄荷酒等。

（4）鸡尾酒

鸡尾酒是一种以烈酒或是葡萄酒为基酒，再配以各种果汁、苦精、牛奶、咖啡、可可以及其他辅助材料，加以搅拌或摇晃而成的一种混合饮料。作为色、香、味、形、器俱佳的艺术品，鸡尾酒是现代社交场所最受欢迎的混合酒品。一杯鸡尾酒通常由基酒、辅料、装饰物、酒杯和冰块组成。流行的鸡尾酒有黑俄罗斯、血腥玛丽、伏特加汤立、教母、红粉佳人、特基拉日出等。

【小资料：国际饮酒礼仪】

1.选用正确的酒杯

在国际的各种宴请和用餐中，饮用不同的酒应使用不同的酒杯。酒杯的式样与菜肴的色、香、味具有相同的效果。使用不同酒杯可以增加餐饮特色，同时，在国际交际礼仪中也表示对他人的尊重。几乎每种酒都有适合的酒杯：啤酒杯、香槟酒杯、各种葡萄酒杯、白兰地酒杯、威士忌酒杯、甜酒杯、各种鸡尾酒杯等，用错酒杯被认为是不懂基本饮酒礼仪，从而影响个人形象。饮用冷藏的酒应用高脚杯。长柄三角形酒杯是喝鸡尾酒的专用杯。

2.正确摆放酒杯

通常，酒杯常摆在台位右上角。根据西餐用餐程序，先用的酒杯摆在右上角的最下方，后用的酒杯摆在右上角的最上方。中餐的酒具通常摆放在骨盘的正上方。最左边摆放果汁杯，中间摆放葡萄酒杯，右边摆放中国白酒杯。

3.手持酒杯的姿势

在正式宴请场合，饮酒时拿酒杯的姿势非常重要。通常平底杯拿中下部，高脚杯拿杯颈中上部。持杯时应以手指捏住酒杯柄。千万不要用手把持高脚杯的杯子部分，这样会使酒变温热。饮纯白兰地酒时要用手掌接触杯子的底部，利用手掌温度将白兰地酒温热，使酒香挥发出来。饮用红葡萄酒时应用手指轻轻握住杯柄，然后转动杯中的酒液，让酒与空气充分接触。如果手掌接触酒杯，手的温度反而会影响葡萄酒的风味。

4.讲究饮酒礼仪

欧美国家把饮酒作为品酒，讲究饮酒的礼仪和程序。饮酒礼仪包括使用正确的饮酒器皿、在适当的饮酒场合、讲究饮酒程序（包括观酒、尝酒、闻酒，甚至听酒）。

5.讲究饮酒次序

在国际宴请中，饮用两种以上相同的酒，从较低级别酒开始。如果是饮用两种以上葡萄酒，应由味道淡的开始。饮用相同种类的烈性酒，先由年代较近的酒开始，渐至陈年老酒。

6.讲究饮酒道数

按照国际惯例和习惯，比较正式的宴请要饮用3～4道酒。每道酒的概念就像上菜一样，正式的宴请要上好几道菜。因此喝酒按照上菜的顺序，先喝餐前酒，吃主菜时饮用餐酒；吃点心时饮用点心酒；餐后饮用利口酒。一般宴请根据个人爱好和习惯，随意饮用一至二种酒，而且酒的品种可根据个人爱好来选择。根据欧美人的习惯，餐前喝威士忌酒应当放些冰块或矿泉水调淡，但也可将威士忌酒作为餐后酒。

7.品酒礼节

在餐厅用餐，应由男士担任品酒。主宾若是女士，则应请同席的男士代劳。女士适合喝清淡的葡萄酒、啤酒和鸡尾酒，对于不喝酒的人，偶尔喝点清淡酒，可以促进食欲。女士拒绝餐前酒不算失礼，但礼貌上应浅尝一点。

8.斟酒礼节

为他人倒酒时要谨慎，好的葡萄酒有沉淀物，尤其是红葡萄酒。通常红葡萄酒瓶底都有凹下的部分,使沉淀物沉于其间。斟酒时不必端起酒杯。依照餐饮礼节,服务员或他人为自己斟酒时,在没有例外的情况下,不可端起酒杯。按照国际惯例将杯子凑近对方是不礼貌的。

9.控制自己的酒量

根据国际惯例,在商务交往或宴会中,饮酒应控制在自己酒量的1/3,国内商务活动不要过分让酒,国际商务交往中也不要让酒。

10.试酒的礼仪

在餐厅,顾客购买葡萄酒后,服务员会请主宾当面检验葡萄酒标签。检验完毕,当场开酒瓶,然后先斟倒约1/5杯的酒,请主宾品尝。作为主宾应将酒杯对着亮处,观察酒是否清澈,是否有香气,然后饮一口,留在口中,感觉甜香味道,如果满意,点头说:"好"。

11.敬酒的礼仪

按照大多数国家的礼仪,饮酒时只敬不干,也不拼酒、绝不斗酒。敬酒时必须由自己身旁的人开始,女士优先,然后由近而远,直至敬完全桌人为止。喝酒时只以唇部碰酒杯,然后饮下少量的酒,不必大口喝,女士或有其他原因不饮酒可用饮料代替。女士除女主人外,不要主动敬酒。为了感谢主人的邀请,大家一起举杯敬酒并说一些祝贺语。如果距离较远,可以点头,用举杯方式敬酒,不可以隔桌敬酒,宴会时不要大声喧哗、划拳猜拳。

6.1.4 常见非酒精饮料介绍

1)茶

茶是风靡世界的三大无酒精饮料之一。据文字记载,我们祖先在3 000多年前已经开始栽培和利用茶树,茶起源于中国,我国也是世界上最早将茶叶作为饮料的国家。茶中含有多酚类化合物、蛋白质、氨基酸、糖类、维生素等丰富的营养物质,还对人体有一定的保健和治疗作用,使其成为深受人们喜爱的有益饮料。随着我国种茶、饮茶的流行,茶逐渐传到国外,并成为一种国际性的饮品。目前,全世界已经有50多个国家和地区种茶、产茶。

（1）基本茶类

基本茶类也叫初加工茶,是将鲜叶采摘后经过不同的加工方法,制成的不同品质的茶。

①绿茶。又称不发酵茶,是最早出现的茶类,也是目前我国产量最大、饮用人数最多的茶类。干茶色泽和冲泡后的茶汤、叶底以绿色为主调,其特点是汤清叶绿,营养丰富,回味甘甜。著名的茶品有西湖龙井、黄山毛峰、洞庭碧螺春、六安瓜片、崂山绿茶等。

②红茶。属全发酵茶类,是我国第二大茶类,出口量占我国茶叶总产量的50%左右。其干茶色泽和冲泡的茶汤以红色为主调,具有红茶、红汤、红叶和香甜味醇的特征。著名的茶品有祁门红茶、滇红茶、正山小种、宜兴红茶等。

③乌龙茶。属半发酵茶,为我国特有的茶类,主要产于福建、广东、台湾等地,其品质介于绿茶和红茶之间,茶汁呈透明的琥珀色,它既有红茶的甘醇,又有绿茶的鲜爽和花茶的幽香,并有"绿叶红镶边"的美誉,深受消费者的喜爱。

乌龙茶的沏泡极为讲究，品饮乌龙茶不仅可以生津止渴，回味甘鲜，而且是一种艺术享受。著名茶品有大红袍、台湾冻顶乌龙茶、安溪铁观音等。

④白茶。白茶属微发酵茶，为福建特产，是我国茶类中的特殊珍品，因其成品茶多为芽头，满披白毫，如银似雪而得名。白茶最主要的特点是毫色银白，素有"绿妆素裹"之美感。冲泡后汤色浅黄，叶底嫩匀，滋味鲜醇可口，且茶性清凉，具有退热降火之功效。著名茶品有白毫银针、白牡丹、贡眉、寿眉等。

⑤黄茶。黄茶属发酵茶，湖南岳阳为中国黄茶之乡。其品质特点是"黄叶黄汤"，香气清郁。著名茶品有君山银针、蒙顶黄芽、广东大叶青、海马宫茶等。

⑥黑茶。属全发酵茶，生产历史悠久，是我国特有的茶类。由于黑茶的原料比较粗老，制作过程中发酵时间较长，叶片多呈暗褐色，故被称为"黑茶"。黑茶干茶色泽油黑，松烟香气扑鼻，冲泡后汤色橙黄，叶底黄褐，香味醇厚。著名茶品有云南普洱茶、安化黑茶、广西六堡茶等。

（2）再加工茶类

再加工茶类即将基本茶类进行加工，改变茶叶的某些品质特征或形态而形成的茶。

①花茶。花茶，又名香花茶、香片，是我国独特的一个茶叶品类。由基本茶类的茶坯与符合食用要求、具有香气的鲜花为原料，采用窨制工艺制作加工而成。

目前，国内市场销量较大的主要是用茉莉花制成的茉莉花茶，此外，还有玉兰花茶、桂花花茶、珠兰花茶等。花茶香味浓郁，茶汤色深，集茶味与花香于一体，既保持了浓郁爽口的茶味，具有茶的功效，又有鲜灵芬芳的花香，具有良好的药理作用，裨益人体健康。冲泡品吸，花香袭人，甘芳满口，令人心旷神怡。

②紧压茶。紧压茶是将黑茶、青茶、乌龙茶等为原料，经过渥堆、蒸、压等过程加工成不同形状的茶类品种。根据堆积、做色方式不同，分为"湿坯堆积做色""干坯堆积做色""成茶堆积做色"等亚类。我国紧压茶产区，主要集中在湖南、湖北、四川、云南、贵州等省。紧压茶的多数品种比较粗老，干茶色泽黑褐，汤色橙黄或橙红，其特点是防潮性能好，便于运输和贮藏，茶味醇厚，适合减肥。

目前，我国生产的紧压茶大多为砖茶。由于砖茶甚为紧实，在用开水冲茶时，应先将成块的茶叶打碎并用烹煮的方法才能使茶汁浸出，烹煮时，大多加有作料，采用调饮方式喝茶。紧压茶名品主要有重庆沱茶、普洱茶、湖南茯砖茶、湖北青砖茶等。

【知识拓展：不同地区紧压茶喝法】

藏族：习惯于将紧压茶调制成酥油茶饮用，唯对紧压茶的爱好有所不同，拉萨一带爱喝四川的康砖和云南的紧压茶，昌都地区则爱喝四川的金尖。他们调制酥油茶时，先将砖茶捣碎，放在锅内煮沸，滤出茶汁，倒入先放有酥油和食盐的打茶桶内，再用一个特制的搅拌工具插入茶桶，不断搅拌，使茶汁、酥油、食盐混合成白色浆汁，然后倾入茶碗，就可饮用。牧民在外出放牧时，也有的把砖茶捣碎放入一只小土陶罐内，加入清水、食油和奶子煮沸，再用竹棒不断搅拌，使之相互混合，然后倒出饮用。这种茶，藏族称其为奶茶。在平时，亦有一些藏族家庭采用比较简单的饮用方法——只是将砖茶捣碎，放上清水，加些食盐，而后煮沸10多分钟，再慢慢搅拌几下，待茶汁充分浸出后，即可倒入茶碗饮用。这种茶，藏族同胞称其为盐茶。不过，逢年过节，藏民一定要调制酥油茶，美美地喝上一顿。

蒙古族：蒙古族牧民爱喝紧压茶，不过，锡林郭勒盟和鄂尔多斯的牧民大多爱喝青砖茶，乌兰察布盟、巴彦淖尔盟的牧民以及呼和浩特一带的回民，最爱喝黑砖茶。虽然内蒙古各地喝紧压茶的方法略有不同，但大多数牧民共同的饮用方法是：先将砖茶劈开砸碎，然后抓一把放入铝茶壶内，然后加上清水煮开，然后加入奶子和食盐，经少许搅拌，即成为咸奶茶，供一日早、中、晚三次饮用。

新疆：维吾尔族主要饮用的是茯砖茶。不过，南疆地区的做法是将茯砖茶打碎，投入长颈铜茶壶内，再加入少许研细的桂皮、丁香、胡椒等作料调味，而后加上适量清水煮沸，调成香茶，与一日三餐共饮；北疆地区的做法是将茯砖茶打碎，投入铁锅，加清水适量，煮沸后再加入鲜奶或奶疙瘩以及少量食盐，调制成奶子茶饮用。哈萨克族、柯尔克孜族、乌孜别克族等同胞习惯于喝米砖茶，其做法是先将米砖茶打碎，投入壶中，加入清水，在火炉上烹煮成浓茶汁，然后将浓茶汁注入茶碗，加上少许食盐和适量奶皮子，最后冲上刚烧沸的开水，使之成为咸香可口的奶茶，即可饮用。有时，他们也喝不加食盐和奶皮子而放方糖的甜茶。回族兄弟主要饮用茯砖茶，也有喜欢喝黑砖茶的。方法是将砖茶捣碎成小块，放入壶中，加入清水，煮沸3~5分钟，即可饮用。这种茶，回族兄弟称其为喝清茶。不过，也有喜欢喝奶茶的。如果是喝奶茶，只要将上述已煮开的清茶，注入已煮好的牛奶中，再加些食盐就成了。

2）咖啡

咖啡在希腊语中是"力量与热情"的意思，是采用经过烘焙的咖啡豆制作的饮料，原产地在埃塞俄比亚，它与茶、可可并称为"世界三大饮料"。咖啡营养价值较高，含有蛋白质、脂肪、咖啡因、糖分、纤维素、无机盐及多种维生素及对人体有益的成分，其味苦，具特异香味，能帮助消化和振奋精神，是世界人民喜爱的一种传统饮料，也是人类社会流行范围最为广泛的饮料之一。咖啡通常为热饮（也有作为冷饮的冰咖啡）。目前，世界咖啡产量居第一位的是巴西，其次是哥伦比亚。我国的云南、海南、广东、广西、福建等地区也有栽植。咖啡著名的品种主要有：

①蓝山咖啡。著名的咖啡都用出产地来描述其特征，因为气候和土质会给咖啡口味带来细微的变化。牙买加蓝山岛炎热的气候、充足的降水和高海拔完美地结合在一起，使蓝山咖啡有着所有好咖啡的特点，成为咖啡中之极品。它的味道醇厚、顺滑，咖啡的酸、甘、苦三种口味搭配完美，喝起来非常香醇精致，具有贵族的品位。蓝山咖啡有三个等级，即蓝山咖啡、高山咖啡和牙买加咖啡，通常情况下种植在海拔457~1 524米的咖啡才被称为蓝山咖啡。在价格上蓝山咖啡要比高山咖啡高出数倍。

②曼特宁咖啡。曼特宁咖啡是苏门答腊最具代表性的咖啡，也称为咖啡中的绅士。它生长在海拔750~1 500米高原山地的上，适合深度烘培，气味香醇，酸度适中，甜味丰富，

是印度尼西亚生产的咖啡中品质最好的一种咖啡。曼特宁咖啡是调配混合咖啡不可缺少的品种，咖啡爱好者多喜爱单品饮用。

③维也纳咖啡。维也纳咖啡是奥地利最著名的咖啡，以浓浓的鲜奶油和巧克力的甜美风味迷倒全球人士。维也纳咖啡有着独特的喝法，是享受杯中三段式的快乐：首先是冰凉的奶油，柔和爽口；然后是浓香的咖啡，润滑却微苦；最后是甜蜜的糖浆。三种不同的口感，带给饮用者发现宝藏般的惊喜。维也纳咖啡是慵懒的周末或是闲适的午后最好的伴侣。

④摩卡咖啡。摩卡咖啡起源于阿拉伯半岛也门的红海海边小镇摩卡。摩卡咖啡酸醇味强、甘性特佳、风味独特，含有巧克力的味道，是极具特色的一种纯品咖啡，一般作单品饮用。

欧洲人非常喜欢摩卡咖啡，并一直将其作为一种消耗性的奢侈品。

⑤哥伦比亚咖啡。产地为哥伦比亚，这是继巴西后的第二大咖啡生产国，也是世界上最大的阿拉比卡咖啡豆出口国和世界上最大的水洗咖啡豆出口国。在所有的咖啡中，它的均衡度最好，口感绵软、柔滑，可以随时饮用，被誉为"绿色的金子"。哥伦比亚咖啡是少数以自己名字在世界上出售的单品咖啡之一。其咖啡等级有定级、优秀、极品三种。烘焙后的咖啡豆会释放出甘甜的香味，具有酸中带甘、苦味中平的良质特性，因为浓度合宜，品质稳定，是调配混合咖啡的上品。

⑥巴西咖啡。泛指产于巴西的咖啡。巴西是世界上最大的咖啡消费国，其中最出名的就是山多斯咖啡，其口感香醇、中性，适合用大众化的方法冲泡，是制作意大利浓缩咖啡和各种花式咖啡的最好原料。

⑦危地马拉咖啡。墨西哥东南的危地马拉是世界上最著名的优质咖啡生产地之一。肥沃的火山岩土壤造就了举世闻名的口感，柔和、香醇，略带热带水果丰富的滋味，完美协调，加上一丝丝烟熏味，最适合用来调配混合咖啡。许多咖啡专家评论危地马拉咖啡是中南美洲咖啡中最佳的品种。

⑧乞力马扎罗咖啡。产于坦桑尼亚的乞力马扎罗咖啡是一种口味香浓、不带酸味的咖啡品种。对于喜爱异国风味口感的咖啡雅客，乞力马扎罗咖啡的香味与口感可令你感受到多重奏口感，沸腾你的味觉。

3）可可

可可是英文"Cacao"的音译，世界三大饮料植物之一。原产于南美洲亚马孙河上游的热带雨林，主要分布在赤道南北纬10°以内的较狭窄地带。可可的主产国为加纳、巴西、尼日利亚、科特迪瓦、厄瓜多尔、多米尼加和马来西亚，非洲是世界最大的可可生产区。主要消费国是美国、德国、俄罗斯、英国、法国、日本和中国。1922年，我国台湾地区引种试种成功，中国大陆现主要种植地在海南。

可可营养丰富，味醇且香，是富有营养价值的饮料之一，其丰富的脂肪、蛋白质、淀粉、维生素、咖啡因、酚类、类黄酮、木质素等，能预防癌、心脏病及其他疾病，提高肠胃内部良性细菌的活力，还能够刺激胃肠蠕动，加强吸收。可可饮品可扩大人体血管、改善肾脏作用，并能降低血压。

目前，市场上销售的可可饮品主要有雀巢美禄、高乐高、吉百利等。

4）乳品饮料

以鲜乳或乳制品为原料，经发酵或未经发酵加工制成的制品，可分为纯乳饮料和含乳饮料两类。目前，市面上主要的乳品饮料有：

①纯鲜牛奶。牛奶，是最古老的天然饮料之一，牛奶的营养成分很高，矿物质种类也非常丰富，并且是人体钙的最佳来源，而且钙磷比例非常适当，利于钙的吸收。目前食用最普遍的是全脂、低脂及脱脂牛奶。

②酸奶。酸奶是以新鲜的牛奶为原料，经过巴氏杀菌后再向牛奶中添加发酵剂发酵后，再冷却灌装的一种牛奶制品。酸奶不但保留了牛奶的所有优点，而且因其含有乳酸成分而带有柔和酸味，可帮助人体更好地消化吸收奶中的营养成分。因此，酸奶成为更加适合于人类的营养保健品。目前市场上酸奶制品以凝固型、搅拌型和添加各种果汁果酱等辅料的果味型为多。

③冰淇淋。又称雪糕、奶糕、豆糕和炒冰块等，是以饮用水、牛奶、奶粉、奶油（或植物油脂）、食糖等为主要原料，加入适量食品添加剂，经冷冻加工而成的夏令饮品，其口感细腻、柔滑、清凉，营养成分为牛奶的2.8～3倍，对人体有一定的保健作用。

④含乳饮料。含乳饮料是一种常见的营养型饮料，这种饮料的配料中除了牛奶以外，一般还有水、甜味剂、果味剂等。它分为两类：一类是发酵型的含乳饮料，其配料中除牛奶外，还加入对人体有益的乳酸菌发酵；另一类是配制型含乳饮料，以牛奶为原料加入水、糖、酸味剂等调配而成。因为含乳饮料不是纯奶做的，其蛋白质等营养成分只相当于鲜牛奶的1/3左右，所以其营养价值不能与纯牛奶相提并论。

5）果（蔬）汁饮料

以水果或蔬菜为原料，经过清洗、挑选后，采用机械加工得到的汁液，称为果蔬汁。以果蔬汁为基料，加入糖、水或香料等调制而成的产品，称为果蔬汁饮料。由于具有健康概念，消费者将果蔬汁饮料称为含乳饮料、新世纪饮料，是近20年来果蔬加工业中发展最快、最有潜力的一个行业。

①原果汁。又叫100%果汁，用新鲜水果榨取而成，有天然果品的香气、滋味和营养。一般有两种：一是现榨果汁，用新鲜水果放入榨汁机中现榨而成，保鲜时间为24小时；二是瓶装果汁，开瓶即食，但需冷藏，开瓶后保存时间一般为3～5天。

②浓缩果汁。在原果汁的基础上用物理方法除去水分，饮用时要添加适量水进行稀释。浓缩果汁是调酒的原材料之一，开瓶（罐）后的保存期为10～15天。

③果汁饮料。是指在果汁或浓缩果汁中加入水、糖、酸味剂等调制而成的制品，其成品中果汁含量一般不低于10%，是目前市场上比较常见的品种。

④蔬菜汁。将一种或多种新鲜蔬菜汁或冷藏蔬菜汁发酵后，加入食盐或糖等配料，经脱气、均质及杀菌后所得的饮品。蔬菜汁进入人体消化系统后，能清除体内堆积的毒素和

废物，使血液呈碱性，把积存在细胞中的毒素溶解并排出体外，有益人体健康。常见的有黄瓜汁、胡萝卜汁、芦荟汁、西红柿汁等蔬菜汁。

6）碳酸饮料

碳酸饮料是在液体饮料中充入二氧化碳做成的，又称为汽水。其主要成分为糖、色素、香料等，除热量外，几乎没有任何营养。碳酸饮料的最主要成分是水，饮用后可补充身体因运动和进行生命活动所消耗掉的水分和部分糖、矿物质，对维持体内的水液电解质平衡有一定作用。在炎热的夏季，具有排出体内热气、消暑解热的功能，由于口感甜美，也是在餐桌上的必备之品。

碳酸饮料按其原料不同可分为果汁型、果味型、可乐型、低热量型、其他型等。常见的如可乐、雪碧、芬达、七喜、美年达、脉动。

7）矿泉水

矿泉水是从地下深处自然涌出的，含有一定量矿物成分、无机盐类、微量元素或二氧化碳气体的地下水。在通常情况下，其化学成分、流量、水温等动态在天然波动范围内相对稳定。矿泉水从口味上主要分为微咸、微甜、无味几种。从矿物质含量上主要可分为偏硅酸矿泉水、锶矿泉水、锌矿泉水、锂矿泉水、硒矿泉水、溴矿泉水、碘矿泉水、碳酸矿泉水、盐类矿泉水等。意大利和法国是世界上最大的瓶装矿泉水生产国和消费国。矿泉水著名品牌主要有法国维希矿泉水、依云矿泉水、法国维特尔矿泉水、中国崂山矿泉水等。

【实训项目】

项目名称

酒水认知调研。

项目内容

正确认知酒精饮料和非酒精饮料。

项目要求

能正确认知和把握酒水饮料的基本信息。

项目流程

①指定一家大型超市。

②将学生分为小组，分别了解：

a.酒精饮料种类及主要品名（5种以上，并能正确归类）。

b.非酒精饮料种类及主要品名（5种以上，并能正确归类）。

c.各小组对选定的任意一款酒水饮料进行详细信息了解，准备与其他小组分享。

③完成小组调研报告。

④小组信息分享。

任务6.2　酒吧服务

　　酒吧是饭店餐饮部的一个重要组成部分，其销售单位小，成本低，利润高，目前越来越受到行业人士的重视。在酒吧的产品中，有形的酒水食品只占30%的份额，70%主要是无形的"服务"，因此，酒吧经营的成功与否，与酒吧的服务水平直接相关。一般来说，热情、周到、规范的服务能使顾客在酒吧消费中得到满足，感到物有所值，乐于光顾，愿意再次光顾成为酒吧的忠诚顾客，也使酒吧在激烈的市场竞争下，永远焕发青春活力并具有存在的价值和意义。

6.2.1　酒吧服务项目设置

1）酒吧服务的概念

　　《牛津词典》将服务解释为一种济人或助人的行为，是友善友好的具体表现，是关心他人利益的行为。它一般是指以有形的物质作为依托，通过人的肢体动作或语言而带给宾客的心理感受。酒吧向顾客销售的酒水是物，而这些物又必须通过服务人员的一系列服务行为，才能实现顾客享受酒水的目的。作为服务来讲，其宗旨就是"最大限度地满足顾客的需求"。

2）酒吧服务质量

　　酒吧服务质量是指酒吧提供的实物产品和服务在使用价值上适合并满足宾客需要的程度。就酒吧服务而言，它包含了有形的服务设施和无形的服务两个方面，而顾客在酒吧消费中所获得的满足程度可以通过如下质量要素来衡量。

　　（1）酒吧的设备设施质量

　　酒吧服务设施、设备直接影响酒吧的服务规格和宾客的消费需求。酒吧硬件的完好程度，安全程度，舒适程度和方便程度以及与酒吧的档次、规模、规格的吻合程度，以及服务员的友好、好客和相助都直接影响到宾客的消费需求。

　　（2）酒吧的实物产品质量

　　酒水，是酒吧提供的有形产品，也是酒吧向宾客提供优质服务的基础，客人也主要是通过对酒品质量的享用来感受服务的。因此，酒水质量的好坏，外观颜色、内在质量与价格之间的吻合程度，都影响着消费者的感受。调酒师应善于根据宾客的口味和喜好，按照不同的季节，提供多样化的饮品，做到色、香、味、形、器俱佳。

　　（3）酒吧服务的环境质量

　　自然环境和人际环境是酒吧优质服务的组成部分，酒吧一定要以环境和气氛赢得客源市场的青睐。当人们在高雅、温度适当、美观有序、设备设施齐全的环境中时，会产生愉悦舒适的感觉并认为服务质量好，从而延缓宾客在酒吧的消费时间，对酒吧的收入有着最为直接的影响。

（4）酒吧服务项目设置

在酒吧中，人们对精神方面的需求远大于物质方面的需求。因此，在符合国家政策和法律的范围之内，酒吧服务项目的设置要尽可能满足、适应宾客的消费与享乐需要，同时注重实效。

6.2.2　酒吧服务程序

良好的服务工作秩序来源于服务工作的程序化。为保证良好的服务标准和质量，防止不必要的事故和差错，通常将酒吧服务按工作顺序分为以下三个环节。

1）营业前的准备工作

营业前的准备工作俗称为"开吧"，是酒吧从业人员一天工作的开始。主要有酒吧内清洁工作、领货、酒水补充、酒吧摆设和调酒准备工作等。

（1）清洁工作

①酒吧台与工作台的清洁。

②冷藏箱（柜）清洁。

③地面清洁。

④酒瓶与罐装饮料表面清洁。

⑤酒具清洁。

⑥其他区域清洁。

（2）领料工作

按酒吧规定程序和标准领取酒水及用品，达到酒吧需要的数量。每天按需用量填写领料单，在酒吧经理签字后，交保管员取酒发货。

对酒吧服务用具（如点酒单、杯垫、吸管和装饰物等）一般每周1~2次，按规定领用手续进行领用。

（3）补充酒水

将领回来的酒水进行分类并用先用先取的原则放置在合理的位置，对需要冷藏的酒水如白葡萄酒、啤酒、果汁等放进冷柜内。酒水补充完毕后应启动制冰机以保障在营业期有足够的冰块供应。

（4）酒水记录

在设立的酒水记录簿上进行登记，记录酒吧每日的存货、领用酒水、售出数量、结存的具体数字。

（5）原材料准备

将大多数鸡尾酒所用的辅助原料提前制作妥当，如装饰品、调味品、冰块、果汁、咖啡等都要按照质量标准准备充足。

最后，仔细检查各类电器、灯光、空调、音响及家具后，以饱满的热情等待顾客光临。

2）营业中的服务工作

①迎客服务。客人来到酒吧，迎宾员应主动微笑问候，使用如"您好""欢迎光临""晚上好" 等问候用语，问清顾客人数后引领到合适的吧椅就座。引领时，应遵从客人喜好和意愿，不可强行安排座位。拉椅让座后，将打开的酒单双手递上，请客人选择，若客人在谈话，应向客人说"对不起，打扰您了，这是给您的酒水单"。

②点酒服务。服务员或调酒师在递上酒单片刻后可向客人征询是否点酒水，此时可在了解客人的喜好和选择基础上对酒水品种和特点进行适当的介绍和推荐，并认真耐心解答客人提出的问题。客人确定酒水后，服务员应认真准确记录顾客所点的酒水，并清楚地写上日期、经手人、酒水品种、数量、客人的特征或位置及客人所提的特别要求，点酒完毕后复述以得到客人确认。客人确认后，服务员应将三联单一联留底，其余二联及时送吧台和收银台。

③调制饮料。调酒师在接到酒单后应按订单要求准确迅速地及时调制。1分钟内完成一般的果汁、汽水、矿泉水、啤酒制作；1分钟至2分钟完成混合饮料制作；2分钟至4分钟完成鸡尾酒制作。若多名客人同时点酒水，应先一一答应下来，并按客人先后次序进行调制，不能不理睬客人只顾自己做。

④酒水服务。递送酒水时，服务员用托盘将酒水从客人右侧送上。上酒时，先放好杯垫，再上酒，并说，"这是您的××，请慢用"。对点了整瓶酒的客人，要按照示瓶、开瓶、试酒的服务程序服务。

⑤环境整理。营业过程中，服务员和调酒师要经常清理工作台面和自己的服务区域，及时撤走桌面的空杯、空瓶，台面要经常用湿毛巾抹，不能留有脏水痕迹，并按规定要求撤换烟缸。注意观察台面，看到客人酒水要喝完了时要主动进行询问，适时进行推销，以提高酒吧营业收入，对饮酒过量的客人也应适当劝阻。若客人喝茶，要及时添加开水。

⑥结账送客。客人要求结账，调酒员或服务员要立即检查账单，核对酒水数量品种有无遗漏，并按规范进行结账服务。客人起身离座，服务员应上前拉椅，提醒客人带齐随身物品，诚恳致谢，微笑着目送客人离去。

3）营业结束工作

①清理酒吧。客人全部离去后，服务员才能开始收拾酒吧。清洁整理时，先将脏酒杯收集起来送清洁间清洗、消毒；陈列的酒水要小心取下放入酒柜中；水果饰品等要放到冰箱中用保鲜膜封好保鲜；开罐的汽水饮料等要全部处理掉；将工作台和水池等清洗一遍；将垃圾倒掉；开窗通风以除掉烟味和酒味。

②清点酒水。在营业即将结束时，调酒师就可开始清点酒水饮料。把当天所销售的酒水按第二联供应单数目及酒吧现存的酒水数量填写到酒水记录簿上。对许多贵重的酒水，在统计时应精确到份。

③填制表单。酒吧工作日报表的主要内容包含的项目有：当日营业额、客人人数、平均消费、特别事件和突发事件及其处理情况。一定要认真如实地填写日报表，以便上级抽查。

④检查。仔细将酒吧检查一遍，确认无火灾隐患；关闭除冷藏柜以外的所有电器；锁好门窗；最后，将当日填制的表单交酒水办公室，方可下班离去。

4）酒吧服务注意事项

①随时检查酒水、配料。注意检查酒水原料是否符合卫生质量要求，如发现变质应及时处理。

②按标准配方调制。所有调酒用的基酒和辅料都需用量杯，严格控制酒水成本。

③不可催促客人。对客人的点酒、饮酒，任何时候都不能流露出不耐烦的表情。调酒师可适当陪单个客人聊天，但应注意不能影响工作。

④出现问题时灵活处理。认真聆听并处理客人的投诉，客人对某种酒水不满，应设法补救。遇醉酒客人，在结账时应特别注意，最好请其同伴协助。

⑤规范操作程序。将进口烈性酒瓶单独收集存放，其他需回收的酒瓶可收入指定的盒、箱之中。填写交接班记录时，应把有关内容填写清楚，并注明完成的时间。

⑥热情服务。记住常客的姓名及饮酒爱好，主动、热情地为其提供满意的服务。

6.2.3 酒水服务

1）无酒精饮料服务

无酒精饮料主要为冷饮服务和热饮服务两种。

冷饮服务的所有品种都须冷藏，使用的杯子也应采取降温措施。将宾客所点饮料从冷藏柜中取出，当着客人面打开。先在台面上放一个干净的杯垫，将饮料杯放在杯垫上，然后将饮料倒入杯内。如还有剩余，应再取一杯垫放在饮料杯的右侧，将饮料瓶、罐放在上面。

在矿泉水服务中，其最佳饮用温度为4 ℃。所有冷饮在未得到客人同意前，不要在水中加入冰块和柠檬片。

热饮服务主要是咖啡和茶。应注意热饮的温度绝不能是温的。服务时应问清客人需求并进行确认。

进行咖啡服务时，应配上底碟和咖啡匙，右手持咖啡杯或咖啡壶，按先女士、客人，后主人的顺序顺时针方向为客人倒2/3杯，注意倒咖啡时，不可将咖啡杯从桌面拿起。咖啡壶放在客人右手边，壶嘴朝外，不可对着客人，并注意从右边服务，杯柄朝右。红茶服务与咖啡相似。

进行茶水服务时，应等客人入座后，遵循先长后幼，先客后主的服务顺序进行斟倒。茶水应以七八分满为好，有些地方也有倒五分的，可顺应当地习俗。倒茶水时，应用右手拿壶把，左手轻按壶盖（左手有托盘例外）或右手拿壶把，左手托壶从客人右边斟倒。倒茶水时，要用话语提醒客人，以免烫着客人。斟好茶应礼貌说一声"请用茶"并可辅以适当手势。

当杯中只剩三分之一饮料时，应为宾客添加饮料或征询宾客是否需要第二杯饮料。注意将空瓶或空罐及时撤下台面。

2）啤酒服务

啤酒最佳饮用温度为4~7 ℃，饮用前一般要进行低温处理。为便于在宾客点酒时进行介绍，服务员应熟练掌握各种啤酒知识和饮用的特殊要求。宾客点酒后，重复宾客所点啤酒的品名，以确保无误。啤酒可不斟满，酒液占2/3或1/2，泡沫占1/3或1/2为佳。未倒完的啤酒瓶摆放在宾客的右手侧，置于杯垫之上，商标朝向宾客。在宾客的饮用过程中，注意随时为其添加啤酒。当瓶中的啤酒仅剩1/3时，应主动询问宾客是否需要再添加一瓶，并及时将空啤酒瓶撤下台面。

3）蒸馏酒服务

①白兰地。主要用作餐后酒，饮用温度为室温或冰镇。冰镇时，可将两三块冰加入白兰地酒杯中，再将白兰地酒淋洒到冰块之上。白兰地，尤其是高档白兰地，享用的最好方法是净饮，其倒入杯中的量以28 mL（1盎司）为宜。

②威士忌。威士忌的服务用杯是6~8oz(盎司)古典杯，标准用量为每份40 ml。威士忌主要有加冰、净饮、加水几种饮法，其中，加冰、加水使用古典杯，净饮时使用威士忌酒杯。酒杯要求洁净，无破损，无水渍、污渍。

③金酒。标准用量为每份25 mL。可用作餐前或餐后酒。饮用时稍加冰镇，使用古典杯，净饮时常使用烈性酒杯。

④伏特加。标准用量为每份40 mL。常作为佐餐酒或餐后酒，可选用利口杯或古典杯。单饮时可备一杯凉水。

⑤朗姆酒。标准用量为每份40 mL。可作为开胃酒或餐后酒。常作为鸡尾酒的基酒，也可以净饮。

⑥特基拉酒。标准用量为每份40 mL。常用于净饮，净饮时需搭配盐和柠檬片，选用烈性酒杯。

⑦雪利酒、砵酒。标准用量为每份56 mL。要求低于室温或常温饮用，采用雪利酒杯。

⑧中国白酒。中国白酒常以整瓶销售，服务人员在为客人斟酒时，要先征得宾客的同意，然后再按照规格和操作程序为客人斟倒。

注意：在宾客点酒5分钟内必须服务到宾客面前，服务操作时应从客人右手边奉上，斟酒时先女后男。注意服务卫生，拿杯时习惯拿下端，使用的杯具应是洁净、无破损、无水渍、污渍的。

4）葡萄酒服务

每一种葡萄酒都有自己不同的色调，如果可能，可选择与酒的颜色适宜的桌布。最好每种葡萄酒使用单一对应的酒杯，以免破坏酒品本身的香味。

对要保持低温的酒，从冰桶取出后，要用餐巾将瓶身外侧水渍擦拭掉，然后用餐巾裹住瓶身倒酒，以避免手温使酒升温。

给宾客斟酒前，应先向点酒的客人酒杯中斟倒五分之一杯的酒液请其品酒，服务员征询其意见后，才可以为其他宾客斟倒酒水。斟酒时，用右手持酒瓶，从宾客的右侧按顺时针方向依次服务。注意遵循先宾后主、先女后男的顺序，同时要始终将商标朝向客人，每斟完一杯酒，须将酒瓶按顺时针方向轻轻旋转一下，避免瓶口的残留酒液滴落在台面或宾客身上。斟酒时多以杯容量的2/3为宜（白葡萄酒一般斟倒至酒杯的2/3处，红葡萄酒一般斟倒至酒杯的1/3处），当为所有的宾客斟倒完酒水后，应将酒瓶放在冰桶中或酒篮里，注意瓶口方向不能指向客人。当瓶中的酒液只剩下一杯左右时，可及时征询宾客意见，是否再取酒备用。

6.2.4　酒的品饮

酒的真正风韵和滋味只有在轻闻细品中才能体味得到。品酒的妙处，不仅能让人享受酒的色、香、味作用于人的感官留下的综合印象，也能调节心情，使心情舒畅。

1）白酒的品饮

一般在室温下饮用，若稍稍加温后饮用，口味较为柔和，香气也更浓郁些。品饮时，先举杯轻闻，让幽雅的酒香进入腔腑，然后，轻啜一小口（2 mL），让它先落在舌尖上停1~2秒，再把舌头轻轻触颚，让酒液渗润全舌，并转几回，酒之醇厚爽滑就弥漫于口腔，既不冲又不辣，酒体协调干净，真是别有一番滋味。最后，把口腔中的余酒慢慢咽入喉中，你会感到酒的顺口顺喉，一脉而下，过一阵，又从喉内回出一种芳香，这叫"入如一脉，出如一线"。

2）黄酒的品饮

传统黄酒的饮法是要适当加温后饮用，但加温时间不宜太长，温度以45~50 ℃为宜，特点是酒香浓郁，酒味柔和。还有一种方法是在常温下饮用。在中国香港和日本，流行加冰后饮用。即在玻璃杯中加入一些冰块，注入少量的黄酒，最后加水稀释饮用。有的也可放一片柠檬在杯内。

3）葡萄酒的品饮

葡萄酒一般是在餐桌上饮用，故常称为佐餐酒。葡萄酒气味和口感的变化最大，种类最多，也最为复杂。在上葡萄酒时，如有多种葡萄酒，关于哪种酒先上，哪种酒后上，有以下几条国际通用规则：先上白葡萄酒，后上红葡萄酒；先上新酒，后上陈酒；先上淡酒，后上醇酒；先上干酒，后上甜酒。

品饮时，还要注意每种葡萄酒的最佳饮用温度不同，如甜葡萄酒、香槟和汽酒为6 ℃，干型白葡萄酒如鹤玫瑰红葡萄酒为8~12 ℃，清淡红葡萄酒为12~14 ℃，味道馥郁丰厚的红葡萄酒为15~18 ℃，达到葡萄酒冷冻温度的最佳方式是将葡萄酒放入装有冰块和冰水的冰桶中。饮用时，先举杯观色，红葡萄酒的颜色从粉红到近似黑色不等，陈酿时间越长，越有光泽；白葡萄酒的颜色一般从无色透明到深金色，大部分是淡麦秆黄色，陈酿时间越长颜色越深。其次要嗅闻酒中的果香、酒香及其他气息。葡萄酒应既有美丽的色泽，又有雅致的果香，最后才是呷一口慢慢感受酒的味道再徐徐咽下，使酒香流于口腔，带来丰富的味觉享受。

4）白兰地品饮

白兰地既可作餐后酒，又可作开胃酒，还可作为酒吧休闲饮品。饮用白兰地，除了有益于人的身体健康外，还可以给人带来一种高雅的享受。由于原料(葡萄品种或水果种类)及酿制工艺的不同，白兰地所呈现的香气和风格也不尽相同。在品饮时应"观其色、闻其香、品其味"。

观其色：白兰地杯的玻璃应该是纯净的石英玻璃，透明度要高，端起酒杯，齐眉观赏，上乘白兰地的酒色应呈金黄色，既灿烂又不娇艳。

闻其香：郁金香型白兰地杯，杯口窄小，会使白兰地的香气萦绕不散，较长时间留在杯内。将酒杯放在鼻下深吸，优质白兰地的味道是丰富而有层次的，其香味经久不散。将酒杯捧在手中，让手掌充分接触杯体，手掌的温度可以给杯内的白兰地加温，增加香味的挥发。同一杯白兰地，不加温或用手掌加温饮用，感觉是不一样的。

品其味：先喝一小口，让味蕾感受酒的味道，然后沿着舌尖经过整个舌头进入喉咙，以使酒的风味充满整个口腔和鼻腔，让酒香流于口腔，久久不散，带来丰富的味觉享受。

白兰地的饮用有多种方法。可以依照个人饮用习惯兑加任何饮品共饮，如"净饮"、加冰块、矿泉水、雪碧等各种饮料或加茶水。现在新兴的一种饮法是兑茶饮用，即在冬天的严寒季节，兑热茶饮用；在夏季则兑冰茶饮用，把乌龙茶或龙井茶酽得浓浓的，使茶水的颜色和金奖白兰地的颜色基本一致，然后放入冰箱冷藏一段时间，使颜色相融，令人赏心悦目。

5）啤酒的品饮

啤酒是一种低酒度的饮料酒，能开胃、生津、止渴，其饮用不分季节。啤酒适宜低温饮用，其最佳饮用温度为4~7 ℃，有的甚至在5 ℃左右。如果喝黑啤酒，温度则更低些。适宜的温度可以使啤酒的各种成分协调平衡，给人以最佳口感。

泡沫是啤酒的一个质量指标，优质的啤酒倒入洁净的杯中会立即产生泡沫。啤酒中的泡沫以洁白、细腻、持久、挂杯为好，一般从斟酒时泡沫头形成到消失，持续的时间不应少于三分钟。

啤酒宜单独饮用，可以佐用各种食物，但忌同时吃海鲜和腌腊食品。

【实训项目】

项目名称

酒吧营业服务操作程序。

项目内容

了解酒吧营业服务的程序和标准，为客人提供优质服务。

项目要求

能按规范操作程序和标准进行酒吧服务。

项目流程

（1）迎宾服务

①客人到来后，主动引领客人到合适位置，拉椅让座。

②递上酒单，打开第一页双手递给客人，请客人点酒并作适当介绍。

（2）点酒服务

①请客人点酒水并作适当介绍。

②按女士优先原则或客人意愿开始为客人开单。

③开单后进行复述，询问是否需要小吃或其他饮料。

（3）调酒服务

①明确客人所点酒水的名称，备好酒水、冰块、装饰物等用料。

②准备合适酒杯，按配方要求步骤调酒，注意卫生和规范。

③调酒师应面向客人，酒瓶商标朝向客人。

④调酒动作娴熟优美。

（4）递送酒水

①用托盘将调好的酒水从客人右侧送到桌上，注意手不触及杯口。

②若客人还点了其他小吃等，可一并送上。

（5）席间服务

①注意为客人续添酒水。

②随时撤掉空瓶及酒杯等，保持环境整洁。

③巡视酒吧，发现客人需求后，主动提供服务。

（6）结账送客

①客人要求结账，迅速送来账单。

②将账单簿或账单夹打开从右侧递给做东客人。

③根据客人付账方式（现金、信用卡、签单）不同请客人当面点清或签字确认。

④礼貌送客，欢迎客人再次光临。

【复习与思考】

一、简答题

1.什么是酒精饮料？什么是非酒精饮料？

2.酒精饮料如何分类？试举例说明。

3.茶有哪些种类？试举例说明。

4.酒吧服务质量通过哪些要素来衡量？

5.白兰地如何品饮？

二、案例分析：全世界最著名的矿泉水

气派豪华、灯红酒绿的中餐厅里，顾客熙熙攘攘，服务员小姐在餐桌之间穿梭忙碌。一群客人走进餐厅，引座员立即迎上前去，把客人引到一张空餐桌前，让客人各自入座，正好10位坐满一桌。

　　服务员小方及时上前给客人一一上茶。客人中一位像是主人的先生拿起一份菜单仔细翻阅起来。小方上完茶后，便站在那位先生的旁边，一手拿小本子，一手握圆珠笔，面含微笑地静静等候他点菜。那位先生先点了几个冷盘，接着有点犹豫起来，似乎不知点哪道菜好，停顿了一会儿，便对小方说："小姐，请问你们这儿有些什么好的海鲜菜肴？""这……"小方一时答不上来，"这就难说了，本餐厅海鲜菜肴品种倒是不少，但不同的海鲜菜档次不同，价格也不同，再说不同的客人口味也各不相同，所以很难说哪个海鲜菜特别好。反正菜单上都有，您还是看菜单自己挑吧。"小方一番话说得似乎头头是道，但那位先生听了不免有点失望，只得应了一句："好吧，我自己来点。"于是他随便点了几个海鲜和其他一些菜肴。

　　当客人点完菜后，小方又问道："请问先生要些什么酒和饮料？"客人答道："一人来一罐青岛啤酒吧。"又问："饮料有哪些品种？"小方似乎一下子来了灵感，忙说道："哦，对了，本餐厅最近进了一批法国高档矿泉水，有不冒气泡的和冒气泡的两种，你们不能不尝一下啊！""矿泉水？"客人感到有点意外，看来矿泉水不在他的考虑范围内。"先生，这可是全世界最著名的矿泉水呢。"客人一听这话，觉得不能在朋友面前丢了面子，便问了一句："那么哪种更好呢？""那当然是冒气泡的那种更好啦！"小方越说越来劲儿。"那就再来10瓶冒气泡的法国矿泉水吧。"客人无可选择地接受了小方的推销。

　　小方把啤酒、矿泉水打开，冷盘、菜肴、点心、汤纷纷上来，客人们在主人的盛情款待之下美餐一顿。最后，当主人一看账单，不觉大吃一惊，原来1 400多元的总账中，10瓶矿泉水竟占了350元，他不由嘟囔了一句："这矿泉水这么贵啊？""那是世界上最好的法国名牌矿泉水，卖35元一瓶是因为进价就要18元呢。"账台服务员解释说。"哦，原来如此。不过，刚才服务员没有告诉我价格呀。"

　　客人显然很不满意，付完账后快快离去。

　　问题：1.客人为什么不满意？服务员小方在服务过程中有哪些过失？

　　　　　2.如果是你，会怎样做？

项目 **7**

特殊服务

【导读】

在酒店服务过程中，针对客人需求为客人提供客房送餐、会议接待以及签字仪式等项目的服务，已成为许多酒店的重要服务项目。这些服务不仅能满足客人需求，也极大地提高了酒店经济效益。熟练掌握与这些服务相关的要求和技能，遵守其工作程序和标准，才能为客人提供优质的服务。

【学习目标】

①掌握客房送餐、会议接待以及签字仪式等服务的工作标准和程序。
②能按技能操作的程序和标准，为客人进行服务。
③培养认真严谨、踏实细致的工作作风。

【核心概念】

客房送餐；会议接待服务；茶歇；签字仪式

案例导入

孟先生在周末预订了到H市的酒店。由于飞机晚点，抵达酒店的时候已是次日凌晨1：30了。进房后，他感觉肚中饥饿，就找出《服务指南》翻阅起来，见上面印有24小时送餐服务的电话，就按号码拨打过去，可好长时间没人接听，孟先生感觉奇怪，又试了两次，都是无人接听。他随即就按了电话机上的快捷键"客房中心"，响了两声就有人接听了，孟先生向话筒对面的服务员问明情况，服务员称："西餐厅24：00就下班了，酒店后半夜并无送餐服务。"孟先生听后有点恼火，抬高了声音说："《服务指南》上明明写有'24小时送餐服务'啊！。"客房中心服务员在电话中向孟先生表示了歉意，说道："客房中心备有碗面出售，如果有需要，可以立即送来。"孟先生勉强表示同意。

任务7.1　客房送餐服务

客房送餐服务是将客人预订的菜肴和酒水送到客房，并提供简单服务，使客人能在房间用餐的过程。这是饭店为方便客人、体现饭店服务水准而提供的服务项目，也是饭店的创收渠道之一。客人预订客房送餐主要通过客房里的早餐门把手菜单和电话预订。客房菜单包含早餐和正餐，以满足客人需求。在国家旅游局颁布的《饭店星级评定标准》中对四、五星级酒店的送餐服务有如下规定："有送餐菜单和饮料单，24小时提供中、西式送

餐服务。送餐菜式品种不少于8种，饮料品种不少于4种，甜食品种不少于4种，有可挂置门外的送餐牌。"

客房送餐部直属餐饮部，由电话预订组和送餐组组成，负责将客人预订的食品饮料送到客人房间并提供用餐服务。由于涉及环节多，客房送餐产品和服务的价格会比餐厅售价高20%~30%。

1）客房送餐服务的主要内容

①饮料服务。包括冷饮、热饮和酒类。重要的客人可在客房内配备酒水车服务。

②早餐。客人在房间用餐以早餐居多，客房送餐部要为客人提供英式、欧陆式和零点式早餐，这是客房送餐服务的主要内容。

③午、晚餐（正餐）。一般提供烹调较为简单、快捷的快餐和西餐。

④点心。三明治、饺子、甜点、水果等。

⑤特别服务

a.重要客人。主要包括总经理赠送给饭店重要客人的花篮、水果篮、巧克力篮、欢迎卡，送给VIP客人的生日礼物，以及赠送给全部或部分住店客人的节日礼品等。

b.房间酒会服务。提前15分钟将所有的食品饮料送到房间并布置妥当，同时提供专人服务。

c.生病客人。除提供规范服务外，应体现出对病人的关心和安慰，还可送上鲜花、水果等祝愿客人早日康复。

2）客房送餐服务注意事项

①使用服务敬语。"请""您""谢谢"不离口。

②保证客人及时用餐。早餐按客人要求的送餐时间20分钟内送入客房，午餐不超过30分钟，晚餐不超过25分钟。

③做好交接工作。夜班订餐员接到客人早餐订餐后，通知送餐员做好送餐的各项准备工作，确保在规定时间内将早餐送到客人房间里。

④保持食物温度。对热菜和易冷的食物要加盖，以防因食物变冷而引起客人的抱怨。同时，将饮料和齐全的调味料一起送入房内。

⑤注意礼貌服务。服务员每次进房都应敲门并轻声说"Room Service"，离开前要与客人礼貌道别。离开房间时，要随手关门，不可在客人用餐时将房门敞开。

【实训项目】

项目名称

客房送餐服务。

项目内容

学习和掌握客房送餐服务的操作程序。

项目要求

能按照客人要求，做到礼貌服务、规范服务。

项目流程

（1）接受预订

①收集门把手菜单。每天由夜班服务员到楼层收取门把手菜单，按房间号的大小顺序排列，并在订餐记录单上记录下订餐时间、数量和特殊要求。

②电话订餐。礼貌接听客人电话，并在客房订餐记录簿上记录订餐品种、数量、人数、房号及送餐时间。

③填写订餐单。按客人要求填写订餐单，分送到各相关部门。

（2）客房送餐

①餐前准备。

a.送餐服务员检查自己的仪容仪表是否符合规范要求。

b.按规范准备好托盘、送餐车、保温箱等送餐用具，并按客人订餐要求备好餐具和布件，准备好账单、客人所订的食品饮料。检查用品卫生，装车摆放是否整齐、规范。

c.若是VIP客人，领班应与送餐服务员一起送餐进房，为客人提供服务。

②送餐服务。

a.保持菜肴的平稳，避免汁水溢出。

b.到客人房间，右手敲门，并轻声说"Room Service"，客人允许后方可进入，请客人用餐。

③餐间服务。

a.按客人的要求摆放餐具、菜肴。

b.客人用餐时，经客人允许，服务员可退出房间。1~1.5小时后，再来照看。若客人要求提供桌面服务，服务员可留下按照餐厅服务方法提供服务。

④结账服务。

a.客房用餐一般加收30%～50%的服务费，服务员应提前算好账，请客人付款。

b.将账单和账款及时送到收银处。

c.若客人直接取用客房冰箱的收费饮料，结账时注意将客房饮料签单和客房用餐的食物账单分开，不可混淆。

⑤餐用具收取。

a.服务完后，征得客人的同意直接收取餐具。

b.客人用完早餐30分钟后，中晚餐过60分钟后，可打电话询问客人可否收取餐具，确定后，礼貌地进房收取。

c.餐饮用具收取后，应检查有无破损并及时送洗，不得留在楼层。

【案例评析：客房用餐"节外生枝"】

[案例] 某日，住在南通大饭店的1214房间的客人来电，要求送4份红肠炒饭到房间。服务员放下电话立即与厨房联系上了。这份差事落到服务员小张身上，不料正待送去时，

饭店电路出了故障。小张在昏暗的烛光照耀下，找了一个方托盘，盛放4碗炒饭，正欲举步时，念头一转，饭店断电后电梯不能运转，用两条腿走12层楼梯真够受的，何况是在黑暗中摸索上楼。犹豫一阵后猛然想到，此时正值寒冬，空调机不能使用，客人在漆黑的房间里一定饥寒交迫，他们正渴望吃上一顿香喷喷的热饭。现在是客人最需要服务的时候，酒店员工没有任何理由让客人失望。想到此，她端起托盘便从消防通道绕过去，一口气来到12楼。她用手叩门时，两条腿好似灌了铅一般沉重。操着广东口音的客人连声道谢，小张感到浑身舒坦。她正想请客人签单，不料又节外生枝。不知何故，这几位客人只肯支付现金，不愿签单。那就意味着她必须步行到一楼付款台替客人结账，然后再返回12楼交账单！她虽然想到了这层麻烦，但仍接过现金，转身便向楼梯口走去。第二次出现在1214房时，她差点瘫了下去。一位客人把她扶到椅子前，看到她满脸通红，气喘吁吁的模样，很不好意思。他说他压根儿就忘了电梯不能使用，不然的话绝不会不通情理到这个地步。"不，应该道歉的是我们，由于酒店断电给你们带来了不便，我上下走两次只能稍稍弥补酒店给你们添的麻烦。感谢你们给了我提供服务的机会。"小张的话字字发自肺腑。

[评析]

客房用餐是酒店最常规的服务之一，其关键是尽可能使客人在房内用餐与餐厅用餐没有区别，因此要注意准时、保温以及数量正确等事项。客房用餐一般采取签单方式，服务员接过客人签过字的账单后，以最快的速度送到餐饮部入账。但也有些客人喜欢付现款。这样做不用客人签字，但服务员必须立即报缴，并把账单交还给客人。

本例发生于酒店断电之时，小张坚持按服务规范服务，充分体现了她训练有素。当客人用现金付款时，小张可以向他们提议改为签单，这样她可免去第二次攀登12层楼梯的辛苦，但她头脑里装的是客人的要求。她既然选择了酒店工作，就应随时随地把满足客人作为自己应尽的职责，客人的愿望对于酒店员工来说永远是最有力的召唤。小张深明这一点，所以一连爬了24层楼梯，在一片黑暗中跌跌撞撞地走上去，她不仅毫无怨言，还主动代表酒店向客人道歉，这种积极的服务精神和态度值得学习。

任务7.2 会议服务

在星级酒店会设计不同数量、不同大小面积和不同种类的会议室，以满足客人需求，这些服务也越来越受到酒店管理者和客人的重视。目前，一些饭店的餐饮部除承担餐饮生产和服务工作外，还承担住店或非住店客人的各种会议任务。一般来说，会议通常在会议室召开，在会议室不够的情况下，有些会议也会安排在餐厅召开。

7.2.1　会前准备

1）了解会议情况

所有员工都应对会议名称、会议性质、参会人数、会议期限、会议休息时间表、会议活动范围、准备内容、注意事项等进行了解，以准备相应数量的会议物品。

2）人员配备

根据与会者人数的多少，安排会议所需服务员的数量。主管会再次详细把当日的活动给服务员通报一遍，让服务员对今日活动有所熟悉，避免出现客人询问时，员工对会议不了解。

3）会场布置

一般应提前安排好会议室的桌椅，如所需会议室当日没有客人使用，可在当日下午把台摆好，如有条件可让客人进行检查，以避免客人第二天早上才发现摆的形式不符合客人要求，如果会议室有客人使用，则须等到会议结束后再进行摆台。

①确立台型。根据订单上的人数和要求，确定出会议的台型，一般有"U"字型、"回"字型、教室型、剧场型、酒会式等。

【小资料：常见会议摆台台型】

"U"型。将桌子连接着摆放成长方形，在长方形的前方开口，椅子摆在桌子外围，开口处摆放置投影仪的桌子，中间通常会放置绿色植物以作装饰用。为营造轻松的氛围，不设会议主持人的位置，多摆设几个麦克风以便自由发言。给椅子套上椅套以显示会议的高档次。

回字型。一般用于学术会议和小型研讨会。将会议室里的桌子摆成方形中空，前后不留缺口，椅子摆在桌子外围，通常桌子都会围上围裙，中间放置较矮的绿色植物，投影仪用一张专用的小桌子放置在最前端。此台型不设主席台，只在前方设置主持人位置并摆放麦克风。容纳人数较少，对会议室空间有一定要求。

课桌型。也可称为教室型，一般用于大型会议。会议室内将桌椅端正摆放或呈"V"形摆放，设置主席台或讲台，按教室式布置。座位的空间根据桌子的大小有所不同，此会议摆台有一定的灵活性，且方便参会人员记录，但容纳人数相对剧场型要少。

剧场型。用于大型会议，设主席台或讲台，面向讲台摆放一排排座椅，中间留有较宽的过道。这种台型能在有限的空间里最大限度地容纳人数以充分利用空间，但不设桌子，参会人员记录不方便。

酒会式。不设椅子，只设置摆放点心和酒水饮料的桌子，营造轻松交流氛围，为参会者提供自由交流的空间和场所的一种布置。

②摆放座位签。根据会议性质和主人要求以及出席会议客人的身份确定其相应的座位，按规格摆放座位签。通常主席台座次按职位高低从主位开始依先左后右的顺序向两边

依次排列。领导人数为奇数时，主要领导居中，2号领导在1号领导左手位置，3号领导在1号领导右手位置；领导人数为偶数时，1、2号领导同时居中，2号领导依然在1号领导左手位置，3号领导依然在1号领导右手位置。

③摆设用品。每个座位上均需摆放纸和笔，笔尖朝上摆在纸上，纸与桌边相距1 cm；中共中央政治局常委在十六届四中全会的座次排列图纸的右上方摆放杯垫，上置放有适量茶叶的茶杯，客人入座后再进行冲泡；水果，可在两个位子中间摆放一盘；烟灰缸、火柴，则每隔两位放一只。

④摆放音箱和鲜花。设置所需的音箱、话筒以及多媒体设备，并根据需要在主席台前和会议室恰当摆放花卉、花盆，要求花面（叶）干净。

4）其他准备

会标、登记台、签到簿、休息安排、纪念品、会场指示牌等也要安排专人进行准备，摆放在指定位置。对重要会议还可先进行礼仪演习彩排，以确保准确无误。

5）检查

会议开始前三十分钟，服务员准时到达会场，并将空调、话筒、投影等设备及会议室摆台再检查一遍，保证会场内卫生整洁，所需物品摆放整齐、美观，设备运转正常。

6）迎接客人

一切就绪，服务员打开会议室门，保持正确站姿和真诚微笑，在规定位置等候客人到来。

7.2.2　会议服务

客人到达时，服务员应热情迎候客人，并及时引位入座，按相关规范斟茶倒水。在整个会议服务期间，注意保持会议场所的安静。会议进行过程中，无关人员应回避，但必须有服务员在会议室门口待命，以便遇特殊情况时可按客人要求服务，服务员还应配合保安做好安全工作和为客人进行会间服务的工作。会议中间休息时，应尽快整理会场，补充和更换各种用品。

7.2.3　茶歇服务

茶歇是为会间休息兼气氛调节而设置的小型简易茶话会。对一般的中、小型会议而言，会间茶歇十分重要。根据会议要求，茶歇应为客人准备好规格档次适宜的各式甜饼、水果、咖啡、茶等，布置在休息室或会议室门口，由服务员帮助取食或自行取食。

茶歇准备

（1）茶歇摆台

①确定台型。根据会议的人数和会议室门口的面积来确定餐台的形状，台型以"一"字形、L形、W形等居多。

②摆放物品。将桌布平整铺设在桌面上，再将茶歇所需的饮料、水果、点心、纸巾，以及饮料杯、牙签、水果碟等物品有序摆放。

③检查。自行检查和领班检查相结合，确保物品无遗漏。

（2）茶歇服务

①准备工作。会议开始后，服务员就可进行茶歇物品的准备和摆台，应提前二十分钟安置好所有茶歇所需物品。

②茶歇服务。会间休息时，主动询问并为客人斟倒咖啡或茶，同时注意及时补充咖啡、茶、开水、糖、淡奶、水果等；随时清理台上的各类废弃物品，保持台面整洁。

③结束清理服务。会议开始后，撤回食品、清洗餐具、打扫卫生。

④满足客人的需求。服务员应及时准确地了解并满足客人的需求，对无法解决的问题要及时向上级汇报，由主管进行处理。

7.2.4 结束清理工作

①检查。会议结束后，检查会场，看是否有客人遗忘的东西和文件等。

②清洗整理。清洗用具，整理桌椅、打扫卫生。

③总结。发现服务中的优点与不足，以便以后扬长避短。

【实训项目】

项目名称

会议服务。

项目内容

学习和掌握会议服务的规范和程序。

项目要求

能按照客人要求，做到礼貌服务、规范服务。

项目流程

（1）准备工作

①仪容仪表准备。

②通报会议相关情况。

③进行会场布置。

确立台型："教室"型。

座位签：主席台七人或八人，按规定摆放。

摆设桌上用品。文具、杯垫、茶杯、水果、烟灰缸、火柴等。

会议室布置。设置音箱、话筒、多媒体设备，并恰当摆放花卉、花盆、会场指示牌。

（2）会议服务

①迎接客人。以规范站姿和真诚微笑，热情迎候客人，主动为客人提供服务。

②斟茶。茶水以七分满为宜，斟茶后注意使杯把朝右。

③会间服务。每隔10~15分钟增添一次茶水；每隔半小时更换一次烟灰缸。注意轻拿轻放，不打扰客人。

④结束清理工作。会议结束后，检查会场，看是否有客人遗忘物品，同时清洗用具，整理桌椅、打扫卫生。

任务7.3　签字仪式

签字仪式是指相关国家的政府、组织或企业单位之间经过谈判，达成协议，缔结条约、协定或公约时举行的仪式。为显示签字仪式的正式、庄重、严肃，同时也表明双方对缔结条约的重视及对对方的尊重，签字仪式有较严格的程序及礼节规范。

7.3.1　签字仪式准备

1）布置签字厅

在我国国内举行的签字仪式，必须在事先布置好的签字厅里举行，并做好有关签字仪式的准备工作。签字厅一般选择较有影响、气势庄严、宽敞明亮、适宜于签字的大厅。签字厅一般要张贴会标、摆放签字桌、悬挂国旗、放置讲台和话筒。签字仪式的会标要求醒目，由签约双方名称、签字文本标题和"签字仪式"或"签约仪式"组成。如果签字仪式还安排各方领导人致词，可在签字桌右侧摆放讲台或放置落地话筒。

2）座位安排

我国的惯例是：签字桌左侧是东道国签字人座位，右侧为客方签字人座位。助签人员站在各自签字人的外侧，其他人员按一定顺序排列在己方签字人员的后面。多方签字则按英文国名开头字母的顺序排列，也可按事先商定的顺序排列。各方签字人的席卡，用中、英文两种文字标示，写明签约的国家或组织的名称、签字人的职务及姓名放置在签字桌上。

3）签字物品准备

按委托方要求准备好签字用的文具、中外文文本、国旗、横幅、鲜花盆景、话筒和扩音设备、合影用的台阶等物品。

4）签字仪式的摆台

①设签字桌。在签字厅内设置尺寸约2.5 m×1.3 m的长方桌为签字桌，注意离墙约3米远，摆在位于大厅正中位置。桌面铺上干净、平整的深绿色台呢，台呢四边要自然下垂，

前边下垂长度离地面10~20 cm。

②放置椅子。签字桌后并列安放两把扶手椅供双方签字人使用，两椅相距1米左右，分别摆放在签字台一半的中间位置，方位为面对正门主左客右。

③其他物品摆放。签字双方各自保存的文本摆放在座位前，上端放置签字文具，签字台中间摆旗架，同外商签字时旗架上面要分别悬挂签字双方国旗（见图7.1），国旗须插放在该方签字人座椅的正前方，即国旗方向与座位相同。

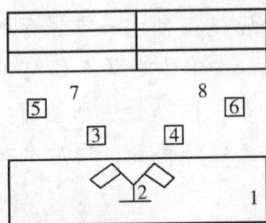

1—签字桌；2—双方国旗；
3—客方签字人；4—主方签字人；
5—客方助签人；6—主方助签人；
7—客方参加仪式人员；8—主方参加仪式人员
图7.1

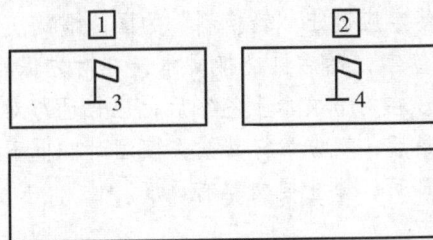

1—客方签字席；2—主方签字席
3—客方国旗；4—主方国旗
5—参加签字人员席位
图7.2

也有的国家在签字仪式上设置两张签字桌，双方各坐一桌，双方国旗悬挂在各自的签字桌上，参加仪式的其他人员则与签字人相对而坐（见图7.2）。

7.3.2 签字仪式服务

1）准备

根据订单上的人数和要求，将酒水、酒杯、服务托盘、小纸巾等摆放在酒吧台上，香槟酒应提前半天放到冰箱里使之凉透。开香槟酒要掌握时间，不要过早或过晚，提前五分钟即可。

2）酒水服务

①端酒等候。酒水签字仪式将要结束时，由两名或四名服务员端着香槟酒站在签字台两端的适当位置等候。

②依次礼让酒水。客人签字完毕，签字人起身握手时，服务员要立刻用托盘从中间主人或主宾处分别向两端客人依次礼让香槟酒，不要漏掉客人。

③撤杯。待客人干杯后，要立刻用托盘将空酒杯撤走。

3）清理

仪式结束，客人拍完照离场后，服务员开始整理会场，做清洁清理工作。

【小资料：签字仪式礼仪】

1.注意服饰整洁、挺括。参加签约仪式，应穿正式服装，庄重大方，切不可随意着装。这反映了签约一方对签约的整体态度和对对方的尊重。

2.签约者的身份和职位双方应对等，过高或过低都会造成不必要的误会。其他人员在站立的位置和排序上也应有讲究，不可自以为是。在整个签约完成之前，参加仪式的双方人员都应平和地微笑着直立站好，不宜互相走动谈话。

3.签字应遵守"轮换制"的国际惯例。也就是，签字者应先在自己一方保存的文本左边首位处签字，然后再交换文本，在对方保存的文本上签字。这样可使双方都有一次机会首位签字。在对方文本上签字后，应自己与对方签字者互换文本，而不是由助签者代办。

4.最后，双方举杯共饮香槟酒时，也不能大声喧哗叫喊。碰杯要轻，而后高举示意，浅抿一口即可，举止要文雅有风度。

【实训项目】

项目名称

签字仪式服务。

项目内容

学习和掌握签字仪式服务的规范和程序。

项目要求

能按照客人要求，做到礼貌、规范服务。

项目流程

（1）准备工作

①仪表仪容准备。

②准备相关文本材料、国旗、文具、酒水、酒具等物品。

③布置签字桌。摆在大厅正中，按要求铺上平整的深绿色台呢，放置好文本材料和签字文具。

④放置椅子。并列安放两把扶手椅在签字桌后，主左客右。

⑤其他物品。按要求摆放旗架，并悬挂签字双方国旗。

（2）仪式服务

①迎接客人。

②签字仪式即将结束时，两名服务员端着香槟酒到签字台适当位置等候。

③签字完毕，服务员要立刻向客人依次礼让香槟酒。

④等待客人干杯后，用托盘将空酒杯撤走。

（3）清理

客人离场后，服务员进行会场整理和清洁工作。

【复习与思考】

一、名词解释

客房送餐；签字仪式

二、简答题

1.简述客房送餐程序。

2.简述茶歇的服务程序。

三、案例分析题：一百元的小费

实习生小孟为1310房的客人送餐。小孟进房间为客人服务完毕后，将账单递交给客人，请客人签房账。客人签单后，实习生小孟礼貌地向客人道别，转身离房。谁知小孟刚走到门口，客人又叫住了他，给了服务员小孟100元现金，当时小孟也没有多想，就误把客人给的现金当作小费收下了，他收下 100 元，道了谢，装入口袋，离开了客人房间。

几天后，1310的客人离店，来到总台结账。他很细心地查阅了自己在店消费的明细账目，发现客房送餐又加了一笔86元送餐的账。客人立即提出质疑："那次送餐当时我付了100元现金给服务员，为什么还有签房账？一次送餐怎么算两份钱？"总台服务员感到其中必有问题，就立即打电话到送餐部查询此事，送餐部主管找到当天送餐服务的实习生小孟询问当时的情况，实习生小孟一下子回忆起当天送餐的情景，这才恍然大悟，原来自己误将客人付的餐费当小费收了。急急忙忙赶到总台，向客人道歉说："对不起先生，我忘了找给您钱。"立即将100元现金交给1310房的客人，客人这才很不满意地将账结了。事后，酒店领导因小孟是实习生，且已将多收现金如数退还给客人，才免于开除的处分，给予了另外的处罚。

问题：1.小孟的失误对你有何启发？

2.你认为如何才能避免这种情况发生？

模块 ③

餐饮企业经营管理

项目 **8**

菜单
设计与制作

【导读】

　　菜单是餐饮企业经营管理的基础，也是餐饮企业一切经营活动的指南，因此，菜单的设计与制作显得至关重要。菜单的设计与制作首先要从认识菜单开始。通过本章的学习，应了解有关菜单的基础知识，掌握菜单设计与制作的基本技巧。

【学习目标】

①了解菜单的种类及作用。
②掌握菜品选择的依据。
③掌握菜单的内容及布局。
④掌握菜单的设计制作方法。
⑤根据所学知识，能够设计一份完整的菜单。

【核心概念】

　　菜单；菜单的种类及作用；菜品的选择；菜单的内容；菜单的设计与制作

案例导入

　　"小姐，请问您想要什么样的餐后甜点？""给我菜单上这款低糖的抹茶提拉米苏。"英国的Elves餐厅为了迎合白领女性健康饮食的需求，新增了一些低糖类甜点，并在甜点单中的醒目位置特别辟出一块空间以促进销售，希望以此取悦更多的女性消费者和美食家们。事实上，除非真有需求，大多数食客并不太在意这个低糖空间，Elves餐厅的这次尝试并未达到预期的效果。

　　菜单的设计与制作是餐饮企业工作的重点和难点之一，一份精美适用的菜单能为餐饮企业锦上添花，给顾客留下美好而深刻的印象。那么，怎样才能设计出高水准的菜单呢？

任务8.1　认识菜单

8.1.1　菜单种类及作用

1）菜单的概念

　　菜单是餐饮企业为客人提供的餐饮产品的品种、说明及价格的一览表。简而言之，菜单就是餐饮企业的产品目录。餐饮企业将自己提供的各种食品、饮料等，经过科学的组合，排列于优质的纸张上，供顾客从中进行选择，其主要内容包括食品、饮料等的品种和价格。

【小知识】

菜单的英文是"Menu"，来源于法语。据说在16世纪初期，法国宫廷菜肴是很一般的。1533年法国国王昂里二世的王妃卡得里努从佛罗伦萨带来了厨师作为陪嫁，从此法国宫廷菜肴才逐步得到改善。法国的厨师为了记住这些意大利菜肴的烹制方法及原材料，就将它们记录下来，这就是菜单的雏形。而这些记录真正成为向客人提供的菜单，已经是16世纪中叶的事情了。1554年，布伦斯维克侯爵在自己的宅第举行晚宴，每送一道菜，侯爵都要看看桌上的单子，当客人们知道他看的是今天的菜单时，十分欣赏这种做法。大家争相效仿，在举行宴会时，都预先制作了菜单，菜单便真正出现了。我国在宋代就有了菜单，诗人陆游在《老学庵笔记》中记载了宋廷宴请金使的国宴菜单。

2）菜单的种类

（1）菜单的分类

餐饮企业根据餐饮产品的类型、制作特点，同时结合企业自身经营的类型、档次和特色，筹划和设计出了丰富多样的菜单。根据不同的分类标准，可以将菜单进行如下分类。

①根据餐饮形式和内容分类，主要有早餐菜单、午餐菜单、晚餐菜单、宴会菜单、团体菜单、冷餐酒会菜单、自助餐菜单、特殊菜单(如儿童菜单、家庭菜单等)、国际菜单(指异国风味餐饮菜单)、餐后甜品单、宵夜点心单等。

②根据市场特点分类，主要有固定菜单、循环菜单、当日菜单和限定菜单等。

③根据菜单价格形式分类，主要有零点菜单、套餐菜单和混合菜单等。

④根据餐别分类，主要有中餐菜单、西餐菜单和其他菜单等。

⑤根据装帧制作的方法分类，主要有合卡式菜单、招贴式菜单、纸垫式菜单、折叠式菜单、活页式菜单等。

（2）常见菜单类型

①零点菜单。零点菜单又被称为点菜菜单，它是餐厅中最主要的菜单形式，使用最广泛。所谓零点菜单，是指每道菜都单独标价的菜单。菜单上分门别类地标明菜式品种的名称、规格及相对应的价格，顾客可根据自己的喜好和消费能力自由选择，满足了消费者的个性化需求。

②套餐菜单。所谓套餐菜单是指在一个价格下所包括的是整套餐饮组合。它通常由一系列不同类别的餐饮产品组成，是以包价形式出售产品的一种形式，消费者不能随意删减或增加。比如，中餐将荤素菜、汤菜、主食、水果配成一套餐；西餐将开胃品、汤、沙拉、主菜、蔬菜、甜点、饮料等配成一套餐，每一个菜肴没有单独的价格，只有一套套餐的价格。套餐菜单可以是为团体客人所提供的餐饮，也可以是为单独的顾客所提供的一整套食品。如团年饭套餐、情人节套餐、儿童套餐、快餐套餐等。

【资料链接：套餐菜单示例】

情人节双人套餐

A餐：

头盘：香炸毛山芝士（马苏里拉芝士）配蔬菜色拉

汤： 传统法式洋葱汤配芝士饼

附： 夏威夷海鲜沙律配时令水果

主菜：牛扒大虾（泰国大虾三只）配意大利甜面

甜品：蓝莓慕司

B餐：

头盘：维也纳茴香草渍三文鱼

汤： 意大利蔬菜汤

附： 凯撒色拉

主菜：香煎新西兰牛扒配蔬菜色拉

甜品：蓝莓慕司

③宴会菜单。宴会菜单是餐饮企业结合自身综合资源，根据设宴主题、进餐对象、消费标准等餐饮需求和具体情况，将不同类型的众多菜品以一定的原则和形式进行有效组合而形成的宴会菜点一览表。常见的宴会菜单有国宴、正式宴和便宴等宴会菜单；生日宴、婚宴、寿宴、团拜宴等宴会菜单；中餐宴会、西餐宴会、自助餐宴会和鸡尾酒宴会等宴会菜单。

【资料链接：胡锦涛宴请奥巴马：宴会菜单中西合璧　四菜一汤】

2009年11月17日晚，国家主席胡锦涛举行盛大宴会，欢迎来华访问的美国总统奥巴马。

宴会菜单中西合璧，正餐包括一道冷盘、一份汤和三道热菜：翠汁鸡豆花汤、中式牛排、清炒茭白芦笋、烤红星石斑鱼。餐后甜品为一道点心和一道水果冰淇淋。

宴会上配餐的红葡萄酒和白葡萄酒分别是中国河北2002年出产的长城干红和长城干白。

④混合菜单。混合菜单是零点菜单与套餐菜单的有机结合，它将零点菜单和套餐菜单印刷在一起，一部分菜品以零点形式出现；另一部分菜品以套餐形式出现。有些餐厅的混合菜单以套餐形式为主，同时欢迎顾客再随意选择点菜。有些餐厅的混合菜单以零点形式为主，同时顾客也可以选择套餐。

【资料链接：混合菜单示例】

鲁西黄牛	28元/份	银丝山药卷	12元/份
雪花小肥牛	18元/份	蔬菜拼盘	28元/份
鲜鱿鱼	26元/份	生菜	8元/份
红烧羊排	20元/份	冬瓜	8元/份

草原羔羊卷	26元/份	土豆	8元/份
蒙鹿肥羊	26元/份	莴笋尖	8元/份
鸭血	8元/份	藕片	8元/份

牛羊一家亲双人精美套餐   88元/份

（啤酒肥牛+草原羔羊卷+银丝山药卷+鸭血+生菜+豆皮各1份+锅底2份）

海鲜肥牛二人套餐   98元/份

（鲁西黄牛+雪花小肥牛+鲜鱿鱼+蔬菜拼盘各1份+锅底2份）

⑤酒水单。酒水单主要适用于以经营酒水饮料为主的酒吧、咖啡厅、茶馆等餐饮企业，一般经营酒水饮料的餐厅大多把酒水饮料附列于菜单最后，部分大中型高档餐厅因提供饮料品种较为齐全，有时也单独印刷酒水单。酒水单上饮品的种类选择根据餐饮企业的经营类别而有所不同。酒吧中的酒水单以含酒精的饮料为主，咖啡厅和茶馆的饮料单以咖啡、茶等非酒精饮料为主。酒水单上的饮品种类较多，有葡萄酒、啤酒、黄酒、蒸馏酒、白酒、配制酒、鸡尾酒、咖啡、茶、果汁、碳酸饮料、冷冻饮品等。

【资料链接：酒水单示例】

果汁与杂饮   Juice and Squash

番茄汁 Tomato Juice	￥25.00
菠萝汁 Pineapple Juice	￥25.00
橙汁 Orange Juice	￥25.00
杂果宾治 Fruit Punch	￥30.00
鲜榨果汁或蔬菜汁 Fresh Fruit or Vegetable Juice	￥35.00

鸡尾酒及长饮   Cocktail & Long Drinks

白兰地亚历山大上 Brandy Alexander Cocktail	￥35.00
古典鸡尾酒 Old Fashioned	￥35.00
红粉佳人 Pink Lady	￥35.00
金菲士 Gin Fizz	￥35.00
血红玛丽 Bloody Mary	￥35.00
椰林飘香 Pina Colada	￥35.00
长岛冰茶 Long Island Ice Tea	￥40.00
雪球 Snow Ball	￥35.00

咖啡及茶　Coffee & Tea

新鲜咖啡 Freshly Brewed Coffee	￥28.00
爱尔兰咖啡 Irish Coffee	￥32.00
维也纳咖啡 Vienna Coffee	￥32.00
卡布奇诺 Cappuccino	￥35.00
拿铁咖啡 Cafe Latte	￥35.00
茉莉花茶 Jasmine Tea	￥18.00
铁观音 Tie Guan Yin	￥25.00

3）菜单的作用

（1）菜单是餐饮企业与消费者之间相互了解的桥梁和纽带

餐饮企业通过菜单向消费者介绍所提供的餐饮产品和服务，并通过观察客人点菜、统计点菜率，可以了解菜单设计是否合理；消费者通过菜单可以了解餐饮企业的经营风格、菜品特色。可见，菜单联系着餐饮企业和消费者，它是两者的桥梁和纽带。

（2）菜单可以起到宣传餐饮企业的作用

菜单的装帧艺术、风格以及它透露出的文化气息可以起到宣传餐饮企业的作用。精美的菜单可以提高餐厅的档次，能够反映餐厅的格调，使客人对餐厅和菜品留下深刻印象。菜单的封面和封底通常载有餐饮企业的经营历史、文化理念和经营特色方面的文字介绍和企业的订餐订座电话，有的企业还用图标示出餐厅在城市中的地理位置等。当菜单在客人手中流传或作为纪念品带回家中时，它无疑为餐饮企业做了最好的广告。

（3）菜单反映了餐饮企业的档次和经营特色

消费者通过浏览菜单上的菜品种类、价格，以及菜单的封面设计、装帧布局，可以很容易地判断出该餐饮企业的档次高低及经营特色。

（4）菜单反映了餐饮企业的经营方针和经营策略

餐饮企业原材料的采购、菜肴的烹调与制作、经营场所的装饰与布局、餐饮服务等工作，都是以菜单为依据的。菜单上提供的菜品种类及价格正是餐饮企业花费人力、物力、财力对餐饮市场进行调查，对消费者的类型及需求特点进行分析研究的结果。可以说，菜单是餐饮企业经营方针和经营策略的具体体现，它直接影响着餐饮企业经营目标的实现。

（5）菜单是餐饮企业一切业务活动的指南

①菜单是餐饮企业服务人员提供各项服务的准则。

②菜单是餐饮企业选址、装饰及布局的依据。

③菜单指导着餐饮企业相关设备的采购。

④菜单决定着餐饮企业原料采购、库存的方式。

（6）菜单是餐饮企业控制成本的依据

菜单内容在很大程度上决定着餐饮企业菜品成本的高低。菜单上用料珍稀、昂贵的菜品，必然成本就高，而制作精细、繁杂的菜品，其劳动力成本也必然增加。因此，菜单设计是餐饮企业成本控制的重要环节之一，菜单上各种成本的菜品搭配比例在一定程度上也影响着餐饮企业的盈利能力。

8.1.2 菜品选择依据

菜单上列出的菜品要能反映餐饮企业的档次、经营特色，它也是消费者作出购买决策的重要依据之一。菜品的合理选择会促进销售，能吸引消费者再次光临，提高餐饮企业的营业收入及利润。然而，菜品的选择要受到多种因素的影响，以下几个方面可以为我们选择菜品提供依据。

1）餐饮企业自身的综合实力

（1）餐饮企业的人力资源条件

①餐饮产品制作人员的综合实力。餐饮产品制作人员主要是指各类厨师、点心师、咖啡师、调酒师等。他们的年龄及性别构成、文化程度、技术水平、所从事专业、工作经历等对餐饮企业菜品的选择起着决定性的作用。

②餐饮服务人员的服务水平。服务人员与消费者直接打交道，是餐饮企业形象的代言人。他们的年龄、性别构成以及文化程度、形象气质、服务态度、服务技能等直接影响着消费者的满意度。一家高级餐厅和路边的小餐馆所要求的服务人员素质是不同的，当然，其相应的菜品种类、质量和价格也是截然不同的。

（2）餐饮企业的设备条件及经济实力

餐饮企业在进行菜品选择的时候，要充分考虑到本企业现有的设备条件及经济实力。在菜品的选择上要考虑到现有设施设备的生产能力、适用性等，同时还要考虑到本企业的经济条件能否承受。当今餐饮企业厨房对先进设备的依赖程度越来越高，尤其是西餐厨房，餐饮企业在对菜品进行选择时，都应对本企业的设备条件及经济实力加以综合考虑。

2）经营环境状况

（1）餐饮市场需求状况

餐饮企业必须进行市场调研，明确自己的目标市场，并根据目标顾客的需求进行菜品的选择。只有在掌握了目标顾客的特点和需求的基础上，才可能对菜品进行科学、合理的选择。比如，谁是本企业的目标顾客？目标顾客来自哪里？他们的年龄、性别结构如何？他们的收入、家庭状况、消费水平如何？目标顾客的受教育程度、饮食习惯如何？他们有无特殊的宗教信仰等等。

（2）食品原料的供应情况

食品原料的供应情况是餐饮企业选择菜品，制订、修订菜单的重要依据之一。在进行菜品选择时要考虑到食品原料的供应情况，如果某些原料因受市场供求关系、采购、运输条件、季节等因素的限制而不能保证供应的话，餐饮企业最好不要将容易受这些因素影响的菜品印刷在固定菜单上。如果确实有必要，则可以将其放进当日菜单、节日菜单、季节菜单中。同时，在菜品的选择上，餐饮企业还可以根据市场供应情况以及季节的变化而对菜单上的菜品进行及时的更新，适当增加或删减，以充分满足顾客的需要。

（3）菜品的赢利能力

餐饮企业经营的最终目的是获取利润，实现其经营目标。因此，在菜品的选择上，要充分考虑其赢利能力。餐饮企业要合理搭配各种菜品，考虑餐饮产品的花色、口味、形状、种类及营养结构等，设计、研发高利润率菜品，以满足多样化的市场需求，实现餐饮企业最大化利润的目标。虽然餐饮企业菜品有平均毛利率，但菜品之间的毛利率是有差异的，有的甚至相差很大。比如，两道用料相同，因加工繁简不同而售价不同的菜品，一道售价68元，毛利是26元；另一道售价58元，毛利是26元。服务人员将后者推荐给一个比较注重价格的顾客，他会因为节省10元而感到良好，但餐厅所获得的毛利却是一样的。

【案例】

上海福记是香港福记公司在国内的一家外资企业，该公司通过金牌菜分析，可以把一天、一周或一个月所有点过的菜，按照数量或金额进行排名，然后就可以得知哪些是最畅销的菜，哪些是最滞销的菜，并分析出福记的畅销率和毛利率（额）"双高"的菜品群（明星类菜品）、畅销率和毛利率（额）"双低"的菜品群（瘦狗类菜品）、畅销率高和毛利率（额）低的菜品群（问题类菜品）、销售增长率低和毛利率（额）高的菜品群（金牛类菜品）。

餐饮企业新菜品上市之后并非是菜品设计的终点，还要对菜品进行定期的检查和评价，对不同的菜品分别采取发展、培养、利用、淘汰的策略。使餐饮企业的菜品结构能够形成一个盈利的动态体系，使餐饮企业的经营趋向利润最大化状态。

【实训项目】

项目名称

餐厅菜单调查。

项目内容

选择一家餐厅，观察其装饰风格、特色，调查分析该餐厅正使用的菜单情况，并对其作出评价。

项目要求

①要求对这家餐厅的概况进行必要的描述。

②综合运用所学知识，查阅相关资料，分组进行实地走访调研。

项目流程

①分组调查研究，收集资料。

②形成书面调查报告。

③每个小组选派一名代表讲解。

④同学们互评。

⑤教师点评。

任务8.2　菜单设计制作

8.2.1　菜单的设计程序

对于一家新开的餐饮企业来说,菜单的设计与制作是企业经营活动的起点,需要其认真对待,有条不紊地进行。

1)准备参考资料

在进行菜单设计前,需要准备大量的参考资料,以便能设计出科学、合理的菜单。

①餐饮企业目标市场调研报告。

②消费者信息。

③菜品成本及赢利情况分析与预测报告。

④烹饪、营养等相关书籍和资料。

⑤相关食品、饮料详细情况。

⑥餐饮行业各种菜单。

⑦标准菜谱资料。

2)制订标准菜谱

标准菜谱是以菜谱的形式列出配方、原料,规定操作程序,明确装盘形式、盛器规格,指明菜肴的质量标准,告诉该份菜的可用餐人数、成本的菜谱。标准菜谱有利于控制菜品的成本及质量,也有利于经营人员充分了解菜品的生产及服务要求。标准菜谱的制订同时也能突显一家餐饮企业的经营特色。

3)初步构思、设计

通过对前期所搜集资料的分析,初步列出可能提供给消费者的菜点、饮料等,然后再综合考虑各方面的影响因素,对这些可能的菜品进行筛选,进一步进行可行性分析后,最后确定菜单的内容。

4)菜单的装帧设计

对于菜单的装帧设计,餐饮企业可以召集广告策划人员和经验丰富的厨师及相关的管理人员对菜单的封面设计、内容排版、式样选择、图案、文字说明等进行讨论,形成初步意见后,再根据实际情况予以补充和修改。

8.2.2　菜单的内容

从专业的角度来看,菜单的内容应该包括以下四个方面的信息。

1）菜品的名称及价格

菜品的名称及价格是菜单最主要的内容,消费者通过它点菜,厨师按照它做菜,服务人员按照它提供服务。根据国际上通行的做法,菜品的名称及价格必须具有真实性,其真实性主要体现在以下几个方面:

（1）菜品的名称真实

菜品名称是消费者了解菜品的第一依据,人们从菜品名称中可以或多或少地体味到菜品的色、香、味、形、器、质、养等特性。因此,菜品的名称应与菜品本身相符,能反映菜品的全貌及特色,其名称贴切易懂并具有文采。中式菜品的命名,大致可归纳为写实和写意两类命名方法。写实法,即如实反映原料搭配、烹调方法、菜肴色味香形,或冠以创始者、发源地等的名字,大多突出主料名称。如糖醋排骨、炸烹大虾、五香鸭酥条等。写意法,往往是针对食客搜奇猎异的心理或风俗人情,抓住菜品特色加以形容夸张,赋予奇妙的色彩,以引人入胜。有的强调逼真,如三套鸭、熟吃活鱼;有的借典故传说巧妙比附,如霸王别姬、红娘自配。不管哪种命名方法,菜品的名称都必须真实可信,不能太离奇,那些故弄玄虚、名不副实、太夸张的菜品名称反而不易被消费者所接受。

（2）菜品的价格真实

菜品的价格要做到童叟无欺,菜单上的价格应与实际向消费者收取的费用一致,且在一定时间内具有相对的稳定性。餐饮企业若有最低消费限额或需要加收服务费、锅底费、包间费等情况,就需要在菜单上注明,如果菜品价格有变动就应立即改动或更换菜单。

【资料链接：游客网曝三亚吃海鲜被宰数千元　涉事店已停业】

2012年1月29日下午,三亚市工商局就网友微博反映朋友在三亚海鲜排档消费被宰一事作出回应称:"已封存涉事海鲜店近期的销售台账,并督促该店自行停业。"

1月28日,新浪微博实名认证用户罗迪发布微博称:"朋友一家三口前天在三亚吃海鲜,三个普通的菜被宰近4 000元。他说是被出租车推荐的。邻座一哥们儿指着池里一条大鱼刚问价,店家手脚麻利地将鱼捞出摔晕,一称5.5 kg,每千克1 160元,共6 000多元。那哥们刚想说理,店里便出来几个东北大汉,于是那哥们儿只好收声认栽。"

1月29日,三亚市工商局发布消息称,已成立专案组开展查处。三亚市政府新闻办在其官方微博也发布消息称:"这条(罗迪发布的)微博引起三亚市委、市政府主要领导高度重视,批示:要迅速深入调查,决不容忍欺客宰客现象影响三亚,影响海南国际旅游岛的形象。"

2月1日,三亚市委、市政府举行了媒体见面会,海南省副省长、三亚市委书记姜斯宪对于今年春节黄金周期间游客反映的海鲜排档、出租车及个别景区"宰客"现象向大家表示歉意。姜斯宪在见面会上表示,将以此次事件为契机,虚心接受批评,努力向国内外优秀旅游目的地学习,实实在在做好市场监管,真正把三亚打造成高品质的度假家园。

（资料来源:《南方都市报》,2012-1-30）

"鸳鸯菜单"专宰"老外"

上海曝出了"鸳鸯菜单"。

日前，有游客在网上晒出上海朱家角景区的菜单，这个菜单一式两份，给国内游客的中文菜单有菜名和标价;给外国游客的菜单，同样的菜色，英文菜单比中文菜单标出的价格要高出20%～50%不等，有的全凭服务员口头报价。

这样的差别待遇，在朱家角的多家餐厅屡见不鲜，面对记者提出的质疑，餐馆的工作人员也毫不避讳："我们这里都是这样的。"

这两日被曝光的两家餐厅，确实存在"一店两价"，已关门停业接受调查取证。

（3）菜品的质量真实

菜品的质量真实是指原料和菜品的质量和规格应与菜单的介绍一致。如菜品名称是大蒜鲶鱼，那么就不能用草鱼、鲫鱼来代替。菜单上注明菜品的份额是多少，餐饮企业就应足量供应。同时，餐饮企业还应保证原料的新鲜程度，过期了的食品、饮料应该尽快处理掉。

（4）外文名称准确无误

菜品名称是消费者接触饮食的第一媒介，无论是将西方菜肴引入中国，还是将中国菜肴推向世界都需要借助翻译的力量。现在许多中高档餐厅菜单上的菜品都有相应的外文名称。菜名翻译的好坏和正确与否会直接影响到用餐者对于另一种饮食文化、对菜品本身的接受效果。比如，有的餐馆将"蚂蚁上树"翻译成"一堆在爬树的蚂蚁"，"驴打滚儿"翻译成"翻滚的毛驴"，"麻婆豆腐"翻译成"满脸雀斑的女人制作的豆腐"……这样的翻译往往让前来就餐的外国人摸不着头脑，甚至引起误会。由于中国菜名构成因素比西方菜名复杂，所以采用的翻译方法也较多。目前大致有直译、意译、音译、归化和异化的策略。比如，赫赫有名的麻婆豆腐就直接音译为Mapo Tofu，东坡肉加上一点解释译为Braised Dongpo Pork，这对于译入语来说算是异化的策略，保留了中文的元素。再比如银芽肉丝就译为Sauteed Shredded Pork with Bean Sprouts，芙蓉鸡片译为Sauteed Chicken Slices in Egg-White，这种菜名上的文化审美基本无法通过翻译来传达，只能采用意译的方法。

（5）菜单上所列产品应保证供应

餐饮企业应该保证能供应菜单上所列的产品，如果确实有的菜品季节性很强，或者由于成本等因素无法供应上，就应该立即对菜单进行修改或注明。如果客人在点餐时，发现这个菜品没有了，那个菜品也缺货，就会对餐饮企业产生不良印象。

2）菜品介绍

菜品介绍是指菜单中对某些菜品进行简短的文字介绍或图片展示。通过这些图文并茂的菜品描述，可以减少服务人员的工作量，帮助顾客对菜品有更进一步的了解，减少他们选菜的时间。被介绍的菜点通常是餐厅重点推销的高价菜、特色菜、名牌菜、看家菜、滞销菜，等等。在进行菜品介绍的时候，这些文字、图片不宜过多，要简短精练。其介绍内容有主要配料以及一些独特的浇汁和调料、菜品的份额、菜品的制作及等候时间、菜品的制作和服务方法等。

【资料链接：菜品介绍示例（图略）】

菜品名称：蚝皇一品鲍

主料：南非干鲍

辅料调料：南瓜、西兰花

烹饪方法：蒸、烧

风味特色：嫩、韧、鲜、香

3）告示性信息

菜单除了菜品名称、价格等核心内容外，还应该提供一些餐饮企业经营中所必需的告示性信息，告示性信息十分简洁，主要包括有：

①餐饮企业的名字。通常安排在封面。

②餐饮企业的特色。如果餐饮企业经营某些特色风味而其名字本身反映不出来的，就可以在菜单封面或餐饮企业名字的下面列出其风味。

③餐饮企业的地址、电话及商记标号。一般安排在菜单的封底下方，有的菜单还提供有简单的地图，标注出该餐饮企业所在的位置。

④营业时间。列于封面或封底的位置。

⑤加收费用。如果餐饮企业有加收的费用，则一般在菜单的内页上注明。

4）机构性信息

机构性信息通常用来介绍餐饮企业的历史背景、文化理念、经营特色、发展现状等内容，以扩大餐饮企业的影响，塑造企业在公众心目中的美好形象。现在已经有很多餐饮企业意识到了这一点，通过在菜单上对本企业的介绍，以扩大其影响力。

8.2.3　菜单内容的安排

1）菜单内容安排的原则

顾客在浏览菜单和点菜时，一般习惯按就餐顺序来，因此，在菜单内容的安排上，餐饮企业通常也是按就餐顺序来编排的。这种安排既符合消费者的习惯思维模式，又能使顾客很容易找到自己所需的菜品，同时也不至于漏点某些菜肴。一般西餐菜单的排列顺序是开胃菜、汤、色拉、主菜、三明治、甜品、饮料；中餐菜单的排列顺序是冷菜、热菜、汤、主食、饮料。

2）菜单的表现形式及布局

西餐菜单的表现形式主要有四种，即单页菜单、双页（对折）菜单、三页（三折）菜单、四页（四折）菜单。

西餐中主菜是最重要的，起着举足轻重的作用，因此，主菜应尽量安排在最醒目的位置。按照通行的做法，单页菜单主菜应列在单页的中间，双页菜单主菜应列在右页，三页菜单主菜应列在中页，四页菜单主菜应列在第二页和第三页，如图8.1所示。

中餐菜单的表现形式主要以杂志式为主，一般的中高档中餐厅其菜单就如一本精美的杂志，图文并茂，各种菜肴、饮料琳琅满目。

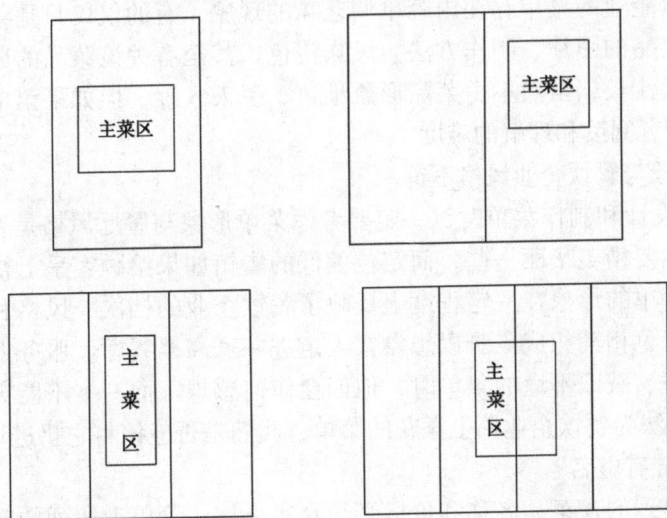

图8.1　西餐菜单的布局

3）重点促销菜品的位置安排

餐饮企业重点促销的菜品可以是名牌菜、特色菜、时令菜、高价菜、创新菜、滞销菜，等等，这些重点推销的菜品应该放在菜单中的显眼位置，以引起顾客的注意，增加被购买的机会。要使推销效果显著，就要遵循两个原则：最早和最晚。在同类菜品中列在第一项和最后一项的菜品最能吸引顾客的注意。另外，菜单上一些需重点推销的菜品也可以采用插页、夹页、台卡的形式单独进行推销。

同时，不同表现形式的菜单，其重点推销区域也是不同的。单页菜单的上半部是重点推销区；双页菜单的重点推销区在右上角；三页菜单的重点推销区则在中页，四页菜单中的第二、三页为重点推销区域。而杂志式菜单则主要是将重点推销菜品安排在菜单的开始处和末尾处。

8.2.4　菜单的设计与制作

1）菜单在设计制作中出现的常见问题

当前，国内餐饮企业对菜单的设计制作越来越重视，不乏做得非常成功的案例。但也有一些餐饮企业的菜单不尽如人意，还存在着这样或那样的问题，归纳起来，主要表现在以下几个方面：

（1）制作材料选择不当

制作菜单的主要材料是纸张，有的餐饮企业在选择制作材料时，缺乏专业的眼光。若选用不当的纸品制作菜单就会产生一些问题，比如菜单不易保存、易破损、成本过高、与企业经营风格不搭等。

（2）菜单版面内容单调乏味

相当部分餐饮企业的菜单存在内容单调乏味的现象，有的仅仅只是菜品名称和价格的简单罗列，缺乏菜品的图片、制作方法、风味特色，甚至有关该菜品的典故传说，等等。我国饮食文化源远流长，虽然不少菜品形象雅致、引人入胜，但如果菜单版面内容单调乏味，就会增加消费者阅读和理解的难度。

（3）菜单形象与餐饮企业风格不符

餐饮企业在设计和制作菜单时，一定要考虑菜单形象与餐厅风格是否和谐一致。高档次餐厅的菜单必然要精美华丽一些，而定位偏低的餐馆如果给顾客呈上精美绝伦的菜单也是不伦不类的。菜单的形象在一定程度上反映了餐饮企业的档次、风格和特色，它应与整个餐厅的气氛、特色相辅相成。难以想象客人走进一家高档餐厅，服务人员却送来一本尺寸过小、极其简陋、破旧不堪的菜单时，他们会作何感想。而一本不能突显餐饮企业风格和特色的菜单，无法为餐饮企业锦上添花的菜单，我们是否应该将它扔进垃圾堆？

（4）菜单"徒有虚名"

正如前面所提到的，菜品名称和价格必须真实可靠，菜单上所列的产品，餐饮企业必须保证供应。然而，遗憾的是不少餐饮企业的菜单表面上看来名菜汇集，应有尽有，但当客人点餐时，却发现缺货的还真不少，正所谓"单上有名，厨中无菜"，菜单乃是"徒有虚名"而已。

（5）随意涂改菜单

受原料供应、消费者需求等多种因素的影响，菜品的种类及价格等有所变动是很正常的现象。然而，一些餐饮企业为了节省成本而不愿及时更新、更换菜单，而是直接在原有菜单上进行涂改，或者用笔直接修改，或者用电脑打印纸、胶布遮贴。菜单上明显的更改痕迹，会使菜单显得极不严肃，很不雅观，会让消费者对餐饮企业产生不信任感，甚至是反感。如果说菜单的字体、大小不当会有碍观瞻，那么随意涂改菜单就是服务不周了。

当然，在菜单设计和制作过程中除了以上常见的问题外，还有譬如人为省略或粗心遗漏了某些信息、菜单核心要素缺乏等，这些问题的出现都会对餐饮企业的形象产生一定的影响。所以餐饮企业管理人员一定要对菜单的设计和制作高度重视，尽量避免以上问题的出现，把菜单的作用发挥到极致。

2）菜单的设计与制作

（1）菜单的制作材料

菜单的制作材料直接影响到菜单的整体质量，同时，制作材料的好坏，能较好地反映餐饮企业的档次及地位。因此，在选择菜单的制作材料时，要根据餐饮企业的市场定位及菜单的使用方式，来选择成本合理的制作材料。如果高档餐厅选用低成本的劣质材料，就会给客人一种低档次的印象，这也与餐厅的形象及定位不相符合。而中低档次的餐厅也不要一味追求高档效果，要考虑制作成本，考虑餐厅经营的利润。

从菜单的使用方式来看，可分为一次性菜单和耐用性菜单。一次性菜单的使用寿命很短，只使用一次。一些快餐厅、自助餐厅、西餐厅等就会常常用到一次性菜单。由于一次性菜单用过后就丢弃，因此可以选择相对轻巧、便宜的纸张，其耐磨、耐污等性能可以不必考虑，但并不意味着可以粗制滥造。许多高规格的宴会菜单，虽然只使用一次，但仍然要求选材精良，设计优美，以此来体现宴会服务的规格和餐厅的档次。耐用性菜单是餐饮企业需要长期使用的菜单，因此要选择经久耐磨又不易沾染油污的纸张，同时还要考虑手感好、美观高雅的要求，尽量避免使用塑料、绸、绢等材料。

（2）菜单的封面与封底设计

封面是菜单的"门面"，是菜单给顾客的第一印象，封底是菜单留给顾客的最后一个印象，其设计风格与版面效果的好坏直接影响菜单的效果。匠心独运的封面和得体的封底设计，必然会给顾客带来美好而深刻的记忆。

菜单的封面代表着餐厅的形象，因此，其设计必须反映出餐厅的经营特色、经营风格以及餐厅的档次等特点。首先，菜单封面的图案、色调，要与餐厅整体风格相协调。其次，菜单封面一定要有餐厅的名称，并且要具有艺术特色。另外，封面的用料应厚实，具有耐久性，最好能压膜以防油污和水渍。最后，餐厅在封底的设计上，应该使其与封面相映生辉，恰如其分地印上餐厅的地址、电话号码、营业时间及其他的营业信息等。

（3）菜单的文字设计

菜单是顾客与餐厅沟通交流的桥梁，这种沟通交流是主要是通过文字向顾客传递的，因此，菜单的文字设计非常重要。菜单的文字设计主要包括对菜品名称、描述性说明、餐厅声誉的宣传（如优质服务、烹调技术等）等的文字介绍以及对菜单字体、字形的选择运用两个方面。

一份好的菜单文字介绍，应该做到描述详尽，令人读后浮想联翩，而不能只列出菜品名称和价格。有的虽然不乏对餐厅、菜品的说明，其文字介绍却显得杂乱无章，欠斟酌，经不起推敲。如果菜单与杂志广告相比，其文字撰写的耗时费神程度并不亚于设计一份精彩的广告词。比如深圳的香江酒楼把镇江名菜"柴把鸡"改名为"抱财鸡"，前后经营效果大不一样。再比如"奇门遁甲"这道菜就可以如此描述：此菜主要原料为鳝鱼脐门和甲鱼，实为鳝鱼脐门炖甲鱼，取谐音而得名"奇门遁甲"，常用来称颂主客双方的机变通达，前程远大。此外，菜单上文字的字体、字形的选择运用也极其重要。要求字体清晰、端正，以楷书为宜，文字编排时菜名之间的空隙要安排合理，切勿过稀过密，否则会影响顾客的阅读效果。菜单的字形，即印刷菜单时所用铅字的型号大小。据调查统计，最容易被顾客阅读的字形是二号铅字和三号铅字，其中以三号铅字最为理想。

（4）菜单的图片选择及色彩的运用

为了充分发挥菜单的促销作用，很多餐厅在设计制作菜单时，往往会在菜单上插入图片并运用色彩效果以增强菜单的艺术性和吸引力。菜单中常使用的图片主要有菜品的照片、餐厅外貌、重要人物在餐厅就餐等图片。但是餐厅在使用图片或照片时一定要注意照片或图片的拍摄和印刷质量，否则达不到理想的效果。此外，色彩的运用也很重要。赏心悦目的颜色能使菜单更具有吸引力，通过对色彩进行有效的安排、组合，能更好地向顾客展示重点促销菜品。菜单的色彩能反映出一家餐厅的风格和情调，因此，一定要根据餐厅整体风格、性质和顾客的类型慎重选择和搭配颜色。

（5）菜单的规格与篇幅

菜单的规格应与餐饮内容、餐厅的类型与面积、餐桌的大小和座位空间等因素相协调，使顾客拿起来舒适，阅读时方便。目前餐饮企业的菜单规格大小不一，一般单页菜单以30 cm×40 cm为宜；双页（对折）菜单合上时以25 cm×35 cm为宜；三页（三折）菜单合上时以20 cm×35 cm为宜。此外，菜单在篇幅上应保持一定的空白，篇幅上的空白会使字体突出，避免拥挤、杂乱，便于顾客阅读和挑选。一般而言，菜单中文字所占的篇幅不宜超过50%。

【案例：肯德基进军中国香港及内地的成败】

肯德基对中国人来说并不陌生，它是比较早进入中国的洋快餐之一，提供以炸鸡为主的美式快餐食品。到20世纪70年代，肯德基在世界各地已经拥有快餐店数千家之多，形成了一张庞大的快餐店连锁网。

进军中国内地之前，它首先把目光瞄准了香港，以此作为进军内地市场的前奏和跳板。在一次记者招待会上，肯德基公司董事会主席曾夸下海口：要在美食天堂香港开设50～60家分店，这并非信口雌黄。1973年，赫赫有名的肯德基公司踌躇满志地踏上了香港这个弹丸小岛。6月份，第一家肯德基家乡鸡在香港美孚新村开张，到1974年共开设分店11家。

在肯德基家乡鸡店中，除了炸鸡之外，还供应其他杂类食品，包括菜丝沙拉、油炸土豆条、小面包，以及各种饮料。

肯德基家乡鸡首次在香港推出时，发动了声势浩大的宣传攻势。电视广告迅速引起了消费者的注意。电视和报刊、印刷品的主题，都采用了家乡鸡通用的世界性宣传口号："好吃到舔手指"。声势浩大的宣传攻势，加上独特的烹调方法和配方，使得顾客都很乐于一试，而且在家乡鸡进入香港以前，香港人很少尝试过所谓的美式快餐。看来肯德基在香港前景光明。

然而，肯德基在香港并没有风光多久。1974年9月，肯德基公司突然宣布多家快餐店停业，只剩下14家还坚持营业。其后时间不长，首批登陆香港的肯德基店便全部关门停业。

虽然肯德基公司董事宣称，这是由于租金太高造成困难而歇业的，但其失败已成定局。其失败原因也明显不仅仅是租金问题，最为主要的是没能吸引住顾客。

当时的香港评论家曾大肆讨论此事，最后认为导致肯德基全盘停业的原因是鸡的味道、价格、服务和宣传上出了问题。

其一，本应为了适应香港人的胃口，快餐店一律采用了本地产的土鸡品种（经营者看来已极具慧眼），只可惜仍采用以前的喂养方式，即用鱼肉饲养。这样，就破坏了中国土鸡特有的口味，很令香港人失望。

其二，在服务宗旨上，家乡鸡采用了美国式服务。在欧美的快餐店一般都是外店，人们驾车到快餐店买了食物回家吃。因此，店内通常不设座位。这跟亚洲人的饮食习惯有很大的区别，亚洲人吃快餐喜欢在买的地方进食，经常是一群或三三两两同事、好友买了食品聚坐在店里边吃边聊。这种不设座位的做法，无疑是遣走了一批有机会成为顾客的人。

其三，香港人普遍认为价格太昂贵，因而抑制了需求量。

其四，在广告上肯德基采用了"好吃到舔手指"的广告词，这在观念上也很难被香港居民所接受。

根据以上四点，肯德基虽然广告投入规模不小，并且吸引了许多人前往尝试，但最重要的是回头客不多。肯德基还有机会吗？

一转眼8年过去了，肯德基在马来西亚、新加坡、泰国和菲律宾已投资成功。这时，他们准备再度进军中国香港。

这次由香港太古集团的一家附属机构取得肯德基在香港的特许经营权，首家新一代肯德基家乡鸡店耗资300万元，于1985年9月在佐敦道开业，第二家1986年在铜锣湾开业。不过这时香港快餐业已发生了许多新的变化，竞争非常激烈。因此，肯德基虽说是有备而来，但要占据市场还比较困难，所以他们开拓市场时更为谨慎，在菜单设计、营销策略上均按香港的情况进行了适当的变化。

明确目标市场，瞄准那些高级餐厅与自助快餐店之间的空隙，新的家乡鸡以一种高级"食堂"快餐厅的形式经营。顾客对象介于16岁至39岁之间，主要是年轻群体，包括写字楼的职员和年轻的行政人员。

其次，菜单的食品项目上，除杂项、甜品和饮品外，大多数原料和鸡都从美国进口，所有鸡件都是以赫兰迪斯上校的配方烹制，炸鸡若在45分钟仍未售出时不会再售，以保证所有鸡件都是新鲜的。

在菜单价格构成上，肯德基进行了大的改变。公司将家乡鸡以较高的溢价出售，而其他杂项食品则以较低的竞争价格出售。原因是家乡鸡是招牌，又极富风味，而其他杂项食品因本店周围有许多出售同类食品的快餐店与之竞争，降低杂项食品价格，能在竞争中取得一定的优势。

这些措施终于奏效，肯德基被香港人接受了。

随后，肯德基又乘胜进军内地各大中城市，肯德基将其在内地的目标市场从年轻人市场扩展至儿童市场。菜单内容则出现了明显的本地化趋势，在保留家乡鸡招牌菜的基础上推出了较适合中国人口味的一些新品种如辣鸡翅、辣鸡腿汉堡等，还有一些儿童套餐也成为重要的新菜内容。菜单价格则采取了与香港类似的策略。在原料供应上，肯德基采取了本地化的策略，同时又吸取了在香港的教训，并不采用土鸡品种，而是采用美国品种，以保证美国式的风味。这些措施的采用使肯德基在内地餐饮市场打开了局面，并在后来与众多洋快餐如麦当劳的激烈竞争下站稳了脚跟，并占有了相当大的市场份额。

[点评]

快餐菜单看似简单，但其经营本身就是要靠数量极其有限的菜式品种来吸引消费者，这反而给菜单设计提出了更高要求，要求其菜肴品种更加精练、更具代表性、更能符合目标市场的特点。

肯德基在香港及内地经营的成败牵涉到多方面的因素，而究其根本，则是集中体现在菜单的设计上，尤其是菜肴品种和菜肴价格。菜单上菜肴品种和菜肴价格的设定都必须符合目标客源的特点。肯德基在香港第一次登陆的失败，其根本原因在于目标市场的不明确，从而选取了不合适的菜价、原料供应方式和服务方式。而之后的第二次进军香港，肯德基吸取了教训，首先就明确了目标市场并找到了合适的产品定位（豪华餐厅与快餐厅之间），并据此进行了正确的菜单设计，确定了合适的品种，对不同品种分别采用不同的定价策略，从直观上降低了菜价，增强了竞争力，从而赢得了顾客。肯德基进军内地市场，也找准了目标市场，在采用与香港类似的方法降低直观价格的前提下，对菜肴品种进行了"本地化"，推出了符合内地市场特点的新品种和服务。

在这里，值得提出的是"本地化"。"本地化"是跨国集团进行市场拓展经常运用的产品改良方法。但肯德基在香港的第一次"本地化"并不成功，显得不伦不类，还导致了失败。而它在内地的"本地化"措施则取得了成功。实质上，对餐饮企业来说，"本地化"是菜单设计对当地市场的适应，餐饮企业在实施这种菜单变革时，应注意不能陷入"四不像"的尴尬境地。

（资料来源：陈觉，何贤满.餐饮管理经典案例典评［M］.沈阳：辽宁科学技术出版社，2003.）

【实训项目】

项目名称

餐饮菜单设计。

项目内容

分组制作菜单。

项目要求

掌握菜单的制作、菜单内容排列、菜品选择、重点菜肴促销等技巧。

项目流程

①同学们分组讨论，并制作菜单。

②选派一名代表讲解菜单的设计思路。

③同学们相互评价。

④教师点评。

【复习与思考】

一、简述题

1.菜单的概念及种类是什么？

2.菜单的作用有哪些？

3.菜品选择的依据是什么？

4.菜单的内容有哪些？

二、分析论述题

1. 如何设计一份菜单？

2. 拟订一份中式婚宴菜单，并说明理由。

三、案例研讨题

两家欧洲餐馆的菜单设计

欧式餐饮是西餐中风格独特的流派，其菜肴品种的选配、菜肴服务方式和菜单的文字介绍及装帧都具有鲜明的特色。下面是两家欧洲餐馆的主菜单设计。

歇拉顿是一家德国餐厅，位于慕尼黑，提供典型的欧陆餐食及服务。其菜单设计亦有不少独到之处。

菜单从封面到衬页，每页都有一幅别致独特的、欧洲某个国家的风光画——常常是磨坊风车，色彩选择是栗色或橘黄色。封面是重磅涂膜纸，内衬页是淡棕色80磅纸。菜肴名称及分类标题粗大易读，全用深棕色印刷。菜单大小规格是33 cm×27.94 cm。菜肴类别一律用两种文字表达：

Vorspeisen	Appetizers	（开胃品类）
Suppen	Soups	（汤类）
Sandwiches	Sandwiches	（三明治面包类）
Fisch	Fish	（鱼鲜类）
Vom Grill	From our Grill	（炙烤肉类）
Wild	Game	（野味类）
Spezialitalen	Spicialties	（特色名菜类）
Nachspiesen	Desserts	（甜品类）

这份菜单上总共列有21道主菜、9种开胃品、5种汤、5种三明治面包、12种甜点，阵容确实惊人。明显有别于"一般"的炙烤肉食类和野味类。炙烤肉食类在欧洲人的菜单上是屡见不鲜的项目。跟美国人餐馆里的烘烤类有相似之处，但其通常包括的内容却又有别于美国的烘烤类。如欧洲人的炙烤肉食类下常常有炙烤肉什锦，这是各种炙烤肉食的拼盘组合。美国菜单可以增加炙什锦这一项。在这份菜单上，炙烤肉什锦还配用了烤土豆丁和羊肚菌酱。

这份菜单的炙烤肉类中还列上了里脊牛排。牛排的配制、炙烤和菜单上的标名，文字写得很有气派，着意于促销。牛排标名为"亨利四世"精美牛排，净重350 g，洋蓟底，浇淋伯尔尼酱汁。大陆式烹调讲究调料酱汁之类，所以菜单上都一一郑重标出。除伯尔尼酱汁外，这份菜单上还标有薄荷汁、乳脂酱、红葡萄酒、荷兰酱汁和咖喱酱等。

菜单的野味类中，特别令人感兴趣的是半雏鸡拼鹅肝、块菌、酸果，还有色拉菜。这道主菜搭配得巧妙别致，充分展示了欧陆风格。

菜单上的特色名菜类包括四道小牛排主菜，这当然又是典型的大陆风格。此外，还有鸡脯肉（用香槟酒烧制，颇为奇特）、小牛肝、猪肉饼等。每道主菜各不相同，酸菜也不同。配菜分别为色拉、蔬菜和酱汁调料。

提供各类甜点食品，体现出其促销意识甚强。除了各种干酪、乳酪、甜点还有水果和各色冰淇淋。晚间甜点又增加了三道火烧冰淇淋。其中两道是冰淇淋加水果（果酱或鲜水果），浇上烈酒点火炙烧，能持续烧上几秒钟，使顾客胃口大开。

采用欧洲大陆式菜单，所有菜肴顾客都可以自由点叫。这样就可使一顿客饭（一汤、一主菜、一甜点）的价格提高到40马克（约22美元），其中15%是小费，11%是销售税。

位于英国伦敦的洲际大饭店的晚餐菜单和甜品单制作也很精美，菜式设计也很合理，有特色。

菜单封面是银灰色的，图案和介绍性文字用红黑两色印刷。装潢图形和铅字体再现了20世纪20年代和20世纪30年代流行的艺术风格。主菜单长宽分别为25.4 cm和 38.1 cm，前后两张封面，内衬共4页，用红色丝带系扎。甜品单大小16.5 cm×22.8 cm。单页封面，内衬4页，纸质相同，字体与设计也全相同。甜品单还有可夹上夹下的纸片，这样可以随时添加或更改内容，而内衬页就不必因更改而重新印刷。

菜单上开胃品、主菜、甜点及一些少见的菜肴品类，花色繁多，价格昂贵。尽管这是一份供英国饭店餐厅使用的菜单，但所有食品名称却一律用法文表示，只有介绍性文字使用英文。法文标名给菜肴平添了几分"高档"的感觉，于是标价昂贵也是理所当然。

菜单所列的食品类别主要有：

开胃品	13项
汤类	6项
主菜	6道
海鲜类	9道
炙烤肉类	5道
双人客饭	3种
自拼冷食盘	3种
蔬菜类	14项
甜点类	14项

菜单上所有食品任凭顾客自由点叫，这是昂贵菜单的一大特点。六种汤肴列于甜品单上，这不同于美式列单方式，此外，美式菜单多数不列多种汤肴。菜单上开胃品和甜点品种特多，可见餐前和餐后的饮食在这里是唱主角的。

炙烤类是典型的欧洲大陆式分类，包括牛排、小牛排和羊排。蔬菜类有各式蔬菜任顾客选点。此外还有两项蔬菜汤：土豆菠菜汤和野蘑菇、腊肉、洋葱丝汤。不寻常的蔬菜单项或多项组合是增加花色品种的途径之一。

在这里，菜肴上桌也是别具风格的，如有许多菜肴是在顾客餐桌旁当众用火烧烤或烧煮的，这被称为"燃焰表演"，是法式菜肴服务的特色。龙虾汤是在桌旁烧的；龙虾是将龙虾调入龙蒿酱加科涅克白兰地酒和鸭臣酒后点火炙烤的。在甜品类中，有草莓加青椒片浇淋雪利酒炙烤，然后配以香草冰淇淋和奶油品尝。

所有这些现烧现烤的当众表演，使菜单增加了"激奋"因素。顾客在观看、品尝之余，也深深感到花钱花得值得。

此外，菜单上还印有大厨和餐厅经理的名字。

思考：这两家欧洲餐馆菜单设计的成功之处在哪里？

项目 **9**

采购与库存管理

餐饮原料食品的采购是餐饮企业经营管理工作的一项重要内容。餐饮产品的质量是否稳定，餐饮成本控制是否合理等问题都依赖于餐饮原料的供应。同时，科学合理的原料贮存，对原料发放和使用进行合理的控制管理，也是对餐饮企业菜肴质量的保证。

【学习目标】

①掌握采购管理的基本原则和原料验收的要点和程序。
②熟悉原料采购的质量、数量和价格的控制。
③熟悉原料库存发放管理的基本方法。
④了解原料采购的组织和人员配备。

【核心概念】

采购原则；食品原料采购程序；原料验收管理；食品贮存管理；原料发放控制。

案例导入

2010年，由于全国出现用工难、招工难的情况，某酒店为了保证餐厅等前台部门服务员的数量以及酒店服务质量，临时决定将酒店管事部和采购部暂时合二为一，将其后台部门抽调了一批员工到前台工作。由于组织机构变动，人员分配不恰当，造成酒店验收、贮存和发放混乱。一个季度盘存结束，发现酒店库存食品原料耗损严重、库存与实际系统记录不符，给酒店造成损失将近10万元。这个案例应该引起我们对餐饮企业食品原料采购、库存管理的重视以及思考！

任务9.1　原料采购

9.1.1　原料采购的基本任务和基本原则

1）原料采购的基本任务

餐饮企业采购的目的，是以合理的价格，在适当的时间，从安全可靠的货源处采购符合餐饮企业质量规格标准的原材料物品，以保证餐饮服务的需要。餐饮企业采购管理的任务主要是收集完整的采购信息、确定采购人员的条件和职责、健全和完善采购程序、提高采购效率。具体来说主要体现在以下几点：

（1）收集完整的采购信息

完整而正确的采购信息，有助于餐饮管理人员对企业原材料的各种供货渠道和原料物资进行筛选，从而选择购买最适合于本企业自身需求的原料和物资。

（2）培训专业采购人员

有效的原料采购管理，应该对采购人员进行专业知识及技能的系统培训，使其能够胜任餐饮企业复杂的采购工作。

（3）建立标准的采购作业程序

标准化的采购程序，规定了采购的行为方式和作业流程以及采购所应该达到的质量标准、价格标准、时间标准，可以更好地在质量、价格和时间上保证餐饮企业采购工作的顺利进行。

（4）提高采购的工作效率

采购工作尤其是餐饮原料的采购琐碎、复杂，因此餐饮采购管理的目的就是要提高采购的工作效率，避免耽误时机，而浪费时间，使采购工作有序、顺利地进行。

2）原料采购的基本原则

（1）质量适用原则

餐饮企业采购高质量的原料，不等于采购质量最佳的食品原料，而是指按照菜单需要采购适合于制作各种菜肴的原料。实际上，每家餐饮企业的菜肴特色并非需要最好的原材料才能够制作。

（2）价格满意原则

原料采购合理而满意的价格并不是一味地追求最低价格。市场供需关系、时令季节、气候等多方面因素都可能影响实际采购价格的变动。合理的价格是指能够以低于市场价格的进货价格采购所需的原料。

（3）采购适量原则

原料采购的数量应该根据餐饮企业自身的需求来确定，不同的时间、不同的季节以及餐饮企业销售情况等都会对原料的进货数量有所影响。原料的采购数量应根据每天的消耗量、库存量的大小以及贮存空间的多少进行合理的安排，绝不能受制于供应商的送货数量要求而盲目采购，导致库存和资金积压以及原材料的耗损。

（4）采购时间适宜原则

在适当的时间采购所需的食品原料，其目的首先是要保证原料的供应，避免原料的短缺，影响正常的餐饮服务和销售。其次是尽可能减少库存压力，降低库存费用和资金积压，减少原料由于提前采购而造成的耗损和浪费。最理想的进货量是实现零库存，在最恰当的时间订货。

（5）采购渠道安全原则

食品安全是餐饮企业的重要责任，在选择进货渠道和供货商时，要全面考察其经营资质、品牌影响力、信誉度以及其他供货企业的情况。不能只考虑在保证质量的前提下价格优惠，还应考虑适合于企业经营需要，能够提供各方面的优惠，尤其是要能够保证按时供应，不以次充好、短斤少两，讲究信用的进货渠道和供货商才是最为理想的。

3）制定原料采购质量标准

所谓原料采购质量标准是指餐饮企业以书面形式，对所需食品原料的名称、等级、用途、检验程序、特殊要求等制定详细要求的书面标准。

一份较为完整的采购质量标准应包含以下内容：产品名称或者常用商业名称；政府确定的等级或者当地通用的等级；商品报价单位和容器；基本容器的名称和大小；重量范围；加工类型和包装；食品其他防止引起误解的信息。

（1）原料采购质量标准的编写要求

原料采购质量标准制定应注意以下几个方面的问题：

第一，原料采购质量标准必须遵循行业现行的标准作为基础，按照政府颁布的具体标准来制定企业的采购标准，不能强求供应单位按照企业标准执行。

第二，质量标准的编写必须简洁、明确，不能使用容易引起误解的文字，如一般、较好等概数文字。

第三，采购标准必须以实际的烹调需要作为基础来具体确定原料的等级、规格、品种等。采购规格标准，必须以生产制作需要为出发点，适用于烹制相应的菜肴。

第四，采购质量标准的编写，应该考虑到企业的类型等因素，这对食品原料的质量也有不同的要求。同时，企业的仓储设施、厨房设备也对原料的种类、加工方式、呆账等提出不同的要求。

（2）原料采购质量标准的作用

第一，能够根据每一种菜肴的制作要求，预先确定食品原料的质量。

第二，原料采购质量标准对各供货渠道提供了一致的质量要求，有助于在质量一致的前提下进行比较选择。

第三，原料采购质量标准的制定可以简化订货手续，减少采购错误和供货单位发货的失误。

第四，原料采购质量标准的制定，为原料的入库验收提供了依据。

第五，原料采购质量标准对质量要求的规范，可以避免盲目采购和不恰当采购。

第六，原料采购质量标准有助于减少和供货单位之间的矛盾。

9.1.2 原料采购的组织和人员配备

1）原料采购组织形式

餐饮企业采购的组织，是采购工作顺利开展的基础。餐饮企业采购组织形式根据饭店的类型不同，而有所区别。根据现实情况，主要有以下三种组织形式：

（1）酒店采购部负责采购

采购部负责采购是由餐饮部门提出采购申请和要求，由酒店采购部统一采购的组织形式。这种形式的优点有利于专业化管理，便于资金和采购成本的控制。不足之处是采购的及时性和灵活性会受到影响。这种组织形式必须以严格的计划性和制度化为前提，否则就会出现互相推诿、互相斥责，造成一线供应不足甚至脱节的现象。

（2）餐饮部负责采购

餐饮部负责采购就是餐饮部负责所有餐饮原料的订货和购货业务的组织形式。这种形式的优点是能够根据餐饮部门实际的业务状况，灵活及时地采购，便于控制数量和质量。不足之处是缺乏制约和监督，容易出现财务方面的漏洞。

（3）餐饮部和采购部分工采购

餐饮部和采购部分工采购就是由餐饮部负责鲜活原料的采购，采购部负责干货类原料和物品的采购。这种组织形式的优点是比较灵活并能及时满足餐饮服务与销售的需要，也有利于采购成本的控制。不足之处是由于多头采购，给管理与协调带来一定的难度。

2）采购人员配备

优秀的采购人员是餐饮企业做好采购工作的基本要素。采购本身是一项复杂的业务活动，必须具备一定的经验和知识，采购活动也直接影响到企业的成本控制。有管理学家认为，一个优秀的采购人员可以为企业节约大概5%的餐饮成本。而采购人员选择不当，就会造成原料采购质次价高，甚至出现收受回扣现象，导致原料成本上升。可见，选择采购人员是十分重要的，一个优秀的采购人员应具备一定的业务素质，并且还应具备良好的道德素质。

3）采购人员的业务素质

①熟悉原料制作的要领和厨房业务

采购人员虽然不一定是厨师，但应懂得每一种原料的用途以及质量标准要求，尤其是在饭店还没有制定采购食品原料质量标准时，更应该具严格把关，以确保采购到适合的食品原料。

②熟悉食品原料的采购渠道

采购人员应该知道什么原料应在什么地方可以采购到，哪里的货质量好、价格便宜。企业应保证多条采购渠道，才能确保食品原料供应。采购渠道的维持是建立在相互信任，相互支持的基础之上的，也涉及人与人之间的关系。

③了解进价销价的核算关系

采购人员除了单一地熟悉食品原料的价格，更应了解餐饮部门菜单上的菜品名称、售价和分量，知道餐厅近期的毛利率。这样，在采购时就能知道所采购的食品原料在价格上是否可以接受，是否应选择代用品。

④熟悉原料质量规格的鉴别要领

采购时，通过精密的质检设备鉴别是不现实的，采购人员的经验至关重要。采购人员应对市场上各种食品原料的规格和质量有一定的了解，要有鉴别好坏的能力。例如燕窝中的官燕，就以透明、毛少者为上品，而污浊、毛多者为下品。

9.1.3　货源管理与原料采购程序

1）供货单位选择

原料供应渠道的选择，首先必须把原料质量和价格结合起来考虑。只有在原料质量符合企业制定的质量规格标准的前提下，才能选择出价格最低的货源。值得注意的是，供应商的选择，不仅要注意原料的品质与成本，而且还要对供应商能否配合我们的日常活动，在非常情况下能否提供支持，能否提供优惠的条件等因素结合起来考虑。具体来说，对供应商的选择主要考虑以下几个方面：

（1）供货单位的管理水平和设施情况

餐饮企业应了解供货单位的设施是否齐全，加工过程是否严格按规章制度和卫生标准执行，对订货单、存货数量与质量的管理控制是否有系统的程序和科学的方法。

（2）供货单位的交通和地理位置

如果品质没有问题，一般应优先选择本地的供应商，这样可以节省采购时间和采购费用，送货延迟的可能性也会大大减少，保证原料的鲜活。

（3）避免出现原料单一供货渠道

为避免由于人为、天灾等不确定因素造成的原料供应中断，影响餐饮业务的正常运转，应考虑选择多家供货单位，来保证原料的供应。

（4）供货单位能否提供赞助，能否放宽付款的期限以及其他优惠条件

（5）合理的价格

合理的价格意味着价格与质量的统一，在保证食品原料质量的前提下，尽可能选择价格较低的供货单位。

（6）供货单位的忠诚度和利益冲突问题

应尽量选择信用良好的供应商，否则即使价格低廉，也不应给予考虑。如果竞争对手的原料也是同一家供应商提供的，应该事先权衡得失再加以考虑。

2）原料采购程序

为了便于采购人员清楚地知道怎样工作，同时也便于管理人员实行有效的监督控制，餐饮企业必须建立标准化的采购程序。餐饮采购程序大致上可以分为一般原料物品采购程序和每日需要进货的鲜活类原料采购程序。

（1）一般原料采购程序

一般餐饮原料物品的采购，由于采购时间比较充裕，进货频率不高，因此在采购程序上的控制相对严格。其中，在某些餐饮企业也会针对部分贮存时间较长的干货类食品原料，遵循一般原料采购程序进行操作。

①仓库在各种物品库存量达到最低界线时，填写"请购单"（见表9.1）。

库存量最低界线，也称为采购线，是为了保证供应，减少资金积压而确定的订货库存量，它主要根据各种物品的每日消耗数量、保存期限、进货难易程度以及从订货到入库的间隔天数等因素加以确定。一般企业规定，在现有存货量不接近或达到最低界线前不得采

购，从而减少资金占用。

表9.1　请　购　单

日　　期：＿＿＿＿＿＿＿＿	请购单位：＿＿＿＿＿＿＿＿
部　　门：＿＿＿＿＿＿＿＿	部门负责人：＿＿＿＿＿＿＿
要求交货日期：＿＿＿＿＿＿	采购部经理审批意见：
注意：每份请购单只能填写某一类商品	
品　名　　　价　格　　　数　量	订购单编号　　建议供应商

②请购单须经仓库主管签字，并报餐饮部经理批准确认。

③采购部门或采购人员根据请购单的要求，选择适合的供应商，填写订购单（见表9.2）或签订合同，安排采购事宜。

采购部门在选择供应商时，应坚持"货比三家"的原则。如果订购不到请购单上要求的原料物品，应及时通知请购部门，如果找到的是这种物品的替代品，也应事先征得请购部门的同意。经批准的订货单和订货合同，采购部门除自己留存一份，还应送交请购部门、仓库验收、财务各执一份。

表9.2　订　购　单

订购单编号：＿＿＿＿＿＿	订购日期：＿＿＿＿＿＿＿
	付款方式：＿＿＿＿＿＿＿
致：（供货单位名称）	订货单位：＿＿＿＿＿＿＿
请送以下货品	交货时间：＿＿＿＿＿＿＿
编　号　　订购量　　项目　　规格	单价（元）　　　小计（元）

④供应商送达的货物，按程序进行验收。

⑤验收工作完成后，由财务部核准付款。

（2）鲜活类原料采购程序

鲜活类原料具有用量大，贮存时间短，进货间隔周期短的特点，尤其是蔬菜、鲜肉、海鲜等食品原料几乎每天都需要采购。因此，这些原料的采购有着独特的特点。

①仓库保管人员每天下午3点左右，在当天应进的原料基本上都已收进后，对库存的食品原料进行清点，统一记录在"每日原料存、购一览表"（见表9.3）上。

表9.3　每日原料存、购一览表

								日期：＿＿＿＿＿	
品名	单位	库存量	在途量	需购量	订单号	供应商	单价	送货时间	备注
仓库主管：＿＿＿＿		行政总厨：＿＿＿＿		饮食总监：＿＿＿＿			采购部经理：＿＿＿＿		

记录品名、库存数量、在途数量，经仓库主管签字后，送交厨房。在途数量是指已经购买，但还没有到库的原料，应敦促采购人员催货，数量也应记录，以便全面控制食品的

采购和结存。

②厨房接到"每日原料存、购一览表"后，计点厨房里现存的食品原料、预计明日各种食品原料的需用量，并将预期的需用量与库存和厨房现在的数量进行比较，计算出明日需购的数量并填写采购申请单，报餐饮部经理批准。

③"请购单"经餐饮部经理批准后，交采购部或采购人员准备进行采购。采购人员当日或次日选择适当的采购方式进行采购，一般餐饮企业大多数采用实地采购的方式采购鲜活类原料。

④次日，根据"请购单"审核原则的品名、价格、数量等对供应商送来的食品原料进行审核，并记录实际收到食品原料的数量。如果供应商少送急需的原料，应立即通知采购部和厨房，以便采取补订原料的措施。

⑤按程序进行验收并把相关票据送交财务部核准付款。

3）原料采购方式

（1）合同采购

所谓合同采购，就是指买卖双方达成一致性的协议，签订合同进行采购。合同采购适用于餐饮企业向供货单位发出订单，其商品价格、条件必须为卖方所愿意接受，然后签订合同由供货单位向企业供应食品原料。

（2）实地采购

实地采购是餐饮企业根据所需的原料及数量，直接到市场上进行的选择采购。本地市场的实地采购，可以把库存降到最低，而且可以多方面加以比较。本地市场的实地采购适合于以中餐为主的餐饮企业，因为中餐厅的大部分鲜活类原料，都采取实地采购的方式进行采购。实地采购的另外一种形式就是到产地直接采购。

（3）报价采购

报价采购是指餐饮企业将所需的物品填写订购单，附带采购质量标准说明书向供货单位询价，由供应商填写报价单，通常供应商所填写的报价单应包括品名、价格、单位、数量、交易条件以及有效期限等。

供应商报价单应注意以下几点：

第一，报价单是否有附带条件，常见的附带条件如本报价单有效期时效、本报价单仅限于某某企业等。

第二，买方对报价单内容一旦接受，不得毁约或者退回。

第三，报价单的有效期是以报价送到对方所在地时开始生效，而不是以报价人的报价日期为准。

第四，报价后，如果买方还没有表示接受，卖方有权撤回其报价。

第五，报价单如果超过报价规定的接受期限，则自动失效。

（4）招标采购

所谓招标采购，是一种按规定的条件，由卖方投标价格，并确定时间当众开标，公开比价，以符合规定的最低价者得标的一种买卖契约行为。招标采购是一种比较正规的采购方式，具有公平自由竞争的优点，也可以使餐饮企业以合理的价格购得符合质量要求的食品原料，防止舞弊现象。一般来说，采购程序可分为四个步骤：

①发标。餐饮企业对所要采购原料的名称、规格、数量以及条件等加以确定，填写发标单，刊登公告并准备出售标书。

②开标。将供应商投来的标书进行启封，审查供应商的资质条件，如果没有问题再予以开标。

③决标。开标后，必须对报价单所列的各项规格、条款加以详细审查，再举行决标会议公布决标单并发出通知。

④合约。决标通知一旦发出，这项采购买卖就告完成，再按照规定办理相关书面合同以及签订工作。

4）采购价格控制法

原料采购价格是整个采购管理中最困难的工作。影响采购价格的因素也是多方面的，比如因信息获取不充分导致采购价格偏高；采购人员与供应商串通，收取回扣导致采购物品价格较高以及原料价格受到季节、供应量的变化也会出现上下浮动。因此，采购价格更要设法控制。采购价格控制的目标是为了防止有关采购人员从中徇私舞弊，保证采购物品价格的合理性。根据餐饮企业原料采购工作的特点，主要有以下几种方法：

（1）实地调查价格控制法

实地调查价格控制法是一种传统的价格控制方法，是管理人员亲自到原料供应地调查原料的价格，然后与每天采购的原料价格进行对比，从中发现问题，进而对价格进行调整和控制。

（2）同行间的信息交流价格控制方法

同行间的信息交流是一种简单而有效的价格控制方法，通过餐饮同行之间相互沟通原料价格信息，实现对价格的调整和控制。其实，对餐饮原料价格的控制并不是对所有原料进行了解，因此完全可以通过与其他饭店进行主要原料、采购金额较大的原料进行沟通，进而了解在哪一渠道可以何种价格采购到某种原料。

（3）财务人员监控法

财务人员监控法是把餐饮企业每天需要进货的原料罗列在清单上，列明每日采购的数量，然后由财务部人员轮流每天去市场询价，然后把采集的价格信息与采购人员的采购价格进行对比，分析采购价格的高低。

（4）三方报价控制法

以三方报价的方式控制采购工作，即在订货前，征询3个及以上的供货单位的原料价格，然后确定选用哪一家的货品。用三方报价的方式来决定供货单位后，采购部应将所定的价格汇总整理，打印多份价格表，送交有关部门作稽核价格和计算成本之用。

（5）征求供应商投诉控制法

征求供应商投诉控制法是餐饮企业定期或随时收集并征求各供应商对本企业采购、验收、结算付款等方面的意见，以改善企业采购的运作，是争取外界对企业工作人员监督、评价的方式。这种方式是一种外部监督，能有效地揭露和防止企业采购人员效率低下、营私舞弊等问题。通常有以下几种形式：

①设置投诉信箱。由餐饮企业经理或者办公室秘书负责开启、审阅、处理。

②公布投诉电话，或在给供应商的有关单据上印有投诉电话号码。投诉电话一般也是由经理接听并记录处理或者由办公室秘书负责接听、记录，并转呈经理处理。

③定期向供应商寄送征求采购工作意见表。管理人员应对反馈意见较大的供应商进行个别访问，做详细调查和了解。

5）采购数量控制方法

原料的采购数量直接影响着餐饮企业流动资金的占用、仓储费用和人工费用。因此，餐饮企业应根据餐厅的经营特点，核定合理的采购数量。采购数量常受到销售量、食品原料的特点、贮存条件、市场供应情况和标准库存定额的影响。

（1）每日进货原料的数量控制

餐饮企业每日所需进货的原料主要是新鲜蔬菜、水果、水产品、新鲜的奶制品等。这些原料最好当日使用完，隔天再采购，这样可保持食品原料的新鲜度，减少原料的耗损。这对于采购频率高的食品原料，要求采购员每天检查厨房及仓库的库存量，预计第二天的原料使用量，然后计算出每种原料需要购买的数量，计算公式为：

$$原料采购数量 = 第二天需用量 - 原料现存量$$

鲜活食品原料中有些原料的消耗数量是比较固定的，可以采用长期订货法进行采购。长期订货法要求供应商以固定的市场价格，在一定时期内每天向饭店供应规定的食品原料。

（2）干货类原料和物品的采购数量控制

许多餐饮企业为了减少采购工作的程序和工作量，将干货类原料的采购量规定为每周或者一个月使用量；将冷冻贮存的食品原料的采购数量规定为数天或者1~2周的使用量。干货类原料的采购数量一般都采用最低贮存量采购法进行控制。最低贮存量是对各种干货类食品原料分别制定出最低贮存量，当食品原料的库存量达到或接近最低贮存量时，就应进行采购的方法。

这种方法要求关注记录原料的进出库和结存情况，及时发现已经达到或接近最低贮存量的原料，并计算出采购数量，发出采购通知单。原料采购数量的计算公式为：

$$原料采购数量 = 标准贮存量 - 最低贮存量 + 每日需要量 \times 发货天数$$

标准贮存量是某一种原料平均日需要量与这种原料计划采购的间隔天数相乘，再加上一定的保险储量，计算公式为：

$$标准贮存量 = 每日需要量 \times 采购间隔天数 + 保险贮存量$$

保险贮存量是为了防止市场的供应问题和采购运输问题预留的原料数量。每日需要量是餐饮企业每天这种原料的平均消耗量。

最低贮存量是指某种原料数量降至需要采购的数量，而又能维持到新原料送到时，这个数量就称为最低贮存量。其计算公式为：

$$最低贮存量 = 每日需要量 \times 发货天数 + 保险贮存量$$

9.1.4　原材料验收

餐饮企业对购进的所有原料进行验收是保证食品质量、控制食品成本的关键。由于采购的数量、质量和价格未必与订购单一致，存在有时送货量多于订购量，有时原料价格高出市场报价，有时原料等级或高或低，所以，验收工作是保证原料采购质量的关键。

1）原料验收管理基础

（1）验收人员的配备

验收人员一般从仓库、厨房及成本核算人员中选用，选用人员必须具有辨别餐饮原料和物品的知识和技能，熟悉餐饮业务，具有判断和鉴别所购进物品与订购单上的质量要求是否一致的能力和认真的工作态度。他们必须熟悉餐饮企业所规定的验收制度和验收标准，有权拒收质量低劣、规格不符的货品，有权抵制未经批准的物品采购。

（2）验收场地和设备

一般餐饮企业设有专门验收场地的较少，为了堵塞漏洞、保护财产安全，企业应临时指定一个验收区域，规定验收的时间。指定验收区域最好邻近贮藏室或仓库，应保持灯光明亮，清洁卫生，安全保险。送货人员和验收人员必须同时在验收现场，直至验收工作结束。验收工作结束以后，应尽快把货品送进贮藏室或仓库，防止货品变质或失窃。

2）原料验收程序

餐饮企业在原料验收的具体程序上有所不同，但对收货控制的程序有三点是大致相同的，即核实价格、检查质量、盘点数量。

一般来说，原料验收程序如下：

（1）票单核对

验收员应先将供货单位的送货发票与订购单核对，检查送货发票价格是否与订购单记录的报价一致。主要核对送货单位名称、地址、品种、数量、价格等，当存在差异时，应问明情况并向上级汇报。

（2）检查原料质量

根据原料采购规格标准及请购单、订购单的要求，检查原料是否符合采购规格标准，抽样检查箱装、盒装的原料，检查原料是否足量，质量是否一致。发现原料存在规格质量不符的情况，应予以拒收。其次，还应注意原料的有效期和保质期，是否存在表里不一的现象。

（3）核实原料数量

根据订购单对照送货单，通过点数、过秤等方法，核对到货原料的数量是否正确。检查时，应注意有无注水、掺杂、多余包装物的情况。

（4）签名填单

检验合格后，验收员应在送货发票上签名或加盖验收章，并填写验收单（见表9.4）。

表9.4　货物验收单

_____酒店	编号：_____
供货单位地址：_____	日期：_____
订购单编号：_____	

存货编号	项目及规格	单位	数量	单位（元）	合计（元）

验收员：_____　　　　　　　　送货员：_____

贮藏室管理员：_____

（5）送货分发

验收合格的原料，一部分可以直接进厨房；另一部分则作为入库原料送仓库贮存。需要注意的是分发和入库均须有领用和入库手续，并贴上必要的标签，同时应禁止送货者或非工作人员进入库房。

（6）填写有关报表

验收结束，验收人员应填写验收日报表（见表9.5）和其他报表，并将各种验收记录呈交有关部门。

表9.5　验收日报表

日期：_____				编号：_____			
品名	单位	数量	单价	金额	直接发料	入库	其他
合计							

如果送来的食品原料不符合采购的要求，应请示厨师长或餐饮部经理。若决定退货，应填写"退货单"（见表9.6）。"退货单"应注明所退货物名称、退货原因及其他信息，要求送货员签名确认。"退货单"一式三联：一联留在验收处；一联交供货单位；一联交财务部。

表9.6　退货通知单

（副本备存）	编号：_____
发自：	交至：（供货单位名称）
_____	_____
_____	_____
发货号码：_____	开具发票日期：_____

品名	单位	数量	单价(元)	合计(元)

理由：_____

送货员：_____　　　　　　　负责人签字：_____

3）原料验收控制

餐饮企业日常所需的鲜活货品大部分是不经仓库而直接送到厨房的。这部分货品由于每天耗用的品种多、数量大，涉及的小供应商又较多，加之供应商多是个体或私人商户，人员比较复杂，很容易发生欺骗或与有关人员私通作弊的问题。因此，可以采用双重验收制度对这类物品进行控制，以起到相互牵制、避免损失、防止舞弊的作用。

（1）双重验收的控制程序

①供应商送来鲜活类原料时，应在仓库收货处进行第一次验收，填写的"收货单"应一式四联，把供应商的那一联留下，其他三联由供应商拿着把货品送到厨房。

②厨房设置一些必要的计量工具，厨房主管根据仓库收货处填制的收货单上的品名、规格、数量、质量等——检验供应商运送来的货品。

检验无误后分别在三联收货单上签字并加盖厨房验收章。留下一联收货单，其余两联由供应商带给仓库收货处或由厨房直接送交仓库收货处。厨房在复验过程中，若发现货品质量等级不符或数量、质量短缺，则在三联收货单上用红笔作出修改，并在修改处签名。若供应商对此有异议，则须请厨师长或餐饮部经理决定处理。

③仓库收货处检查两联收货单上有无厨房验收的印章及厨房主管的签名，取出先前留下的客户那联收货单，与这两联核对，检查这两联收货单上有无改动。

如果没有问题，在客户联收货单上加盖收货部印章，交还客户；如厨房验收作了修改，则必须在客户联收货单上作相应的改动后，再加盖收货部印章，交还客户。

④加盖厨房印章及厨房主管签名的两联收货单，一联留存仓库收货处，一联同其他单据一起送交财务部核准付款的人员审核付款。

（2）完善制度体系

为了做好验收工作，餐饮企业应加强对验收工作的领导，通过建立和完善验收制度来规范验收工作。

①指定专人负责验收工作，不能谁有空，谁负责。

②验收工作与采购工作必须分开，由不同的人担任。

③对于兼做其他工作的验收员，验收时间应与其他工作时间分开。

④验收工作要在指定的验收场所进行。

⑤货物一经验收应立即入库，不可在验收处停留太久，防止变质或偷窃行为。

⑥尽量减少验收处进出人员，以保证验收工作的顺利进行。

⑦餐饮管理人员应不定期检查验收工作，复查货物的数量和质量。

【实训项目】

项目名称

对食品原料进行市场调查，制定原料采购规格书。

项目内容

针对厨房烹饪需求，现需选订加工、烹饪食品的食用菜籽油进行市场调查。针对餐饮企业对所需食品原料规定了详尽的质量规格等要求的书面标准。为了保证餐饮企业产品的质量，应对所采购原料制定符合餐饮企业产品要求的标准。制作中餐厅所需食用菜籽油的采购规格书。

项目要求

请结合所学理论知识，走访各大超市，选择品牌可靠、质量优质的食用菜籽油供货单位。食品原料应包括其名称、用途、关于质量或者性质的简要说明、检验程序、特殊指示和要求。

项目流程

①通过行业走访、网络收集等方式，了解市面上食用菜籽油的品种和质量。

②选择适合高星级酒店餐饮产品的食品原料。

③制定食用菜籽油原料采购书（见表9.7）。

④根据食用菜籽油采购规格书的相关标准要求选择菜籽油供货单位。

表9.7　食用菜籽油采购规格书

1.食品原料名称	备注：写明原料的书面名称以及别称。
2.原料用途	备注：明确说明原料的用途。如烧烤类加工。
3.原料的一般概述	备注：提供所需物品的一般质量资料，如："鲫鱼"：每条鱼长为18~20 cm，重量为300~400 g，符合国家水产品一级质量标准，充氧运输交货，保证鲜活，无激素饲养。
4.详细说明	备注：为了保证食品原料品质，还应注明其产地、规格、份额大小、类型、商标名称、净料率、式样、等级、包装物等。
5.特殊要求	备注：列出未说清楚的其他信息，如：标记、包装要求、交货形式以及售后服务等。

任务9.2　原料贮存与发放管理

食品原料是整个餐饮企业销售和服务的物质基础。餐饮企业食品原料一经验收，就必须进行有效的保管，以防止腐败变质和其他可能发生的浪费现象。原料的库存与控制对餐饮企业产品的质量和成本有着举足轻重的影响，因此，做好食品的库存与控制，不仅可以为餐厅节约流动资金，降低成本，而且还能节省时间。

9.2.1　原料的贮存管理

食品贮存的目的是为了确保一定数量的食品原料满足厨房生产的需要。其次，食品贮存也是通过科学的管理手段和措施，确保各种食品原料的数量和质量，尽量减少由于贮存不当造成的耗损和浪费，防止食品原料被擅自挪用和偷窃，及时接收、贮存和发放各种食品原料，并将相关数据资料送至财务部以保证餐饮成本得到有效控制。

要做好食品原料的贮存管理，应先制定各种食品原料的贮存管理制度，有效地进行防火、防盗、防潮、防虫害等控制；科学合理地设计食品原料的贮存环境，减少原料的自然损耗等。不同的原料需要不同的贮存方法，不同的贮存方法需要有不同的贮存环境和各自的管理规范。由于各种食品原料的属性不同，因此餐饮企业食品原料的贮存一般分为干藏、冷藏和冷冻贮存三类。

（1）干藏

干藏是指干货仓库，用来存放各种罐头食品、干果、粮食、香料及一些干性食品原料，它们具有较长的食品保质期。干藏仓库的温度应保持在16~21 ℃，如果能保持在10 ℃，对大部分食品原料来说更能保持其质量。干藏仓库的相对湿度应控制在50%~60%，如果贮存的是谷物类原料，相对湿度还应该更低一些，以防止霉变。

（2）冷藏

冷藏是指贮存环境在0~8 ℃，主要存放蔬菜、水果、鸡蛋、黄油、牛奶，以及需要保鲜和当天使用的肉类、禽类、海鲜类食品原料。10~49 ℃的温度范围最适宜细菌繁殖，因此也称为"危险区"。因此，所有冷藏设备的温度必须控制在10 ℃以下。

冷藏的食品原料大致可分为：新鲜的肉类、禽类；新鲜的鱼类、水产类；水果和蔬菜类；奶制品类；厨房操作过程中的一般冷藏原料。这五类原料有各自不同的冷藏温度和湿度，见表9.8。

表9.8 不同原料冷藏温度、湿度要求

食品原料	温度/℃	相对湿度
新鲜的肉类、禽类	0~2	75%~85%
新鲜的鱼类、水产类	−1~1	75%~85%
水果和蔬菜类	2~7	85%~95%
奶制品类	3~8	75%~85%
厨房操作过程中的一般冷藏原料	3~8	75%~85%

（3）冷冻贮存

冷冻贮存是指贮存环境低于−18 ℃，主要用来贮存近期使用的肉类、禽类、水产类和其他需要冷冻贮存的食品原料。温度最好保持在−24~−18 ℃，为了防止食品由于水分蒸发而引起"冻伤"后发生变质或变色，冷冻的食品原料应保持一定的湿度，可以用抗挥发性材料进行包装，冷冻室的湿度也应高于冷藏室。原料与原料之间应该留有空隙，不要堆放得过于紧密，这样可以使冷空气始终包裹在原料周围，有助于保持原料的品质。

9.2.2 食品原料的贮存管理

1）入库要求

餐饮企业所采购的食品原料均应及时入库，以防变质损耗。入库的原料均应有相应的标签，注明入库时间、数量等，便于领用发放、盘点，并有利于掌握贮存时间，做到先进先出。

2）存放要求

食品原料的存放应注意以下四点：分类存放、科学摆放、保持清洁、保证安全。

（1）分类存放

食品应根据不同的性质和贮存的时间要求存入不同的库房。无须冷藏的食品如干货、罐头、米等应放入干藏库；水果、蔬菜、奶制品等应放入冷藏库；需冷冻的海产品、家禽放入冷冻库；活的海鲜应放入海鲜池。

（2）科学摆放

食品原料入库后，可采用下列三种食品摆放方法：

①定位摆放。即根据仓库布局，合理规划各类不同食品原料的摆放区域，实行分区定位摆放。把每一类食品原料按一定的方式进行排列，如可以按其拼音字母、部首、英文字母的顺序等，从而决定各种原料相应的存放位置。每一类原料在库房中的位置应该根据原料的使用频率和存放的便利程度来决定，但原料的存放位置应该固定。

②编号定位。即把食品原料按其种类、性质、体积、质量等不同情况，分别对应地堆放在固定的仓位上，然后用编码标示出不同食品原料的库号、货架号、层号、位置号，并和账本、计算机系统上的编号一一对应。这样只要知道食品原料的名称、规格等，就可打开计算机迅速、准确地发货。

③立牌立卡。即对定位、编号的各类食品原料建立料牌与卡片。料牌上写明物品的名称、编号、到货日期，并涂上不同颜色予以区分。卡片上填写记录物品的进出数量和结存数量。

（3）保持清洁

食品原料仓库的清洁卫生相当重要，它不仅仅关系到菜品质量，更影响着餐饮企业的社会声誉及形象。

（4）保证安全

食品原料入库后，事关酒店的财产安全，必须加强防范。应做到以下几点：

①配备专用锁系统，并及时上锁。

②限制仓库进出人员。

③经常检查，定期盘点。

④加强监控，有条件的应安装视频监控系统。

3）账目要求

餐饮企业的食品原料贮存应建立严格的登记制度。建立账目，要能准确反映食品原料在入库、发放、存货等方面，其时间、数量、价格和价值情况，有效控制存货量、订货量和发货量，确保食品原料的利用达到理想的程度。

9.2.3 食品原料的发放

餐饮企业的食品原料发放管理，是为了保证厨房和酒水吧的原料供应，同时控制厨房的原料使用量，正确统计食品和饮料的成本。食品原料的发放有两种方式：直接发放和仓库发放。

1）直接发放

直接发放是指食品原料验收后直接进入厨房，而不经过贮存这一环节。直接发放的原料大多数是新鲜蔬菜、水果、牛奶等易变质的食品，而且在进货后的当天就基本上被消耗，这一部分食品原料的进货价格可计入当日食品成本。

2）仓库发放

仓库发放是指食品原料验收入库后，再由仓库发放到厨房。一般来说，进货验收后，当天不用的食品原料都应通过仓库发放。对于仓库发放的管理应注意两个方面的问题：一是要有主管人的签字批准，否则货物不可出库；二是要按实际需要发货。

（1）凭单发放

凭单发放就是凭领料单（见表9.9）发料。领料单是厨房领料和仓库发料的凭证和依据，必须手续齐全，填写准确清楚，符合餐饮企业规定。

表9.9 领 料 单

领料部门：_____		仓库类别：_____		日期：_____	编号：_____
品名	规格	单位	数量	单价（元）	小计（元）
			申请数量　　　实发数量		
合计					
领料人：_____		审批人：_____		库管员：_____	

仓库领料单发放食品原料的一般程序如下：

①领料人填写领料单"品名""规格""单位"及"申请数量"栏。

领料数量一般按往日消耗量估计，并参考宴会预订情况加以修改。

②领料人填完以上栏目后，在领料人处签上自己的姓名，持领料单请审批人签字。

审批人一般是厨师长或餐厅经理。没有审批人的签名，任何食品原料都不能发出。审批人应在领料单最后一项原料名称后面画条斜线，防止领料者在领导签字后再领取其他原料。

③仓库保管员看到领料单后，按单上的数量和品名进行配备。

由于包装等原因，实际数量和申请数量可能有差异，所以发货数量应填写在"实发数量"栏中，并填写"金额"栏。

④仓库保管员将所有货物准备好后，签上自己的姓名，证实领料单上的原料确已发出。

⑤领料单一式三联。

一联随原料交回领料部门；一联由仓库转交成本控制员；一联由仓库留存作为盘存和进货依据。

（2）定时发放

仓库保管员每天工作不仅是收发货物，而且还要盘点货物，整理仓库。为提高工作效率，餐饮企业常常会规定一个领料时间，如上午8点—10点、下午2点—4点，不能全天24 h开放，否则原料发放将失去控制。最好的方法是由领用部门在前一天晚上填写领料单。这样既节省时间，也使保管员有充分的时间准备原料，避免出错。

（3）先进先出

食品原料入库时，必须注明入库日期，并做到先入库的食品原料先发放，注意食品原料的保质期，保证在食品原料的有效期之前使用。

（4）准确计价

食品原料出库后，库管员必须在领料单上列出各项原料的单价，计算出各项原料的金额，并汇总金额，以便计算餐饮的食品成本。

（5）正确如实记录食品原料使用情况

食品原料出库后，可能会出现有些原料不会在领取当日使用，而在第二天或者此后某一天使用的情况，此时就应在原料领用单上注明该原料的消耗日期，以便把该原料的价值计入其使用日的食品成本。有些原料是一次领用，分次使用，则应分天计入。至于餐饮企业各部门之间的内部调拨，则同样应办理必要的调拨手续。

9.2.4 食品原料的盘存

食品原料的盘存是餐饮企业按照一定的时间周期，一般是1个月或者半个月一次，通过对各种食品原料的清点、称重或其他计量方法确定存货数量。原料盘存是为了定期了解企业的实际食品成本，掌握实际食品成本率，再和标准成本率相比较，找出成本差异的原因，采取措施，从而有效地控制食品成本。同时通过定期的盘存，也可以了解库存管理的实际情况，发现漏洞，更好地对原料的使用、发放和贮存进行管理。

【复习与思考】

一、问答题

1.餐饮企业原料采购要遵循哪些采购原则？

2.为什么要进行双重验收，双重验收应如何操作？

3.原料发放管理有哪些控制要点？

4.选择供货渠道要考虑哪些因素？

二、案例分析

海鲜类食品原料耗损严重

某酒店在夏季推出了海鲜品尝周活动。每天所需采购海鲜品种多，并且数量大。但由于天气炎热，酒店的水产品供氧设备有限，造成了每天海鲜进货入库不到5个小时就有大量的鲜活虾类、贝类产品死亡，影响菜品品质，造成大量的原料耗损。

请问如果你是采购部经理，得知此事应如何处理？

项目 **10**

厨房
生产与管理

【导读】

厨房生产与管理是餐饮企业的重要环节，关系到厨房的生产流程是否顺利、产品质量、菜品特色，并且与企业的社会形象和经营效益相关。厨房环境卫生的好坏势必影响食品卫生的安全，还影响到顾客消费的满意度。所以，作为餐饮企业经营者应高度重视厨房的管理。

【学习目标】

①熟悉厨房环境设计与布局基本原则、厨房生产的基本特点、管理任务和业务流程。
②掌握厨房人员的配置和分工、厨房安全和卫生管理。
③了解厨房面积确定以及位置选择、厨房内部环境设计。

【核心概念】

厨房布局；厨房生产流程；厨房环境影响因素；人员编制；意外事故控制；火灾控制。

案例导入

某餐饮企业老板由于没有厨房一线工作经验，在开业之初为了节约开支，没有进行厨房环境设计，造成企业生产常常出现各种问题，如照明不足、通风设备不理想、厨房地面未做好防滑处理、通道过窄等。员工摔伤、烫伤等意外事件也时有发生。由于厨房的布局未考虑生产流程的便利性，经常造成配菜错误、生产效率低等问题；也造成消费者对菜品的满意度低，导致企业员工频频流失、营业销售情况不佳。因此，该企业的问题应该引起厨房生产与管理者的深度思考。

任务10.1 厨房环境设计与布局

厨房是饭店餐饮产品销售和服务提供保证的生产部门，它的设计是否科学合理将会影响到厨房的生产效率。因此，在厨房设计与布局时应注意两个方面的问题：

第一，要根据各种厨房生产的实际需要，从方便进货、验收、生产及厨房的安全和卫生等主要方面着手。

第二，要为餐厅的发展、厨房业务扩展以及将来厨房可能安装的新设备等留有余地。

10.1.1 厨房环境设计与布局的基本原则

厨房作为餐饮企业整体设计布局的重要组成部分，必须符合餐饮企业产品生产和销售的需要，遵循设计的基本原则，将厨房、餐厅前后台作为一个整体进行布局和设计。厨房尽可能与餐厅营业场所相邻或者相近。各个厨房最好在同一楼层，并形成以加工厨房为中心呈辐射状设计，保证加工、生产、出品流程的连续畅通。同一厨房内的功能区域和作业点安排尽量紧凑，满足流水作业的高效率要求。厨房工作环境的设计要符合"以人为本"的理念，要有利于人员作业，有利于调动员工工作积极性，有利于协作与沟通。厨房设备要求成套、兼用、组合设计，配置安装便于清洁、维修和保养，符合卫生、消防、安全的标准。厨房的设计与布局应留有发展的余地。

10.1.2 厨房的面积确定

厨房面积的大小是厨房设计中较为困难的问题，这是因为确定厨房面积应综合考虑厨房的生产功能，涉及厨房进料情况、制作工艺、设备种类、设备规格，还涉及餐厅面积和就餐人数等多方面因素。因此，确定厨房面积有三种方法：

一是以餐厅就餐人数为参数来确定厨房面积，可参照表10.1。使用这种方法，通常就餐规模越大，就餐的人均所需厨房面积越小。

表10.1　厨房面积规格

厨房供餐人数	平均每位用餐者所需的厨房面积/m²
100	0.697
250	0.480
500	0.460
750	0.370
1 000	0.384
1 500	0.309
2 000	0.279

二是根据餐饮总面积来确定厨房面积，可参照表10.2。使用这种方法，通常厨房除辅助间外，其面积应占餐厅的40%~50%或占餐饮总面积的21%左右。

表10.2　餐饮各部门面积比例表

各部门名称	所占的百分比/%
餐饮总面积	100
餐厅	50
客用设施	7.5
厨房	21
仓库	8
清洗	7.5
员工设施	4
办公室	2

三是按厨房的面积与餐厅面积比例为1/2或1/3来确定厨房面积。

上述三种方法只是提供了确定厨房面积的参考数据，而绝不是标准或唯一的数据。因此，在确定厨房面积时，还必须考虑饭店的实际情况或可能影响厨房面积确定的因素，其因素有：

1）不同类型的餐厅其厨房面积不同

如中餐厅和西餐厅，咖啡厅和扒房以及不同风味的餐厅，其厨房面积必然不同，这是因为供应的菜点品种越多，菜点加工越精细，厨房所需的设备和用具也就越多，所需面积就越大（可参照表10.3）。反之，厨房面积就越小。

表10.3　餐厅类型与厨房面积的关系

餐厅类型	参考厨房面积/每餐位
正餐厅	0.6 ~ 0.8 m²
风味餐厅	0.6 ~ 0.8 m²
咖啡厅	0.4 ~ 0.6 m²
自助餐厅	0.5 ~ 0.7 m²

2）餐厅用餐人数直接影响到厨房的面积

因为用餐人数越多，厨房增加面积就越小；用餐时间越集中，厨房所需面积越大。

3）厨房使用的设备和烹饪原料情况对厨房面积也有直接影响

这是因为使用组合式或多功能的设备可以减少设备之间的间隙，使设备面积减少；使用半成品原料，就减少了粗加工环节，使厨房占地面积同样减少。反之，厨房面积则越大。

4）不同类型的厨房，其占地面积也不同

主厨房和分厨房，因承担的工作不同，使用的设备不同和供应的情况不同，其厨房面积也有差异。通常主厨房的面积大于分厨房。

5）厨房的贮藏室、办公室及其他辅助设施都会影响厨房面积

这与餐饮管理的模式、原料采购的策略和数量有着密切的联系。通常库存量越大的厨房则面积越大。反之，厨房面积越小。

6）厨房面积还常受房屋形状和建筑格局的影响

通常不规则和不实用形状的厨房占地面积则越大；厨房内柱子、管道和设施过多，厨房所需面积越大。

7）经改建后的厨房，其占地面积更大

通常在建筑前没有科学地规划或设计厨房，其使用面积往往得不到合理使用和布局，容易造成浪费，使厨房面积增大。

8）厨房的层高设计应便于操作

厨房面积对生产是至关重要的，在确定厨房的面积时，应考虑厨房通道的宽窄是否便于清扫、照明、维修等，使设计的厨房面积和形态能符合使用的要求。另外，还应考虑厨房的高度。传统厨房的高度为3.6~4.0 m，现代厨房由于有空气调节系统，高度通常为2.7~3.0 m。

9）厨房的通风

传统厨房虽然有一定的高度，但采用的是自然通风，生产高峰时无法及时排出被污染的空气和潮湿空气。因此，必须加大安装排风设施，如排风罩、换气扇和空调器等设备，作为厨房设计的通风条件。

10.1.3 厨房位置选择

厨房是饭店唯一生产实物的生产部门，其职能与饭店中的其他部门有所不同。在厨房设计与布局中，必须首先考虑和确定厨房的位置。既要考虑与厨房的生产流程相适应，还要有利于厨房生产管理，同时靠近相应的餐厅。这样有利于缩短服务员上菜的线路和时间，消费者也能品尝到最佳菜点质量。

10.1.4 厨房内部环境设计

厨房内部环境设计技术主要包括厨房的地面、墙壁、门窗、照明、噪声控制系统、供水和排水系统等。

1）厨房的地面、墙壁和天花板

厨房是菜品生产和加工的地方，其地面经常会出现一些汤汁、水以及油。为了保证厨房职工的安全和厨房的卫生，厨房的地面通常采用耐磨、耐高温、耐腐蚀、不掉色、不吸油、防滑、易于清扫、能够承重压的地板砖，如陶瓷防滑地板砖、无釉地砖等。地面颜色要求简单鲜明。

2）门窗、照明

厨房的门道应便于货物和员工的出入，既要达到通风和采光的效果，又要便于货物和员工的出入。首先，厨房的门窗最好选用铝合金或者塑钢制作，既轻便坚固，又便于清洁卫生，并且不易损坏。此外，还应考虑门窗设置纱窗，以防止苍蝇、蚊子等小昆虫的侵入。其次，厨房的采光仅靠门窗的自然光远远不能保证正常生产。因此，厨房内必须考虑采用人工照明。

3）噪声控制

厨房是一个嘈杂的地方，噪声容易分散员工的注意力，使人心情烦躁，听力下降，影响工作效率，甚至会使人血压升高，影响身体健康。因此，在厨房内部环境设计时应采取措施，将厨房噪声控制在40分贝左右。厨房噪声的重要来源是机械设备，如排风扇、排油烟机、炉灶等。因此，应首选优质、低噪声的设备。其次，采取控制噪声的积极措施，如隔离噪声区要使用隔音屏障和消音材料，以及播放轻音乐等，以此来降低其噪声。

4）供水和排水系统

为了保证厨房生产和卫生的需要，厨房必须具有冷热水和排水设施。它们的位置以方便菜肴的加工和烹调为前提。通常，在加工区域的水池和炉灶的附近设有冷热水开关，并在供水处设有排水系统。排水系统能满足生产中最大的排水量，排水管要粗，并且排水沟的深度要适宜，防止水逆流，具有一定的倾斜度，沟盖应当坚固，易于扫除。同时，下水口要有隔渣网，以防止鼠虫和小动物的侵入并便于残渣的清理工作等。

10.1.5　厨房布局

厨房生产的工艺流程、生产质量和劳动效益在很大程度受厨房布局的影响。厨房布局是否合理直接关系到职工的工作量、工作方式和工作态度，还关系到部门之间的联系和投资经费等。因此，厨房的各生产部门、辅助部门、部门内的加工点和生产设备都是厨房布局的关键。

1）厨房布局的设施目标

为了保证厨房布局的科学性和合理性，厨房布局必须由生产者、管理者、设备专家、专业设计师共同研究，并通过咨询有关部门后确定最终方案，并保证能达到下列目标：

（1）选择最佳投资，实现最大限度的投资收益

如设施费用要保持低开支，可选择耐用性的材料来延长使用寿命，为实现最大限度的投资回报做准备。

（2）满足长远的生产要求

布局要有全局观，既要考虑到眼前的经济效益，如厨房和餐厅的比例、设备的配备等；又要考虑企业今后的发展，为企业发展留一定的剩余空间。

（3）保持生产流程的顺畅合理

生产中的各道加工程序，都应按顺序进入下一道，避免回流和交叉，从而保证正常生产。

（4）简化作业程序，以利于提高工作效率

部门和设备的布局要便于生产操作，避免职工在生产过程中的多余走动。

（5）能为职工提供卫生、安全、舒适的作业场所

厨房布局要符合卫生法规，符合劳动保护和消防安全的要求和规定。

（6）设备和设施的布局要便于清扫、维修和保养。

设备和设施的布局既要满足生产的要求，又要满足国家旅游局颁布的《饭店星级评定标准》要求；既要便于保养又要便于维修。

（7）保证生产不受特殊情况的影响

厨房布局要铺设多种能源管道，确保在煤气管道检修停气时仍然有其他能源代替生产；在一道线路停电时，另一道线路仍能保证照明的正常等。

（8）便于督导管理

管理人员能在自己的办公室观察到整个厨房的工作情况，便于厨房生产管理、便于菜点质量的控制、便于厨房成本控制。

2）厨房区块布局

厨房系统一般分为食品加工、原料切配、菜肴烹调三大功能，与之相对应的是构成这些功能的厨房。厨房区块布局就是指各类厨房、功能区块在空间上的布局与安排。综合性厨房区块布局主要有统间式、分间式和统分结合式三种方式。

（1）统间式

统间式布局是将加工、切配、烹调、面点制作、冷菜制作、餐具洗涤等功能统一布置于一个厨房空间的紧凑布局方式，适用于小型饭店。这种布局的优点是增加了厨房管理的透明度，使厨房各操作岗位便于联系，加强合作；缺点是由于场地面积大、范围广，容易造成厨房操作线路碰撞，员工之间相互干扰大，增加厨房日常清洁和食品卫生安全管理难度。

（2）分间式

分间式布局是将加工、切配、烹调、面点制作、冷菜制作、餐具洗涤等功能分别布置于各自独立的区域。分间式布局的优点是各功能分工明确、各司其职、相互干扰小；缺点在于场所空间、设备用途专门化的要求较高，各部门和岗位之间的沟通协调存在空间上的分隔，因此提高了成本，加大了管理难度。

（3）统分式

统分式是统间式和分间式的结合，吸取了两者的优点，同时弥补两者的不足，统筹兼顾厨房各业务区块的工作特点。首先，冷菜间、餐具洗涤间单独设立；其次，切配间、烹调间统一在一个空间，使得切配—打荷—烹调环节的连续与高效；最后，面点制作间可以合用或者单独分开。统分式布局既节约了空间，又减少了设备的投资，也有利于紧密环节间的沟通协作，是现代大部分餐饮企业采用的方式。

3）厨房设备布局

厨房设备按其功能可以分为加工设备、烹调加热设备、冷藏设备、恒温保鲜设备、面点制作设备、排油烟设备、调理台设备、清洗设备以及其他辅助设备。（见表10.4）

厨房布局是指在一个厨房内部（如加工厨房、中餐烹调厨房、西餐烹调厨房、面点房、冷菜间、备餐间等），对以上厨具设备在空间上的布局。厨房设备的布局必须有利于菜肴的制作、工作量和工作效率的提高，减少厨师在菜肴制作中的流动距离，另外还应考虑各种设备的使用效率等。厨房布局的类型主要有以下几种：

（1）直线制布局

直线制布局适用于空间一线型的大型厨房。烹调区域的炉灶、蒸灶、烤箱等设备按照生产流程依墙从左到右作直线形排列并采用上方集中安装通风排油烟罩的布局，每位厨师根据岗位分工，专门负责一类菜肴的烹制。与烹调区域相协调匹配，配菜台、打荷台、出菜台等也呈直线平行布局。直线型布局整体上具有区域分明、设备齐全、流程顺畅的特

表10.4　厨房设备一览表

设备功能	主要设备
加工设备	锯骨机、切片机、绞肉机、去皮机、搅拌机、榨汁机等
烹调加热设备	中餐煤气灶、汤炉、蒸炉、蒸箱、烤炉、烤箱、扒炉、多功能西餐烹调炉、炸炉、西式焗炉、微波炉等
冷藏设备	冷冻柜（-18～-12℃）、冷藏柜（0～5℃）、制冰机、刨冰机等
恒温保鲜设备	菜肴保暖器、冷藏展示柜等
面点制作设备	和面机、压面机、多功能搅拌机、面团分割整形机等
排油烟设备	排风扇、抽风机、空气交换机、空调系统、排油烟罩等
调理台设备	普通调理台、冷柜调理台、餐具保温调理台等
清洗设备	洗碗机、洗涤槽、滤水台、餐具保洁柜、消毒柜、杯筐车、工作台等
其他辅助设备	多层储货柜、工具柜、食品橱柜、手推车等

点，但对空间要求比较高，因为厨房中的人流和物流的距离长。

（2）相背型布局

相背型布局适用于空间呈方形的厨房。置于同一宽大的通风排油烟罩下，厨房的主要烹调设备背靠背地组合安装。厨师在不同的岗位上，面对面操作，而调理台在背后。相背型布局要求厨师在操作上要有协作意识，克服人流与物流交叉的不利因素。

（3）L形布局

L形布局适用于空间呈L形的小型厨房。此种布局将厨具设备依墙作L形状排列，上方安装通风排油烟设备。L形布局充分利用边角处，使操作空间变得机动、宽敞，面点房、茶餐厅、咖啡厅的厨房经常采用这种布局。

（4）其他布局类型

厨房设备布局除以上三种之外，还有U形布局等，这主要取决于厨房空间形状、所供应餐厅种类等具体情况。

【实训项目】

项目名称

酒店厨房面积设计。

项目内容

为重庆某大型自助餐厅设计一间大概满足500人同时就餐需求的厨房。

项目要求

请结合理论知识，为该餐饮企业按其就餐人数确定厨房面积，制订一份确定厨房面积的方案。

项目流程
①以餐厅就餐人数为参数来确定厨房面积的方法。
②核算其厨房所需面积大小，以及可能影响厨房面积确定的相关因素。
③制订厨房面积方案。

任务10.2　厨房组织机构及人员配置

10.2.1　厨房的基本组织机构和分工

1）厨房的基本结构和分工

　　厨房的基本结构要根据饭店的规模、等级、企业经营要求、生产目标和服务对象等多方面内容来确定，使设置的基本结构能充分体现其生产功能的特点。由于饭店规模和类型的差异，厨房的基本组织结构也各不相同。总的来说，厨房的基本组织结构有三种类型：

　　（1）大型厨房的基本结构

　　大型饭店为了提高厨房生产效率，通常设立一个集中加工的主厨房和若干个分厨房。主厨房负责所有经营品种的加工和配份。其基本结构如图10.1所示。

　　（2）中型厨房的基本结构

　　中型厨房通常分为中餐和西餐两大部门，但厨房的规模相对要小一些，每个厨房兼有多种生产职能。其基本结构如图10.2所示。

　　中型厨房的基本结构是：设立一名总厨师长或餐饮部副经理兼任此职，负责两个厨房的全面管理。中西厨房各设一名厨师长，负责厨房的日常生产与人员管理。中西厨房内根据工种不同，下设若干个作业区，各作业区由领班负责，带领厨师和实习生或新员工，完成该区域的工作。

　　（3）小型厨房的基本结构

　　小型厨房由于规模小，工作人员少，因此基本结构比较简单（见图10.3）。小型厨房的基本结构是：设立一名不脱产厨师长，既负责厨房日常生产与管理，同时在生产任务较忙的情况下，还要参与生产。小型厨房下设炉灶组、切配组、点心组，各组由组长负责带领厨师和实习生完成该组承担的工作。有些小型厨房需供应部分西餐，也可设一个西餐组。

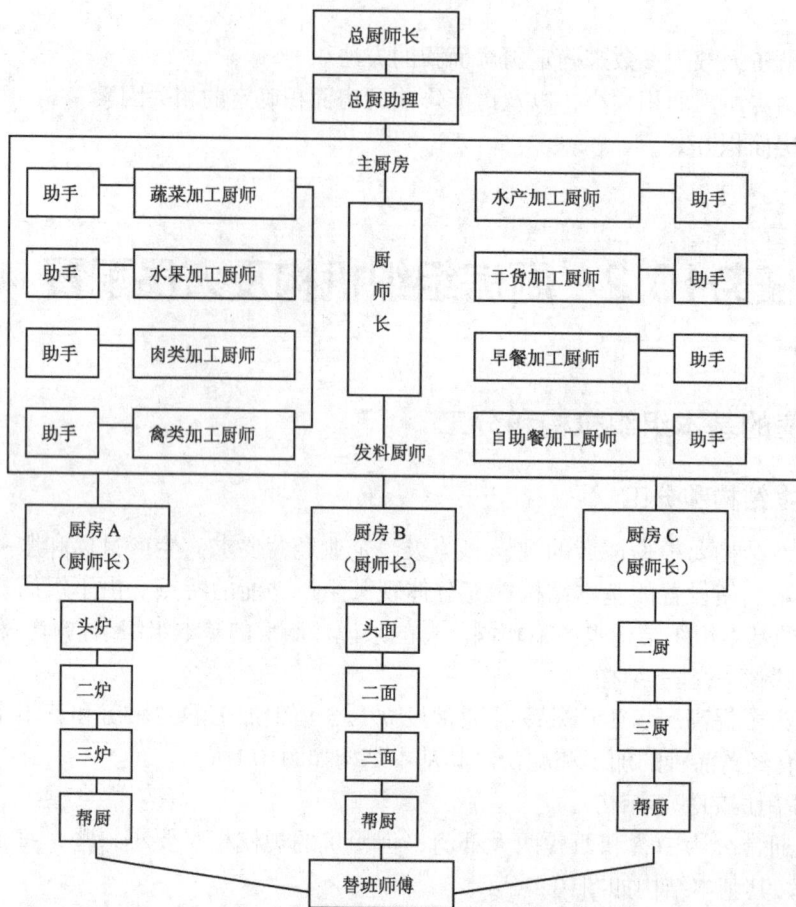

图10.1　大型厨房组织机构示意图

　　设计厨房的基本组织结构，其最终目的是为了有效地组织生产。因此，在确定厨房的基本结构及人员编制后，就必须将各项生产任务定性、定量地落实到组织中去。制订岗位职责就是明确厨房的各项工作职责、组织关系、技能要求、工作程序、工作权限，知道对谁负责、接受谁的工作指导和监督，同谁保持工作上的必要联系。各项岗位职责不仅管理者要清楚，而且每一名员工也要清楚。同时，岗位职责还是衡量和评估每一名员工工作业绩的主要依据；也是工作中相互沟通协调的凭据；更是聘用岗位人选的标准和实现厨房工作高效率的保证。

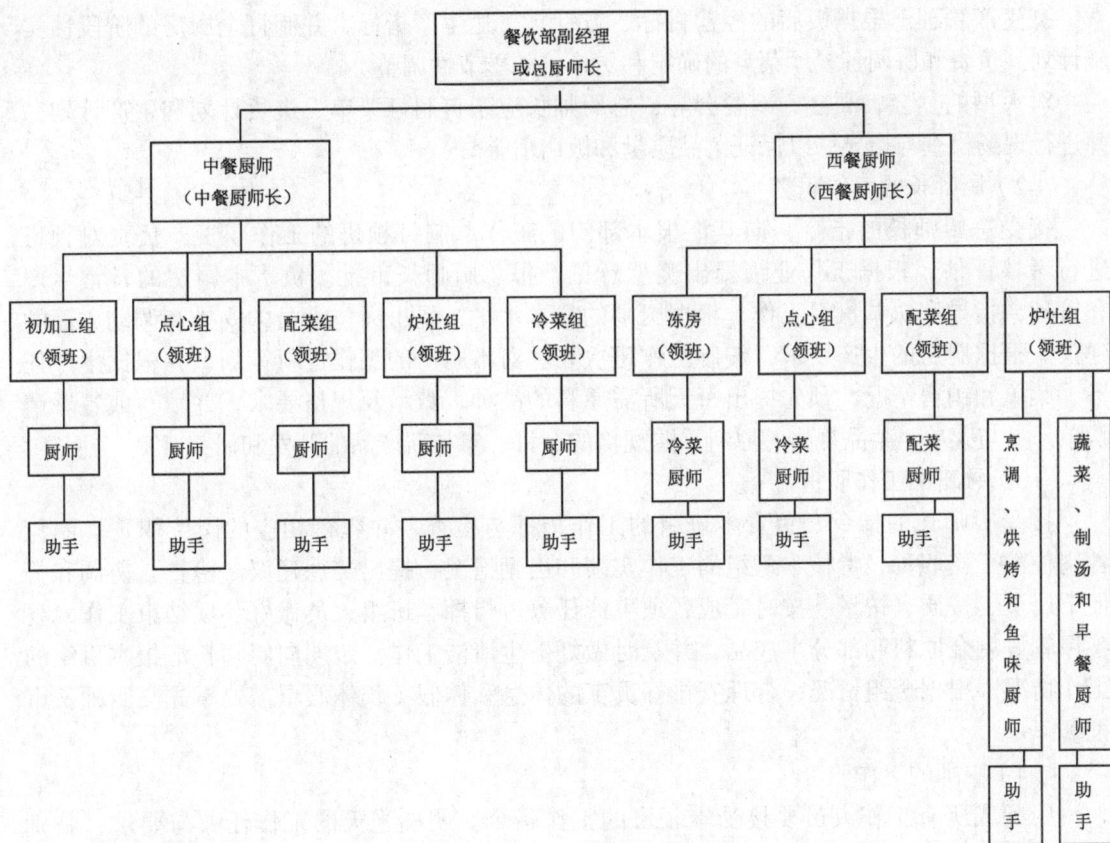

图10.2　中型厨房的组织结构示意图

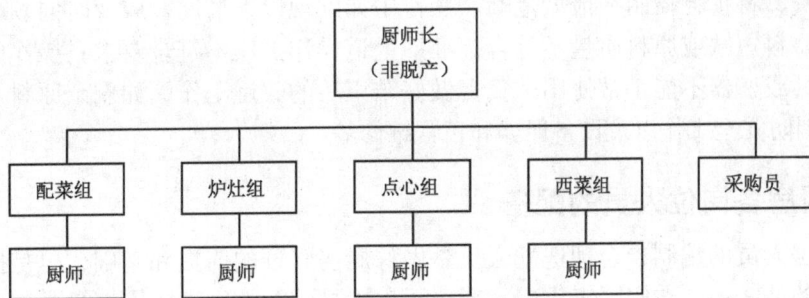

图10.3　小型厨房的组织结构示意图

2）厨房的工作岗位职责

（1）总厨师长的工作职责

①组织管理。总厨师长组织和管理若干个厨房的工作，要求各厨房严格按照经营特色和规定的成本生产优质菜品，满足客人的一切需要。监督、检查、协调各厨房和厨师长工作，负责对他们进行考核和评估，并根据工作业绩进行奖惩。

②生产管理。根据饭店的经营目标、方针，下达生产指标，并制订全厨房的阶段性实施计划。负责和协调各餐厅菜点的确定和更换，如季节性调整。

对大型的宴会、酒会、冷餐会等，总厨师长应亲自制订菜单、进货计划和生产计划，并进行现场检查与指导，以保证菜品质量和饭店信誉。

（2）厨师长的工作职责

接受总厨师长的指令，向其汇报本部门的工作。制订领班的工作职责，负责对领班进行考核评估，根据工作业绩提出奖惩意见，报总厨师长审批。负责本厨房的日常生产和管理，指导和协调班组工作。根据厨师的技术水平，提出岗位人员的安排和调动方面的建议。根据厨房的生产要求，编制工作班次表。对本厨房的工作进行策划，并根据生产任务、菜单和销售情况，预先提出每天所需原料的品种、数量及规格要求，并填写或签署请购单。参与菜单、菜品规格、原料采购规格的制订；参与新产品的开发和研究。

（3）领班的工作职责

接受厨师长的指令，负责本班组的工作指挥与检查，并履行相应的岗位职责。制订各岗位的工作职责，考核本班组的工作实绩和出勤情况，提出奖惩建议。检查、协调和督促下属员工按质、按量、按时完成各项生产任务。指挥本班组人员做好各项结束工作，妥善保管好剩余原料和部分半成品，并及时做好卫生清洁工作。定期向厨师长汇报本班组的工作情况。根据班组情况，合理安排好员工的休息和休假（长休假单需要事先交厨师长审批）。

（4）厨师的工作职责

厨师或所有工作人员要接受本领班的工作指令。明确当天的工作任务与要求，特别是当天的供应菜单，及时做好开餐前的各项准备工作。按规定要求着装上班、保持个人的清洁卫生和操作岗位的安全与卫生。严格按照操作规程和菜品质量标准进行操作，提倡节约、杜绝浪费，将损耗控制在最低范畴。操作中如发现以下情况，应及时向领班或厨师长汇报：所需原料短缺或原料质量不符合标准；上道操作工序不符合要求；操作的设备有异常现象；用具或盛器不能正常使用。负责做好结束后的收尾工作，如剩余原料入库、清洁卫生工作、消防安全工作以及设备保养和正常维修等。

10.2.2 厨房各岗位人员的配备

确定厨房人员的编制，合理选配人员是做好厨房管理的前提和基础，也是搞好厨房管理最重要的条件之一。在实际工作中，影响厨房人员编制的因素较多，最为重要的因素有以下几方面：

第一，饭店档次高低和饭店规模大小。饭店档次越高，规模越大，风味菜越多，菜品品种越多，必然用人越多，反之，则用人越少。

第二，饭店知名度高低和座位利用率高低。饭店知名度高，交通便利，菜品变化率高，就餐顾客就多，饭店座位利用率高，因而用人也多，反之，则用人较少。

第三，员工技术熟练程度高低和厨房设备先进程度。专业技术人员操作技能高，菜品出品率快；厨房设备先进，布局合理，劳动效率高，生产时间减少，同样条件下，用人就可能少一些。炉灶数量多，厨房生产的产品多，则用人会多一些，反之，则用人越少。从而影响厨房工作人员的编制确定。

第四，其他因素。季节波动性决定了饭店经营的淡、旺季，也直接影响到厨房人员编制的确定。厨房人员编制的确定一般以季节为基础。

厨房各岗位人员的配备数量与用餐人数的比例称为厨房员工配备比例。理想的员工配备比例不仅能使厨房人员紧凑，提高厨房工作效率，而且还可以降低厨房总的固定成本，甚至减少顾客等待服务的时间。

1）核定劳动定额

核定劳动定额就是选择厨师和加工人员，观察测定在正常生产情况下，平均一个上灶厨师需要几名加工员，才能满足生产业务的需要，由此核定劳动定额，其计算公式为

$$Q = \frac{Q_X}{A+B}$$

式中 Q——劳动定额；

Q_X——测定炉灶台数；

A——测定上灶厨师；

B——为厨师服务的其他人员。

2）核定人员编制

核定人员编制是在劳动定额确定的基础上，考虑影响人员编制的多少，还有厨房劳动班次、计划出勤率和每周工作天数等三个因素，并根据国家规定"每周工作5天"的要求来核定人员编制，其人员编制的计算式为

$$n = \frac{a_n \cdot F}{Q \cdot f} \times (7 \div 5)$$

式中 a_n——厨师炉灶台数；

F——计划班次；

f——计划出勤率；

Q——厨师劳动定额；

n——定员人数。

【实训项目】

项目名称

核定劳动定额。

项目内容

某餐饮企业有座位280个，旺季座位利用率为90%，每40个座位配一名上灶厨师，每位上灶厨师管理炉灶一台，并配有加工勤杂人员1.2人/炉灶，厨房实行两班制，计划出勤率为98%。

项目要求

核定该厨房的平均劳动定额和厨房的定员人数。

项目流程

根据厨房各岗位人员配备的计算公式，选择、套用核定劳动定额的计算公式。

任务10.3　厨房生产管理

厨房任务就是将烹饪原料加工成符合就餐者要求的菜点。厨房组织与生产管理，不仅关系到厨房的生产水平、成品质量、菜点特色，而且还关系到饭店的形象和饭店的经营效益，甚至影响饭店员工队伍的稳定性。厨房组织与生产管理的目的，就是要随时满足消费者对菜品的需要，保持始终如一的产品形象与质量，确保安全卫生，并能创造最佳的经济效益和社会效益。

10.3.1　厨房生产的特点

1）生产过程复杂，以手工操作为主

从厨房生产过程来看，每一道菜品生产均要经过若干道工序。而每道工序又对加工有不同的质量要求，这就造成生产过程非常复杂。目前，我国的烹饪加工主要依赖于人工，机械设备只能起到辅助和配合作用。

2）技术含量高、质量多元化

厨房的生产需要一批熟练的厨师来进行菜品的烹饪制作，才能生产出独特、品位纯正、符合餐饮企业标准要求的餐饮产品。菜点质量的稳定和独特风味的形成都依赖于一支技术水平较高的厨师队伍。菜点质量的优劣还涉及餐饮企业的知名度、社会声誉、市场巩固率和新产品开发等问题。

3）产品生产过程时间短、生产与销售同步

一个餐饮企业的厨房每天需要提供数百种菜品，而这些菜品在内容上、形式上、数量上以及制作方法上都不尽相同。对于消费者来说，对菜品的需求往往表现为个别订制，菜品内容变化较大。厨房生产具有即时性，餐厅的销售、厨房的生产以及就餐者的消费基本

上同时进行。如何在短暂时间内保证上菜速度、保证菜品质量，满足消费者的需求，这也是厨房生产的难点。

4）产品数量难以准确预测

大多数产品都是先生产后销售，而厨房生产则是根据就餐者的订制来进行生产，这也是厨房生产的特殊性。厨房生产不仅受到季节、天气、节假日、企业位置、周围环境和地区大型活动等多种因素的影响，还受到企业形象、社会信誉度等多方面因素的影响，使厨房生产量难以预测。因此，厨房生产管理必须认真研究外界各种因素对厨房生产的影响程度，尽可能利用本身的优势来增加接待量和最大限度地消除外界各种因素对厨房生产的影响。在此基础上厨房尽可能准确地预测销售量，对采购数量、生产品种和产品数量以及厨房工作人员的安排作出合理的决策。

5）产品容易发生腐败变质

在厨房生产过程中，多数产品选用鲜活原料进行加工制作。首先，由于原料本身含水量较高，容易受到温度、存放时间、存放环境和养殖条件等因素的影响。鲜活原料有的腐败变质、有的死了，就会造成自然耗损。其次，厨房生产的产品具有限时性，时间过长就容易变味、变质，甚至腐败变质。再次，热的产品冷却后其风味就会消失，从而失去了产品的价值，造成损失。这样就导致了厨房生产成本的提高和利润的下降。

6）成本控制的复杂性

产品成本的控制始终是贯穿于厨房生产管理的主线，也是厨房生产的难点。首先，在生产过程中，厨房使用的原料品种繁多，各种原料的宰杀、洗涤、涨发、切配和配份的比例不同，原料耗损程度也有很大的差异。其次，原料在贮藏、存放、保管时原料也会发生一系列自然损耗，使成本控制难度相对加大，易造成成本提高、利润下降。再次，厨房生产人员配备不合理、不科学提高了劳动力成本，因此厨房生产人员配备也是厨房生产管理的一项重要控制内容。

10.3.2 厨房生产的管理任务

1）制订合理的人员配置方案、有效利用人力资源

厨房人员配置，首先，要合理设置厨房的机构，保证厨房所有工作和任务都能得到落实。其次，明确厨房各岗位、各工种的职能，确定各岗位的职责，明确分工。在分工的基础上协调关系，科学、合理地配备员工。再次，有效利用人力资源直接关系到厨房的生产形式和完成制作菜品任务的能力；也关系到厨房的工作效率、菜品的质量、信息的沟通和各项工作的落实。从而实现厨房生产的专业化、标准化、规范化、制度化和人员配备的合理化。

2）提供优质菜品，创造特色风味

产品质量是餐饮企业市场开发和市场巩固的前提和基础，也是顾客选择用餐场所最重要的一项选择因素。一些知名饭店所拥有稳定的客源市场，最重要的因素是该店能否提供优质的菜品和诱人的特色风味。如果一家企业单位有豪华的用餐环境，微笑服务，而没有高质量的菜品和吸引人的招牌菜，那么，其提供的产品也只能算劣质品，不具备市场竞争的能力，最终必然失败。其次，企业还应根据自身资源特点和发挥现代饮食潮流，努力发挥自身优势，改进生产流程、提高烹饪技艺，不断开发和研制创新菜品，形成具有一定特色的菜品风格，以此来吸引就餐者，提高餐饮企业知名度。

3）举办各种餐饮活动，淡化季节性差异

我国大多数饭店、餐馆在经营中具有明显的季节性。在旅游旺季，外出旅游的客人较多，相对来说餐饮企业生意兴旺。而到了旅游淡季，旅客较少，厨房生产的设备和人员往往闲置。此时，厨房应适当调整生产产品，并举办各种美食节和促销活动来扩大影响，吸引消费或扩大人气，以此来招徕客人，淡化季节性差异，为企业争取更多利润，为扩大企业的知名度而努力。

4）加强标准化管理，控制生产成本

影响餐饮产品成本最重要的因素就是原料成本和人工成本。在日趋理性的消费市场环境下，控制产品成本是获取预期利润的必要条件。厨房生产应注意菜品制作过程的标准化、规范化，严格按照标准菜谱操作。实行层层管理监督，使产品质量达到预期的标准。在满足就餐者要求的前提下，保证获得合理的利润。厨房消耗的主料、配料、调料以及燃料多少也决定了单位产品的实际成本。

5）稳定员工队伍，提高综合素质

厨房由于生产人员多，工序复杂，因手工操作，生产随意性较大，容易造成产品质量不稳定。生产人员所固有的经验使产品质量混乱、不稳定。因此，加强生产人员的技术提高和培养，明确自己的职责和任务，保证各项工作按标准程序进行操作，减少人为因素所带来的质量波动。

【小知识：关于厨房成本管理】

每个厨房的成本控制是厨房工作的一个中心。这不仅仅是厨师长一个人的事情，它需要大家的共同努力。在这个问题上，让每位员工都要有成本的意识，这需要大家一起来控制成本和费用，厨房管理者要向所有员工灌输以店为家的思想，也就是酒店的利益放在首位。酒店盈利高了我们奖金才会更高。所有来酒店工作的员工有两个目的：一是为了钱；二是为了学习。只有把他们的目的弄清楚了，才能对症下药，让他们清楚自己来酒店工作，既是为酒店也是为自己。他们的目的明确了，再加上厨房各级管理者的教导和自身影响，对厨房间的一滴水、一滴油、一粒米、一度电、一方气，看在眼里，记在心里，动在手里，只有平时大家加以注意，才能使费用控制到最低点。

任务10.4　厨房卫生与安全管理

厨房的卫生与安全是厨房生产管理中的重要环节。厨房生产的餐饮产品如果不符合卫生、安全标准，势必会影响食用者的身体健康，严重的还将导致食物中毒或诱发其他疾病。厨房卫生管理是保证菜品质量、防止污染、预防疾病的重要手段。厨房安全管理的目的就是要消除不安全的因素，消除事故的隐患，保障员工的人身安全和企业的财产不受损失。

10.4.1　厨房卫生管理

1）食品卫生控制

食品卫生是餐饮企业服务质量的重要指标。食品卫生就是要保证食品在原料选择、生产、销售过程中的卫生干净和使用安全。一切接触食品的人员和管理者，在食品生产中必须自始至终遵循卫生准则，并承担各自的责任。

（1）厨房环境的卫生控制

厨房在选址时，就要考虑下面两个方面的因素：第一是要注意防止周围企业对厨房环境的影响，尽量避开排放"三废"的企业；第二就是厨房最好不要设在地下室，因为地下室不利于通风、采光、排放烟尘和防潮，食品也极易霉烂变质。

（2）厨房粗加工间的卫生控制

在厨房粗加工间要注意刀、工作台面、抹布保持干净，及时清除解冻水池、洗涤水池的物料及垃圾，以防堵塞。对于新购进的食品原料，应按不同要求分类加工。对易腐变质的原料，缩短加工时间。不同原料应该分别解冻、分别盛装，再用保鲜膜封存，放入相应冷库待用。

（3）厨房配菜间的卫生控制

厨房配菜间应在每日开餐前，彻底清理冰箱，检查原料是否变质。清洁刀、菜板、抹布、配菜盘等用具，做到无污迹、无异味。配料和小料要分别盛装，摆放整齐，配料的水盆要定时换水。需冷藏保鲜的原料应放置在相应的冰箱内。在开启罐头食品时，首先要把罐头表面清洁一下，再用专用开启刀打开，避免金属或玻璃碎片掉入。破碎的玻璃罐头食品不能食用，以免造成意外。

（4）厨房炉灶区的卫生控制

厨房炉灶区应在每日开餐前彻底清洗各类用品，检查调味罐内的调料是否变质。淀粉要经常换水，油钵要每日过滤，新油、老油要分开存放，检查酱油、醋、料酒，以防变质及挥发。精盐、白糖、味精等要注意防潮、防污染。开餐结束后，调味容器均需加盖。在符合菜肴烹调要求的前提下，食品原料要充分烧透煮透，防止外熟里生，达不到杀灭细菌的目的。切配和烹调要实行双盘制。配菜应使用专用配菜盘、碗，当原料下锅后应当立即撤掉，换用消毒后的盘、碗盛装烹调后的菜肴。

（5）厨房冷菜间的卫生控制

厨房冷菜间要做到"五专"，即专室、专人、专用工具、专消毒、专冷藏。室内要有紫外线消毒设备。防蝇、防尘设备要健全良好。定期对冰箱进行清洗、消毒。冰箱把手要用消过毒的小方巾捆好。每天对案板清洗消毒，对刀具定时煮沸消毒，对贮存柜定期消毒。要坚持双刀、双板、双抹布制度。严格操作规程，做到生熟食品的刀、菜板、盛器、抹布严格分开，不能混用。

2）操作人员卫生控制

严格遵守《食品卫生法》规定，做到"四勤"，即：勤洗手、剪指甲；勤洗澡、理发；勤晒衣服、被褥；勤换工作服。养成良好的卫生习惯，工作时要穿戴洁净的工作帽。在厨房生产中要避免不良行为的出现，如：工作时抠鼻子、掏耳朵，随地吐痰，用手指蘸菜肴的卤汁尝味等。厨房工作人员必须通过体检，持健康证上岗。凡有痢疾、病毒性肝炎、活动性肺结核等疾病者不得从事厨房工作。

10.4.2　厨房安全管理

厨房的安全不仅仅涉及财务安全，还包括人身安全。厨房最常见的事故包括火灾、割伤、扭伤、烧烫伤等意外伤害的发生。

1）火灾防范

火灾是厨房安全的最大隐患。因为厨房烹调食物，使用火的频率非常高，稍有不慎，极易引发火灾。同时，为熄灭烟头、电线短路漏电，各种机械的损坏、煤气泄漏，油料外泄与故意纵火等都可能引发火灾。

（1）火灾预防措施

对厨房内的易燃气体管道、接头、仪表、阀门必须定期检查。使用瓶装液化石油气时，冬天不得使用明火烘烤气罐，以防发生爆炸。在房内的煤气通道及各种灶具附近不准堆放可燃、易燃、易爆物品。应指定专人负责各种灶具及煤气罐的维修与保养。液化石油气罐即使气用完，也不能乱倒罐内的水。必须制定厨房各种电器设备的使用和操作规程，并严格执行。各种电动设备的安装和使用必须符合防火安全要求，严禁违规操作。各种电器绝缘要好，接头要牢，要有严格的保险装置。要保持炉灶清洁，定期擦洗、保养排油烟罩，保证设备正常运转。油炸、烘烤食物时，油锅及烤箱温度应控制得法，油锅内的油量不得超过最大限度。正常使用火源的工作人员不得随意离开自己的岗位，不得粗心大意，以防发生意外。下班前，各岗位要由专人负责关闭能源阀门及开关，负责检查火种是否已全部熄灭。厨房必须备有足够的灭火设备，每个厨房员工都应知道灭火器材的摆放位置和使用方法。

（2）厨房火灾紧急疏散规程

厨师长要检查每一灶眼，确保每一燃烧器都处于关闭状态。厨房人员必须关闭一切电器用具的电源开关。迅速切断厨房的电源、煤气和蒸汽。确认无事后，厨师长通知厨房人员和管事人员撤离厨房。

2）意外事故的控制

餐饮企业的意外事故主要是指由于职工的疏忽大意造成的人身伤害或财产损失。

（1）烫伤

烫伤的主要原因是由于员工工作时粗心大意，碰触滚烫的炉子、锅、热开水、热汤、热油和蒸汽等引起的。为了防止在工作中烫伤，应注意以下几点：

第一，员工使用热水器时，应当小心谨慎，开水不要装得过量。

第二，厨房烹调时，不要使用手柄松动的锅。容器内不要装入过多的液体，并注意把手或柄是否牢固。

第三，厨师打开热锅盖时，应先打开离自己远的一边，再打开全部锅盖。

第四，应先沥去食物的水分，再油炸食物，防止锅中的食油外溢而伤人。

第五，经常检查蒸汽管道和阀门，防止出现蒸汽泄漏伤人的事故。

（2）摔伤

摔伤的原因往往是因为踩到地面上的汤汁和食物、通道存放物品、地面不平整、有缺口的家具和有尖角的设备等。而员工搬运堆放过高的物品，造成视线障碍，尤其在门口、拐角等处也易造成撞伤。

为了防止这类意外伤害，日常作业时应注意以下几点：

第一，餐厅的入口处必须干净整洁，尤其不能有冰雪。必要时，可放防滑的垫毯。入口处的地面要结实平整。

第二，保持餐厅和厨房地面的整齐、干净，一旦地面有油渍、水渍、汤汁和食物，必须马上清理干净。对刚清洗过的地面，必要时应放置"小心地滑"的警示牌。

第三，及时清除在工作区、走道、贮藏区及进出口的障碍物。

第四，应用手推车运送货物，并控制堆放货物的高度，不应超过人的视线。

第五，员工拿取堆放在高处的物品时，要使用牢固的梯子，不要用脚踩废旧箱子或椅子。

第六，应靠右侧行走，避免奔跑。出门和经过拐角时，应注意过往的其他员工。

第七，餐厅和厨房应有足够的照明设备，避免因光线昏暗而引起事故。

【实训项目】

项目名称

制订厨房火灾预防方案。

项目内容

某餐饮企业厨房占地面积约300 m²，设有中西式两大厨房，灶眼共计16个。拥有厨师、配菜员以及工作人员40人，设有安全通道4个。

项目要求

请结合所学理论知识，根据该企业实际情况，制订一份该企业厨房火灾预防方案。

项目流程

①根据理论知识学习，熟悉火灾发生原因以及火灾预防措施。

②根据该餐饮企业实际情况，设计火灾预防措施和方案。

【复习与思考】

一、填空题

1.食品原料的加工程序包括原材料的_____和_____。

2.餐饮企业的意外事故主要是指由于_____造成的人身伤害或财产损失。

3.厨房的基本结构要根据饭店的_____、等级、企业经营要求、_____和_____等多方面内容来确定厨房的基本结构和生产岗位。

二、问答题

1.餐饮生产管理的任务和内容是什么？

2.餐饮企业应如何有效地避免意外事故的发生？

3.餐饮企业菜肴搭配的基本要求是什么？

三、案例分析题

宴席客人发生腹泻

某饭店承接了30桌会议宴席，由于该饭店冷菜间的员工为了图省事，违反食品卫生操作程序，导致卤水花生受到细菌污染，致使300多人不同程度的腹泻。事发后，食品卫生主管部门依法对该饭店予以罚款赔偿。在此案处理过程中，主办方提出了退回宴席款的要求。

请问：如果你作为餐饮部经理，应如何协调处理此事？

此案例是由于饭店哪个环节出现了问题，应该采取哪些措施防止此类事件再次发生？

模块 ④
创业创新

项目 **11**

自主创业开餐厅

【导读】

　　本模块为餐饮企业创业创新篇，可供准备自主开办新餐厅的投资者参考学习。同时能根据新开一家餐厅的完整翔实的全过程以及解决其间可能遇到的问题，使学生对餐饮学习的真实性和深刻性有更深一层的体会和掌握。本模块主要从市场定位与餐厅选址、资金运作、开业准备三个方面对性餐饮管理进行全方位阐述。

【学习目标】

　　①了解餐厅的结构，并根据餐厅选址的方法从整体观去把握餐厅存在的条件和意义。

　　②提高案例分析以及报表的制作等应用能力。

　　③培养学生的职业理念、职业态度和职业操守，以主人翁的身份去看待和进行餐饮管理。

【核心概念】

　　自主创业；市场定位；资金运用；开业准备。

案例导入

　　本案例是2005年龙策实操的一家高档餐厅客源开发案例，其有效的营销和开发理念、具体方法以及阶段性工作的安排，能带给我们启发。（现已超过了双方约定的保密期，征得客户同意，将部分文件披露出来，与餐饮界同仁分享）

　　龙策在解决客源问题时非常强调针对目标客户进行精确传播，并通过一些有影响力的事件来造势。同时很重视对餐厅内部菜品、服务、环境、价格等要素进行配套调整，及时解决存在的问题，力争通过营销努力让更多的顾客满意而归，而不通过营销努力让更多顾客扫兴而归，从而得罪更多的顾客。这才是客源问题的根本解决之道。餐厅工作包括三个阶段：①酒楼重整的第一阶段里，客源开发的主要目的是利用有限资源，收集名单，重树形象，迅速提高营业额。不追求方法的新奇，而是一对一与目标客户进行沟通，只求能迅速带来客源，并且花费极少；②1个月后，按照客户的要求和意见，对大厅和菜系进行调整，以对客源开发工作将围绕着推广新菜系展开，策划具体活动；③3个月以后，餐厅格局和菜系全部调整到位，此时客源开发工作的重点是树立品牌形象，包括"与科学家面对面""高考状元交流活动""教育专家演讲""明星演出""召开办公室主任研讨会"等活动，提高知名度，建立客源开发系统，培养客源开发人员。

任务11.1 市场定位与餐厅选址

11.1.1 市场定位

1）了解市场信息

不同的产业和商品的发展趋势、市场定位与顾客的需求，是新餐厅开发人员首先必须了解的信息。现今餐饮业态大致可分为四类：快餐业、家庭式餐厅、休闲式餐厅、正式晚餐餐厅的用餐形态。另外，开发人员必须非常清楚餐饮业的业态和过去发展的历史背景，而今天，大家开始追求品牌。新餐厅的开发人员，要相当注意这些趋势与市场各个相关产业，如房地产、公共建设、餐食业种等的动态变化，尤其是竞争者的动向、布点与营销策略。

2）确定餐厅经营模式

当今时代，餐饮的文化性已渗透到经营的方方面面，从餐厅的设计布局和装饰到菜品的色、香、味、形、器，无一不是文化的结合体。在餐饮创新过程中，应始终把提升文化特色作为经营的主要方向，去营造一种良好的、健康的文化主旋律，为餐饮经营开辟新的思路。

自古以来，中国餐饮就以美的风格和文化特色而著称于世。器具的变化美与美食的和谐统一，是中国传统饮食艺术的一个重要组成部分，也是餐饮经营创新不可忽视的主要方面，它已成为餐饮经营中突出个性特色的重要内容。

饮食环境是我国饮食文化审美过程中的一个重要方面，良好的餐饮环境可增进饮食的情趣。如何达到"大意境"之美，如何布置和选择适宜的进餐环境，餐厅的四季如何布置绿色植物，不同的餐厅灯具如何设置等，这是现代餐饮经营必须研究的问题。

11.1.2 餐厅选址

1）调查商圈形态

首先，要了解商圈的定义、地理环境、特性及客层结构等立地条件的环境因素，以便做最佳规划、选点分析之依据，知道顾客前来的动线，依此制订营销策略。至于客层分析，则是为了掌握顾客的结构属性进而了解其需求、营造特定的气氛以吸引顾客。

其次，确认100%绝佳地点的选择是非常重要的步骤及观念，用前项所得推断出商圈立地条件的信息，使用通常的开店战术，如利用千分钻石法，找出商圈中最好的地点；使用商圈区划法规划，能做好顺序优先的布点；利用动脉咽喉法确认联外动脉的咽喉点；或考虑抢断卡位法，抢占商圈等，来作选点的评定。

接下来在选定立地初定的前提下，考虑一些立地实务方面的问题，因为这已经涉及开新店的投资收益与风险的预算，以及可行性。

①首先要对房地产的趋势敏感，时常在该地区走动，询问中介公司已经交易过的现

场案件，询问商家、同行同业，基本的鉴价常识积累，例如，如何比较建筑物的年限、时效，了解市场价与公告地价的差距并清楚掌握每一个商圈的地段，尽可能降低开店的开发投资成本。

②实地勘查：面积容量／使用限制、能见度／出入便利程度、工程勘查评估、招牌、负面因素。紧密配合工程与设备人员，开发人员需清楚开店规模，包括门面需要多大的面宽，店内需要设计多少位子，在这样的商圈中大概需要塑造什么形态的店，需有设计与美学的概念。在使用限制方面，由于使用分区，所以对于既有建筑物或土地需了解是否可以作为餐厅的用途。在工程的预估、能见度与出入的便利性，更是立地条件的首要考虑。招牌对于一家新餐厅的开业和持续性运营的发展是非常重要的，需评估如何加强一家店的能见度，在可以影响更大商圈范围时，该在哪一个路口点设立招牌，都要做地质探勘与建筑物过去的历史背景，以了解负面因素。

2）选址推荐报告

这个环节可以运用模拟法：即与类似既有餐厅作发展比较，先选定3~5家餐厅作筛选，再找出具有类似商圈属性、立地条件、开店规模的其中两家作比较就可以了。开发人员绝对不可以是中介，最好是投资者本人，如果因为各种原因没办法亲力亲为，一定要聘请专业的开发公司人员，并将投资的利润分配和权责关系明确。

【开发案例】

重庆会展中心有一家和本书研究的餐厅极其相似的×××餐厅。总面积约200 m²，在选点规划考虑上，这里是重庆市当年成长最快的住宅与办公区，但缺乏中型、舒适、商务和家庭兼合导向、价格合理的餐厅；另外，会展中心也是稳定且持续成长的住宅区，当时商圈人口约150 000人。那么×××餐厅在考虑开设的立地商圈，除了当时新兴住宅／办公区的成长潜力外，更加有意义的情况是：

四所学校——车行3分钟；

百货/饭店——步行5分钟；

市级医院——300个床位，步行5分钟；

交通流量——25条公交车线路，步行5分钟，道路宽度适中；

店址门面、面积、能见度皆优，符合条件需求；

无大型餐饮服务业的设立；

到大型运动场步行约10分钟。

那么，这家×××餐厅的成果包括：

成功树立了餐厅在会展中心的先入为主以及实力雄厚的品牌形象地位；

创造之后餐饮业围绕的商圈中单周营业额的最高纪录。

塑造了高档温馨的象征指标

餐厅提供了轻松的心情、休闲的气氛、愉快的享受、便利的服务、欢乐的美味，满足家庭顾客群的欢笑、趣味、教育、安全等需求，所建构的美妙回味的用餐体验，是餐厅对顾客许下的承诺以及立足于不败之地的保证。

所以新餐厅开发，必须要有一连串完整系统的作业流程，从市场计划研析、商圈立地调查、新点签订取得、工程设备施作、餐厅营运支持，环环相扣、相辅相成。新餐厅的成功开发和良好营运，除了开发人员必须使出浑身解数外，其实还需要有科学系统的新餐厅开发作业流程，最后还包括整体开发团队间的默契合作、专业及协调等。因此，优秀的开发人员除了基本的工作态度之外，还需要多一些对环境的灵敏度、对统计数字的反应、对顾客需求的领会，以及勇于尝试的胆识。现代餐饮业竞争激烈，顾客的需求层次上升以及多元化，这也决定了开发不但是科学与艺术的融合，它更是一项艰巨而至关重要的任务。

【实训项目】

项目名称
新餐厅开发选址。

项目内容
提供一份开发新餐厅选址的调查报告。

项目要求
①具体描述商圈的状态。
②说明餐厅选址的方法。
③提供餐厅选址的分析原因。

项目流程
①确定商圈类型。
②选择商圈状态：地理环境、人口结构、工作就业、商业动态、学校分布、竞争业态、冲击影响。
③确定咽喉点及主要范围情况：房产地位、价格、面积、交通、能见度、人流量。
④汇总调查数据，并分析。
⑤调研报告。

【复习与思考】

一、名词解释
市场定位 经营模式

二、简答题
1.请阐述餐厅选址有哪些注意事项。
2.请列举商圈形态包括哪些项目。

三、论述题
对于开业筹备的管理，请谈谈你的看法。

任务11.2　资金投入及运用

11.2.1　预估与投资

1）对初期费用进行估算

初期费用包括用于会计核算、法律事务以及前期市场开发的费用，还有一些电话费、交通费之类的管理费用。贷款利息可根据银行的贷款利率进行估算，如果经营者都是用自己的资金投资，也可按贷款计算其利息，凭此反映筹建费用的全貌。

2）对租赁场地费用进行预算

①聘请专业咨询师对房屋进行租赁估算。
②租赁场地费要考虑周全，包括公共设施、车位、垃圾台等都要算清楚。
③租赁场地费估算最好按每平方米每日多少元计算，不要按月或按年统计算出。
④租赁场地费用估算要参照周围出租费行情。

3）对装修费用和设备设施费用进行估算

餐厅的装饰包括门面、厅面、厨房三大方面，门面和厅面的装修以豪华还是以简洁或者特色风格为主，由经营者自定。厨房装修应以为卫生为原则，结合方便厨师、工作人员操作，便于油烟、污水排放功能综合考虑。能节省则节省，避免豪华装饰以减少营业前期投入过多费用，在估算设备、设施费用时，还应包括运输费和安装调试费。设施设备包括厨房中的烹饪设备、贮存设备、冷藏设备、运输设备、加工设备、洗涤设备、空调通风设备以及安全和防火设备等。

4）对家具和器皿费用的估算

家具费用主要指办公家具、员工区域家具、客人区域家具等。器皿主要指对餐厅和厨房经营用的瓷器、玻璃器皿、银器、工作服等物料用品，应先根据确定的饭馆餐饮店的服务方式和座位数，计算出各种家具和器皿需要的数量，再根据市场价格即可进行估算。

5）劳动力成本的估算

餐厅的劳动力成本由管理人员、服务人员的工资组成，可按不同人员的工资标准乘以人数来估算，各类人员的工资水平，在各劳动力市场都有平均工资标准可供参考。

6）对运营费用进行预算

运营费用包括营销费用、广告费用、培训员工的费用，还应考虑不可预见的准备金，其一般占前几项总和的5%~30%。一般来讲，需要准备比上述资金预算更为宽裕的资金，才能在发生额外成本时从容不迫地应付。如果资金充足，还可以考虑餐厅的经营模式和各类附属功能，从一开始就可以着手制订比较长远的经营战略，开展餐厅的营销，充分利用资金。

11.2.2 成本与利润

为了更加具体生动地掌握投资分析的技巧技能，成本利润的学习可以表11.1的模拟状况作参考：

项　目	明　细	金额/万元	营收/元	480×50%×30=7 200	投资回收期
初期费用	考察、招聘、培训、办理各项证照	8	午　餐		
	备　料	3	餐桌×人数	480	
	流动资金	10	上座率	50%	
	筹备开业、广告宣传等	15	AC	30	
租赁场地费用	房租	50			
	上下水改造，水电气增容及管道安装	20			
			营收/元	480×90%×35=15 120	
			晚　餐		
装修及设备设施费用	装　修	70	餐桌×人数	480	
	全套厨房设备	50	上座率	90%	
	空调、音响等电器设备	18	AC	35	
			合计/元·日$^{-1}$	22 320	
			合计/元·年$^{-1}$	2 715 600	
	采购运输工具	10			
家具和器皿费用	桌椅、餐具、洒具等	50			
	工作服、桌布、菜单等	8			
劳动力成本	管理人员+服务人员	60			
营运费用	营业税收	90			
	水、电、气	30			
	菜品原料总成本	280			
	全年营业总支出	772	全年营业总收入 2 715 600	8 146 800	
全年纯利润	全年营业总收入-全年营业总支出=426 800			7 720 000÷426 800÷12=1.5（年）	

表11.1　×××餐厅开业投资预算表

【拓展阅读】

成本费用利润率

成本费用利润率是企业一定时期的利润总额与成本费用总额的比率。成本费用利润率指标表明每付出一元成本费用可获得多少利润，体现了经营耗费所带来的经营成果。该项指标越高，利润就越大，反映企业的经济效益越好。

成本费用利润率=利润总额÷成本费用总额×100%

式中的利润总额和成本费用总额来自企业的损益表。成本费用一般指主营业务成本、主营业务税金及附加和其他业务成本、销售费用、管理费用和财务费用之和。

分析时，可将成本费用与营业利润对比，计算成本费用营业利润率指标。其计算公式如下：

成本费用营业利润率=营业利润额÷成本费用总额×100%

如利润中还包括其他业务利润，而其他业务利润与成本费用也没有内在联系，分析时，还可将其他业务利润扣除。

【实训项目】

项目名称

投资案例分析。

项目内容

郑州一位投资者于2004年底投资1 300万元创建6 000 m²的高档酒楼，经营一年半时间，不仅未收回一分投资，而且造成200万元以上的亏损。请同学对这家餐厅投资失败的原因进行分析，并给出相应的解决措施。

项目要求

①分析讨论以小组为单位。

②每一小组只需选择一种可能性进行分析。

项目流程

①对投资的产品方案、技术方案、投资管理进行分析。

②选择投资亏损的一种可能性。

③形成分析报告。

④提出解决策略。

任务11.3 开业准备

11.3.1 人力资源管理

餐厅利润的实现是投资者的根本目标,业界常常标榜的一句话就是:顾客就是上帝!但是使顾客满意,使餐厅营运正常和有效运转的是我们的员工,只有当他们满意了,所有规则、所有服务、所有目标才能真正完成,因此对员工的关注和善待,与人力资源的管理是息息相关、举足轻重的。

1)人力资源管理原则

制度是当今世界人们共同的行为准则。大到国际社会,小到家庭作坊都需要制定制度来加以规范和管理。制度是一个组织成员核心意志的体现,同时又对所有组织成员具有约束力和公信力。好的制度容易使员工遵循,并心甘情愿地履行,同时好制度能解决许多企业的管理问题,体现企业的价值观和高层意图,在员工中易实施和履行。因此,餐厅的人力资源管理制度,必须注意以下四个方面:

(1)HRM制度必须满足餐厅实情

制定制度一定要符合餐厅的实际情况,在合法前提下,符合餐厅投资人的意愿,制订的设计目的明确,适用范围明确,大多数员工能接受和通过,并乐意遵守和执行。餐厅在发展,餐厅经营管理情况也是在不断变化的,所以好制度也应根据具体情况不断修正完善,以确保它的有用性和有效性。

(2)HRM制度必须符合国家和地方的法律法规

人力资源经理或总监制订、修改和完善人力资源管理制度时,一定要确保制订的制度是合法的,符合国家法律法规的要求。在起草制度时,最好请餐厅常年法律顾问或律师进行审阅,让他们提出意见,以确保制度合法。

(3)HRM制度制订必须注重系统性和配套性

一般来说,人力资源管理制度应从八大模块出发,围绕企业战略和目标进行设计:基本人事制度、组织设计管理制度、人力资源招聘管理制度、员工培训管理制度、员工绩效管理制度、员工薪酬福利管理制度、员工关系管理制度(劳动合同管理、辞职管理、竞业禁止协议)、职涯规划制度、企业文化管理制度等,要保证各制度系统、完整、配套,即要有目标、有范畴、有流程、有章程、有责任、有奖惩、有审核、有修改说明、有实施起止日期等。

(4)HRM制度制订必须保持合理性、前瞻性

由于餐厅人力资源管理制度的执行对象是人,是一种对需求的满足,也是一种人格的尊严,因此只宜尊重,不宜违背。另外,在设计时要考虑前瞻性,保持制度的先进性,而不会朝令夕改,使制度能跟得上餐厅改革和发展之需,与时俱进。好的制度同样要严格要

求，作为餐厅投资人、高管层必须带头遵守。

2）人力资源管理的目标

餐厅人力资源管理的目标是员工需要完成的职责和需要达到的绩效。主要包括以下三个方面：

①保证组织对人力资源的需求得到最大限度的满足：把合适的人配置到适当的工作岗位上，保护雇员的健康并改善工作的物质环境，但同时控制劳动力成本。

②最大限度地开发与管理组织内外的人力资源，促进组织的持续发展：引导新雇员进入组织，熟悉环境，培训他们适应新的工作岗位，提高他们的工作绩效，开发每位雇员的工作技能。

③维护与激励组织内部人力资源，使其潜能得到最大限度的发挥，使其人力资本得到应有的提升和扩充：解释公司的政策和工作程序，争取实现创造性的合作，建立和谐的工作关系，创造并维持部门内部雇员的士气。

【案例分析】

以下是某餐厅人力资源管理部门，在主要的工作程序中关于员工招聘、培训考核和绩效管理中的一些操作步骤与方法，可供实际演练学习和参考。

（一）员工招聘

招到合适的人是人力资源管理的第一步也是最重要的一步，一旦选择错误，会带来繁重而多余的修正和弥补，这样会浪费很多时间和精力，甚至餐厅的利润。因此，餐厅要有严格而科学的招聘制度，除了在固定的时间、在愉悦的环境中，有专业的招聘经理，更重要的是有固定招聘操作模式，主要体现在制度制定与执行；监控审核与申报；提出需求与服务等方面。具体运作的程序有：

1.由餐厅训练经理（一般为副经理）根据工作岗位要求填写《餐厅招聘人员需求表》。

2.提出招聘人员的需求理由，对招聘人员的详细要求、招聘方式等，上报财务总监和餐厅总经理审批。

3.通过后，将《餐厅招聘人员需求表》转交人力资源部。

4.由人力资源部组织，餐厅训练经理主持应聘人员的招募工作。

在招聘工作流程程序化和科学化的前提条件之下，最重要的就是其中支持和承载流程正常有效地运行的工具，其中主要涉及例行的问卷和问题，以及提问题的方法，这些也同样需要程序化和规范化，避免主观和随意带来的差距和失误，可分三类进行：

1.心理测试和问卷。

2.基本固定的问题与流程。

3.面试过程的体验。

这三项的综合成绩成为录取合适员工的充分前提，其中，心理测试问卷采用专业的心理测试内容，很难使应聘者有猜对的几率。为保证面试过程的一致性和客观性，问题和流程都保持程序化，以致无论哪个招聘经理，在哪种招聘环境中，都能尽可能减少主观性和失误，最后过程性表现，是最真实、最有效的考验应聘者水平和品质的方式。

（二）员工培训和考核

员工的培训其实涉及两个最重要方面的问题：

1.餐厅正常有效营运的根本保证。

2.员工发展和保持士气的有效途径。

因此从餐厅的开业前到开业中以及开业后，员工的培训和餐厅的存亡息息相关。制订完善科学系统的培训策略，就显得势在必行。操作方式如表11.2：

表11.2　××酒店员工发展考核卡

区域	岗位	技能鉴定	追踪考核	追踪考核	追踪考核	申报转岗	转岗鉴定
K	K0						
	K1						
	K2						
	K3						
	K4						
P	P1						
	P2						
	P3						
	P4						
	P5						
L	L1						
	L2						
	L3						
	L4						
	L5						
C	C1						
	C2						
	C3						
	C4						
	C5						

在这张表上所显示的是每一位从招聘到开业培训，再到餐厅正常营业的整个过程中的发展记录表。

餐厅的工作区域假设分为K、P、C、L四个大类，每个大类又细分为多个小类，按照工种和岗位的设置，那么每个员工在这四个大类之间的跨越会有工作类型的截然不同的跳越，所以在完成一个大类区域的完整培训鉴定之前不能跨越到其他大类，而在同类区域的工作岗位之间是可以相互转换培训的。然后，制度所要求的是餐厅会给每一位员工提供完全公平、公正的机会进行培训，更重要的是，培训期间的薪资不受任何影响，并且由餐厅专业而资深的训练员全程负责，直到所受培训员工完成岗位学习并鉴定通过。

当岗位的各个工种和几大类工作区域都完成后，员工还可以通过公平、公正的晋升考核，获得成长和发展的机会并得到情感上的满足。同时，也可激发员工的工作热情，提高团队士气，最终推动餐厅的发展。

在这个系统的操作过程中，员工新开业进行培训的过程包括理论和实操，而且在每一个步骤和环节都有规定的时间和标准要求，最后在进行鉴定的时候，是按照数据的达成进行考核的。最重要的是，这样的培训和考核是一直持续不间断的，保证员工在不同的岗位进行交叉提升的同时，要对他们每一个工作岗位工种的技能熟练度和标准进行追踪，一般每完成一个工作岗位训练鉴定的步骤，每隔两个月必须重新按照统一的要求进行鉴定，否则将取消该岗位之前的鉴定结果，这会影响员工在餐厅工作的轮换自由度以及在餐厅晋升发展的状态和机会。

（三）绩效管理

每一个员工都是餐厅营业的每一个步骤和环节的构成部分，正如产业链的相关厂家。但是员工不仅工作在我们严格的组织管理的体系中，同时也生活在这个由所有成员和餐厅一切设施设备构成的环境中，具有感情、思想和情绪。因此对员工进行培养、发展和管理，要用职业和组织的正式结构进行推动，还要用非正式管理以及餐厅经营者的人格魅力来让员工保持士气和热情。

因此，餐厅在执行正式管理制度和规范、结构的同时，将餐厅员工共同生活的餐厅环境尽可能人性化。例如，家族制度，将餐厅划分成几个家族，由一个家长和多个家族成员构成，在分配利润、争取奖金、共同策划、互相监督等各个方面锻炼和成就团队的凝聚力，同时为餐厅紧张而疲劳的工作增加乐趣和放松，将这种形式与自身的利益和快乐挂钩，不失为一种非常值得借鉴的方法。

当然前面所谈到的正式员工获得的培训和晋升对员工的激励是最重要的力度，但不可否认，后者的员工激励办法却是对员工激励的潜力量，两者相结合地进行，对餐厅人力资源的管理都是有着共同目标和效果的。

11.3.2　货品管理

1）订货程序

餐厅会和专业的商业软件开发公司进行合作，将餐厅营运的货物种类、货品、单位、规格以及货物流动的方式等如数交给软件公司，他们会根据餐厅的要求精确地开发出货物的订制和管理系统软件。每周固定三天或者四天进货，间隔的时间根据餐厅货仓的大小以及营运收入的需要而制订。由餐厅固定的订货经理进行专项工作，一般在一周营运结束的周日当天晚上打烊开始，对全餐厅的所有货物，根据软件公司设计的订货单的项目进行盘点，而对新餐厅的货物订购主要根据餐厅定位中，对类似的餐厅的营业额订购相应的货品，根据开业当天预估的营业额计算。大致的表示用表11.3举例：

表11.3 ××餐厅开业货品订购表

货品号	名 称	种 类	单 位	数量	进货日期	验收情况	验收人	营业额	千元用量
30020999	面粉袋	干货	盒（100个）	1	×月×号			200 000	0.01
30020991									
30020992									
30020993									
30020888	生菜	湿货	包	20					
30020881									
30020882									
30020883									
30020777	蛋挞皮	冻货	箱	8					

备注：表格内营业额是预估，千元用量是指每一千元营业额能销售多少单位的货品。

2）货品贮存

货品的管理有专门的管理团队，称为订货小组，由订货经理和货物管理员工组成，工作职责包括订货经理的接收到货函，通知小组成员，做好收货准备，包括收货工具，员工的收货服装，货物接收的存放辅助工具等。订货经理拿好订货单和收货单，一式两联，餐厅和送货机构各一份。然后带领小组到运货到达地点，对货物的数量，外形和品质进行一一核对，作好记录，同时请收货小组员工用正确的收货方式将货物存放在餐厅正确的位置。

3）系统管理

货品的存放和日常的管理也是有明确规定的，这个规则在开业的情况下也没有例外。货物的摆放要遵循6-2-1原则，也就是货物离地6英寸，离墙2英寸，货物相互间隔1英寸，不能接触地面，不能窒息货仓的空气流通，不能升高货物相互接触的温度，以及保持相互足够的空间，避免升温和串味来保证货物的品质。在开业的时候，货仓的空间设计，以及摆放某种货物的准确地点都要根据餐厅的营运和货品的特征来设计，例如冻货仓，薯条的最高位置不能高出8箱的高度。容易受空气和温度变化影响的货物要特别放置在对门通风的地方，保持品质。每种货品的使用情况订货经理要特别清楚，这样才能将货仓设计到足够且方便对货品的订制和管理。

除了常用的大型冻货仓、湿货仓、干货仓，餐厅还要在营运集中的位置（如大厅、前台和总装配区）设置货品放置的地方，一方面是为了增加货品放置的空间；另一方面更重要的是为了满足在营运期间产品流转的需要。这一领域的管理，餐厅也要在订货经理的规定下达成统一认知，用标签和颜色条分辨与固定货品的摆放。

11.3.3　设备管理

1）设备配置

设备是餐厅开业及正常营运的三大件——人员、物料、设备中的一分子。但由于设备的体积、质量、价值以及涉及的高技术等因素，对设备的配置和管理较之于物料和人员更加谨慎和有难度。开业的新餐厅，当然首先是必须配置适应产品营运的足够数量和质量，但现在有很大部分投资者都会选择租赁设备的方式，也即是他们会选择到设备公司或者餐厅相关的供应商对设备进行租赁，这样一方面减缓现金流转的压力；另一方面降低餐厅之后可能出现的营运亏损的风险。另外，投资者要专门准备一本设备资产管理资料册，对设备发生的任何行为进行记录，对它的维护、保养、折旧、运行成本等进行管理，见下表11.4。

表11.4　××餐厅设备资产管理册

设备名称	资产系列号	型号	进入方式	日期	保养日期	维修日期	记录人	备注
炸　锅		PP3301	购　买					
			购　买					
			购　买					
			购　买					
圣代机		LY0011	租　赁					
烤　箱		SD0024	租　赁					
			租　赁					
			租　赁					

2）系统管理

餐厅对所购入或所租赁的设备等进行资产管理，也由一个专门的经理负责，简称为PM经理，即property manger。他主要按照设备生产或供应商的要求，对设备资产进行例行的维护保养和检查，并接受相关的专业培训，能处理常见的设备故障问题，为餐厅维修费用的节省尽职责，同时将设备发生的故障记录在册，以便管理者清楚地了解设备营运的状况，对餐厅的营运和管理收益作出相应的决策。

11.3.4　公共事务

餐厅新开业需要办理的手续主要有以下几种：

①《卫生许可证》：这是餐厅最重要的证书，没有它餐厅是禁止营业的。《卫生许可证》在餐厅所在地主管卫生的防疫站办理，经营者要提供餐厅的平面布局示意图，供卫生防疫人员审查修改，其考察的重点为店面的布局、操作间、消毒设备和方法、库房、卫生间、宿舍、用具存放、员工体检、卫生措施（在卫生防疫站的指导下，按照《中华人民共和国食品卫生法》的规定制定餐厅的卫生措施）。

②环保审批：这是由所在地区主管环保局办理，主要审批项目为噪声、排污（污水和油烟）。餐厅经营者要提供餐厅位置平面图，并注明周边环境情况及近邻建筑物的使用性质，由环保局派人员实地查验，查验合格后，由主管环保局在申请开业登记注册书中有关部门意见栏内签署"同意开业"，并加盖公章。

③消防审批：由所在地区主管公安局消防科办理。在工商局领取申请开业登记注册书后，到所在地区主管公安局消防科申请办理消防审批。餐厅经营者要提交申请书、餐厅位置平面图，领取《防火安全重点行业审批表》，由消防科派防火检验员检查验收，加盖公安局防火检验专用章。

④税务登记：餐厅自领取营业执照之日起30日之内，向主管税务机关申报办理税务登记，在主管税务机关领取《税务登记表》并如实填写，内容主要有餐厅名称、法定代表人或者业主姓名及其居民身份证和合法证件的号码：住所、经营地点、经济性质、企业形式、核算方式；经营范围、经营方式；注册资金、投资总额、开户银行及账号；经营期限、从业人数、营业执照号码；财务负责人、办税人员；其他有关事项。

⑤工商登记：工商登记是企业获得合法经营资格的必要法律程序，新成立的餐厅应到所在地主管的工商局办理开业登记，这项工作应当在主管部门或审批机关批准后30天内，向登记主管的工商局申请进行审查。办理开业登记的餐厅首先应申请企业名称，经核准后，持《企业名称预先核准通知书》到登记主管的工商局领取《企业申请开业登记注册书》，营业执照签发日期为餐厅成立日期。

11.3.5　商圈拜访

当商圈战备已经初步完成，就可以开始执行商圈开发，如有关商圈开发的方式，有关商圈卫星站（学校、公司、单位、政府）的建立、商圈内的餐厅行业联盟，以及商圈拜访方式等。

商圈拜访对不熟悉的顾客的主要功能是将餐厅的知名度往外再扩散，在商圈内深耕，与商圈内的顾客需求能够接轨，同时可以训练同仁独立的精神。尤其是商圈内顾客的生活圈及生活动线都有固定的习惯，有可能我们餐厅开了5年，顾客都还不知道这家餐厅，因为顾客很少从这个方向经过，而且之前他们已经有熟悉的餐厅，当然不会注意到我们餐厅，所以商圈拜访，不是短暂的工作专案，而是例行性的工作重点，只不过在开业筹备阶段，我们主要采用的是第二种方法而已。

1）商圈战备图的标定

标出主要商圈街道，可拜访的店家有哪些？可拜访的小区有哪些？餐厅数量有几家？小区有几个？人潮聚集点、时段、客层。比如说：

便利店：全天不定时

A餐厅：a.m. 9:00——p.m. 9:00

公园：a.m. 6:00（老人），a.m. 7:00（上班族）

市场：a.m. 9:00（家庭主妇）

站牌：a.m. 6:00（学生）　　a.m. 7:00（上班族）

2）商圈拜访的顺序

当要做商圈拜访的时候，先针对商圈内的店家做拜访，尤其是商圈内的餐厅，再针对人潮聚集点做持续性的拜访。

3）商圈拜访的分组

以两人一组的方式，除了可以壮胆以外，还要考虑安全问题，可以安排一位资深公关搭配一位助理，或者两位资深公关一组。刚开始拜访的时候，务必由主管陪同并示范，慢慢让同仁养成习惯。另外，商圈的主要街道也可以由固定的公关人士做拜访，只要该公关有空就到该区巡视一番，建立客情。

4）商圈拜访的工具

应准备个人名片及商圈朋友专用的优惠卡，优惠方式可以是单项消费优惠，也可以是全部消费都有优惠，还可以将每一个项目标出原价及优惠价，同时可以多项使用，使用后回收。通常顾客不会只使用一项，至少也有两项以上的消费，切忌免费优惠，因为现代人对免费都有疑虑，觉得是品质低下的信号。

5）优惠卡的发放时机

若是拜访对象，愿意听我们作简短介绍，才给优惠卡；若是态度不佳或者拒绝，就不用给，再次表达感谢后即可离开。

6）拜访前的必备条件

出去拜访是代表店的形象，所以出门前一定要将服装仪容整理好，若是不符合标准，宁可不要出门。另外，在心态上应该树立"因为我们很好，所以到商圈让更多的人认识我们餐厅"的意识，而不是没有顾客才要去拜访的。

7）拜访时间与优惠卡发放张数

每一次出去拜访，发放五张优惠卡就回餐厅，发放实时间在一个小时内。若餐厅突然有事，通过电话联络可以随时回到餐厅，不会对现场流程产生影响。每天只要有空都应该到商圈走走，总比没事在店里待着被隔离好。

8）拜访对象的设定

以家庭和情侣为主，并符合餐厅客层及开发公关比较有把握的顾客。因为是专业的公关，所以懂得单店行销人员挑选，知道和了解什么样的顾客会喜欢我们餐厅，并可以屡次惠顾。

9）顾客会来餐厅消费的关键

其实大部分的顾客都想要有一个特别亲切温馨而又有可口食物和环境的餐厅，只是不知道到底去哪家才好。所以商圈拜访的顾客回来餐厅，不仅仅是冲着优惠卡的优惠才来，他们会真正想要体验美好的用餐经历，并把餐厅尽可能作为自己或家人交流感情，享受美食、美意的好地方，开始产生来餐厅的意愿，加上优惠卡的激励，才付诸行动的。

10）商圈拜访成效评估

以商圈拜访的形式发放优惠卡，其回收率有20%，也就是说每发五张就会有一张的回收，远远高于随机发DM单的回收率；另外，这种方式帮助开发人员到商圈认识顾客，也可以训练口头表达能力及独立的精神，还可以了解现在顾客的需求，对餐厅的服务会有实质性的高效帮助。

商圈拜访是在所有商圈开发的方式中任何类型餐厅都适合的方式，同时会立即有效。这是一种促进邻居和睦的简单方式，但也是最常忽略的一环，因此笔者鼓励大家多到商圈让顾客认识我们，因为有太多人还不认识我们，不知道有我们这家餐厅能够提供舒适的环境、美味的食物，以及温馨幸福的体验，多一个选择的机会，这本身就算是一种贴心的表现。

【拓展阅读：餐厅客源市场状况调查项目】

1.客源市场希望本企业是什么样的餐厅：包括服务类型、餐厅环境、服务方式项目等。

2.菜单上应设些什么项目：希望现烤现卖呢？还是方便冷餐，或外卖的。

3.餐厅的营业时间如何适应于消费者，这关系到餐厅开门时间、厨房的准备工作等。

4.客源市场希望菜肴的分量多少较适合。

5.愿意出多少价格？这关系到菜肴及其他成本花费的投入多少。

6.客人偏爱什么样的装潢。

7.提供哪些饮料最受欢迎。

8.女士：对于餐厅服务和装潢风格有什么意见；也应向男士了解有什么要求和嗜好。

9.年龄情况，购买力及情趣，生活习惯等。

10.娱乐方面有何要求，背景音乐应怎样？

餐厅顾客意见信息的收集渠道及其优、劣分析：顾客意见信息的有效获取，对于餐厅提高自身的管理与服务水平，满足并超越顾客需求，从而达到顾客满意的经营目标具有重要的现实意义。其主要包括顾客需求信息和顾客满意度信息。顾客意见信息的收集工作是餐厅服务质量管理工作的起点和终点，也是餐厅顾客满意度的重要内容。

收集渠道一般划分为外部信息来源与内部信息来源两大类型。

一、外部信息来源：顾客意见调查表、电话拜访调查、现场访问、小组座谈、神秘顾客、其他方法。

二、内部信息来源：员工意见反馈、现场巡视、经营数据分析、专业资料参考。

【实训项目】

项目名称

开业典礼的筹备。

项目内容

主要进行开业之前公共关系的建立和具体细节的筹备工作。

项目要求

①以小组为单位进行。

②每小组都要完整收集资料并整理成册。

③最后以报告或答题的方式进行竞赛。

项目流程

①对餐厅所处商圈进行调研,形成报告。

②设计开业营运的DM单和宣传程序。

③针对不同的顾客群选择相应的促销方式。

④餐厅现场的布置以及典礼活动的安排。

【复习与思考】

一、名词解释

餐饮业主要类型;面试的三种方法。

二、简答题

1.请阐述商圈调查的主要步骤有哪些。

2.请列举开餐厅所要办理的证件有哪些。

三、论述题

1.对于开业货品的管理,请谈谈你的看法。

2.你对员工的激励有什么更好的方法吗?

参考文献

[1] 李贤政.餐饮服务与管理[M].3版.北京：高等教育出版社，2014.

[2] 夏雨生.餐饮服务与管理[M].北京：机械工业出版社，2005.

[3] 周志宏，陈江.餐饮服务与管理[M].长沙：中南大学出版社，2006.

[4] 周宇，颜醒华.宴席设计实务[M].北京：高等教育出版社，2003.

[5] 徐文苑，贺湘辉，章建新.酒店餐饮管理实务[M].2版.广州：广东省出版集团，广东经济出版社，2008.

[6] 姜红.餐饮服务与管理[M].大连：大连理工大学出版社，2006.

[7] 李焕.餐饮服务员职业技能标准培训[M].北京：中国纺织出版社，2010.

[8] 陈的非.饭店服务与管理案例分析[M].北京：中国轻工业出版社，2010.

[9] 李贤政.餐饮服务与管理[M].北京：高等教育出版社，2005.

[10] 吴吟颗.餐饮服务与管理实训教程[M].上海：上海财经大学育出版社，2008.

[11] 潘小慈.餐饮服务基本技能[M].北京：中国劳动社会保障出版社，2005.

[12] 孙丽坤.餐饮经营与管理[M].北京：中国林业出版社，北京大学出版社，2010.

[13] 汪蓓静.西餐服务[M].上海：上海人民出版社，2010.

[14] 陈志鹏.餐饮服务与管理[M].北京：经济科学出版社，2001.

[15] 费寅，韦玉芳.酒水知识与调酒技术[M].北京：机械工业出版社，2005.

[16] 向丽芳，牛小斐.酒店酒水服务与管理[M].广州：广东经济出版社，2010.

[17] 戴桂宝.现代餐饮管理[M].北京：北京大学出版社，2006.

[18] 王志民，吉根宝.餐饮服务与管理[M].南京：东南大学出版社，2007.

[19] 陈觉，何贤满.餐饮管理经典案例点评[M].沈阳：辽宁科学技术出版社，2003.

[20] 胡爱娟.餐饮技能实训[M].北京：北京大学出版社，2007.

[21] 张翠菊.餐饮服务与管理[M].北京：化学工业出版社，2007.

[22] 施婕.菜单设计，一场视觉心理战[N].环球时报，2012-02-22.

[23] 杨欣.餐饮企业经营管理[M].北京：高等教育出版社，2003.

[24] 李贤政.餐饮服务与管理[M].北京：高等教育出版社，2005.

[25] 傅启鹏.餐饮服务与管理（修订版）[M].北京：高等教育出版社，1996.

[26] 王德，周宇.城市规划汇刊[DB].万方数据库，2002.

[27] 李树良. 中国商贸[DB]. 万方数据库，2009.

[28] 余洋. 上海商业[EB/OL]. 维普资讯网，2008.

[29] 魏书威，田嘉焱，魏波. 商场现代化[DB]. 万方数据库，2010.

[30] 修斌，邵国强. 餐厅网络运营服务系统[EB/OL]. 维普资讯网，2010.

[31] 克瑞斯·盖尔丁. 饭店决策者的财务管理[M]. 北京：旅游教育出版社，2006.

[32] 谢彦君，李福学. 饭店营销学[M]. 大连：东北财经大学出版社，2003.

[33] Kathleen M.Vallen. 饭店业人力资源管理[M]. 北京：旅游教育出版社，2006.

[34] 黄文波. 餐厅管理[M]. 北京：中国旅游出版社，2004.